KB147454

트라우마
사용설명서

정신과 의사가 붓다에게 배운

트라우마
사용설명서

마크 엡스타인
지음

이성동
옮김

불광출판사

차례

단지 한 걸음이면,

나의 깊은 고난은 복락이 될 것이다.

– 라이너 마리아 릴케, 『말테의 수기』

일러두기

- 사생활 보호를 위해, 사례로 소개된 사람들의 이름과 세부 정보를 모두 바꾸었다.

- 독자의 이해를 돕기 위해 역자가 추가한 단어 혹은 문구나, 한글로 한자어의 뜻을
  풀었을 때는 대괄호(〔 〕)를 사용해 구분했다.

- 본문에서 강조한 구절과 본문 중간중간의 소제목은 편집자의 작업이다.

1

빠져나가려면
통과하는 수밖에

삶은 예측할 수 없고, 제멋대로고, 우리의
감정을 배려해주지 않는다. 상실은 우리 삶
에 늘 있다. 누구나 제 나름으로 고통을 겪
는다. 별로 잘못된 것이 없는 삶일지라도,
생로병사는 저 멀리 지평선 너머에서 넘실
거리면서 다가온다.

1

chapter

정신과 의사로 근무하는 처음 10년 동안, 나는 트라우마에 관해서 심각하게 고려하지 않고 환자를 진료했다. 그때 나는 불과 30대였고, 내 환자 가운데 나보다 나이가 아주 많은 사람은 별로 없었다. 신혼의 단꿈에 젖어 있던 나는, 나와의 치료관계 속에서 환자들이 사랑의 능력을 발견하고 타인과 친밀함을 형성할 수 있도록 하는 것에 중점을 두고 있었다. 환자들 역시 그러하길 원했으며, 그들에겐 그것을 누릴 자격이 있었다. 그러나 돌이켜보면, 나는 우리 삶에서 트라우마가 얼마나 보편적인지를 그때 철저하게 자각했어야 했다. 그 이유는 당시 정신과 병동에서 내가 처음 치료한 젊은 여성 세 명이 모두 남자친구와 이별한 후 자살을 시도한 환자였기 때문이다. 이들의 경험은 서로 비슷했다. 남자친구와 고통스럽게 이별하고 평소 자기가 기대던 안전함과 편안함에 대한 확신을 순식간에 잃었다. 그들은 젊고 외부 충격에 약하고 충동적이었다. 그리고 비현실적인 기대로 가득 차 있었다. 그렇지만 그들은 불편하지만 진실로 받아들일 수밖에 없는 사실, 즉 우리가 모두 여러 가지 모습의 트라우마에 직면하면서 살아갈 수밖에 없다는 진실에 내몰렸다. 트라우마는 인간 존재의 불가피한 부분이고, 인간과는 결코 분리될 수 없는 요소다. 트라우마는 다양한 형태를 띠고 나타나지만 아무도 예외일 수 없다.

　　내가 환자를 진료한 지 10년째 접어들 즈음, 30대 초반의 부인 세 명이 3개월 동안 서로 번갈아가면서 치료를 받았다. 그들의 남편은 모두 급사했다. 한 사람은 아침에 산악자전거를 타다가 심장 발작으로, 다른 사람은 테니스를 하다가, 또 다른 사람은 아침에 일어나서 갑자기 사망했다. 이 부인들의 치료 과정에서 남편이 사망했다는 사실은 나에게 시련을 안겨주었다. 그들은 평소 내가 치료 과정에서 추구하는 목표인 사랑과 친밀한 관계를 이미 성취했다. 그들에게는 다른 것이 더 필요했다. 나는 그것을 치료 과정에서 제공해야만 했다.

　　내가 이런 고민을 할 때, 나와 비슷한 연배의 오랜 환자 한 명이 암일지도 모른다는 내과 진단을 받았다. 환자의 목숨이 위태로울 가능성이 있었다. 무슨 특별한 증상이 있어 병을 발견한 것이 아니라 정기 신체검사에서 발견했기 때문에, 병이 어떻게 진행될지 예측하기 힘든 상황이었다. 다발성 골수종이라는 골수암으로 진행될 수도 있고, 다행히 별다른 이상 없이 그냥 잘 살아갈 수도 있었다. 단지 시간과 지속적인 추적 관찰만이 질병의 결과를 말해줄 수 있어 상황이 절박했다. 환자에게 이 소식을 듣고, 나는 치료사의 입장이 아니라 정말 순수한 마음으로 걱정하고 위로했다. 그러나 나의 이런 태도에도 불구하고 환자의 반응은 예상 외로 나를 깜짝 놀라게 했다. 그는 이렇게 말했다.

"내가 당신에게 기대하는 것은 공감이 아닙니다. 그런 감상적인 공감은 다른 사람한테도 받을 수 있어요. 당신에게 원하는 것은 다른 것입니다. 내가 받은 진단은 확실한 사실입니다. 그렇지요? 나는 이 사실을 비극으로만 다룰 수 없습니다. 그래서 당신에게 온 것입니다. 나는 당신이 이 점을 잘 이해하리라 기대합니다."

있는 그대로 본다는 것

환자의 말을 듣고, 정신이 번쩍 들었다. 그가 옳았다. 그의 상황은 이혼, 상실, 죽음과 같은 트라우마를 거울처럼 바로 비추었다. 환자들은 이런 문제로 내 진료실 문을 두드린다. "내가 받은 진단은 확실한 사실입니다. 그렇지요?"라는 그의 말이 귀에서 맴돌았다. 내가 그 환자를 위해 할 수 있는 일이 과연 무엇이란 말인가? 불교철학과 불교심리학에 깊은 영향을 받은 나는 불교에서 도움을 받기 위해 다시 불교를 들여다보았다. 내가 불교에서 발견한 것은 그리 놀라운 것이 아니었다. 어떤 의미에서 나는 이미 그것을 알고 있었다. 지금 나와 내 환자에게 큰 도움이 되는 그것은 바로 "있는 그대로 보라[여실지견, 如實知見]."는 붓다의 말씀이다. 붓다는 '사성제'라는, 고통을 끝내는 처방전을 제시했다. 사성제에서 여실지견은 중요하다. 팔정도의 핵심인 여실지견의 관점에서 보면 어떤 형태의 트라우마든, 그 트라우마는 실패나 잘못이 아니다. 부끄러워해야 하는 것도, 나약함의 증거도 아니다. 내면의 실패를 반영하지도 않는다. 트라우마는 단지 삶의 진실일 뿐이다.

불교의 정수는 트라우마에 대한 바로 이런 태도다. 그렇지만 불교계에서는 붓다의 가르침이 약속한 내면의 평화만이 강조되고, 이런 태도는 가려지거나 종종 무시된다. 그러나 내면의 평화를 보장하기 위해서는 우리 삶을 가로지르는 불확실과 공포를 있는 그대로 보지 않으면 안 된다. 서구 심리학에서는 우리가 어떤 트라우마에 직면했을 때, 그 트라우마의 이유를 잘 알면, 무사히 트라우마를 통과해서, 소위 정상적인 상태라고 가정된 어떤 평정 상태로 되돌아올 수 있다고 가르친다. 동양 수행에 몰두하는 사람들은 이런 평정 상태에 도달하길 원한다. 그들은 자기 삶이 일으키는 참기 힘든 감정의 고통을 넘어서려는 희망을 품고 마음의 고요함을 성취하기 위해 종교적 기법을 사용한다. 서구 심리학과 동양 수행의 핵심은 결국 트라우마에서 도망가는 것이지만, 트라우마에서 도망갈 방법은 없다. 트라우마는 우리 삶에 깊이 침투하며 결코 사라지지 않는다. 우리가 삶을 지속하는 바로 그 장소에 트라우마는 항상 존재감을 드러낸다. 그래서 붓다는 현실을 있는 그대로 보라고 가르쳤다. 이 가르침은 우리를 평온하게 만든다. 트라우마를 실패가 아니라 하나의 사실로, 있는 그대로 받아들이면, 피할 수 없이 닥쳐 오는 불행과 충격에서도 우리는 무엇인가 배울 수 있다. 붓다의 철학은 명상 수행 속에서 심도 있게 활용할 수 있다. 그러나 붓다 철학의 유용성은 명상에 국한되지 않는다. 골수암과 씨름하는 그 환자는 우리가 매일 직면하는 트라우마가 우리 삶을 파괴하지 않으며, 다른 관점에서 트라우마를 다루는 방법을 배운다면 트라우마를 견딜 수 있고, 심지어 트라우마가 무엇인지 밝힐 수 있다고 확신했다.

자아는 원래 그렇다

나는 젊은 시절에 처음 붓다의 가르침을 접했다. 그때는 질병이나 죽음을 심각하게 생각하지 않았다. 내 주위에 죽은 사람도 없었고, 당시 나에게 문제가 있다면 사춘기 젊은이가 겪어야 하는 문제뿐이었다. 미국 정신의학협회가 발행한 '정신질환의 진단과 통계 편람(Diagnostic and Statistical Manual of Mental Disorders)'에 따르면, 트라우마는 실제로 당하거나 당할 것이라고 위협받는 죽음 또는 심각한 상해에 직면하는 것이다. 이는 내가 그때 직면한 문제는 아니다. 하지만 나는 당시 발달 트라우마에 맞닥뜨려 있었다. 발달 트라우마는 "정서적 고통을 줄일 수 있는 관계의 고향을 찾을 수 없을 때" 발생한다.[01] 돌이켜보면 내가 바로 그 경우였다. 불교를 처음 접할 무렵, 나는 이해할 수 없는 정서적 고통에서 도망치고 싶었다. 그러나 붓다의 가르침을 실천하기 위해서는 현실을 있는 그대로 받아들여야 한다. 받아들임, 즉 수용을 해야지 도망을 쳐서는 안 된다는 의미다. 불교를 처음 공부하면서 내가 겪은 가장 중요한 영적 체험은 바로 있는 그대로 받아들이는 것이다. 이 체험을 내 삶에서 계속 상기해야 했다. 내가 트라우마를 극복하기 위해 노력하고 배운 이것이, 환자의 강력한 요청에 반응해서 내가 기억해낸 것이다. 바로 이 관점이 내 환자가 골수암과 투쟁하는 데 필요했다.

처음에 불교는 내가 앞으로 반드시 제대로 이해해야 하는 대상이었다. 불교에는 역설적인 가르침이 너무 많다. 붓다는 자아는 있지만 진정으로는 존재하지 않는다고 가르친다. 달라이 라마는 당신의 생각을 바꾸어야 하지만 당신은 그대로 있으라고 말한다. 선학자(禪學者) 스즈키(D.T. Suzuki)는 이해할 수 없는 마음이 바로 부처고 다른 것은 없다고 했다. 나는 이런 가르침에 상당히 고무됐다. 뭔가 모호한 구석이 있지만 진리의 울림처럼 들렸다. 그러나 개념으로 이해한 것을 경험으로 체험하기란 쉬운 일이 아니다. 사실, 개념을 완전히 이해한다고 말할 자신도 없었다. 불교에 입문할 당시 대학생이던 나는 단지 한 가지 일, 바로 공부를 무리 없이 잘했다. 논문은 어떻게 써야 하며 시험은 어떻게 대비하는지, 필요한 정보를 어떻게 수집하고 분석하는지 알았다. 그러나 항상 무엇인가 부족하고 아쉬웠다. 나는 다른 것을 원했지만 정확히 무엇을 원하는지 몰랐다.

내가 정확히 무엇을 원하는지 말이나 글로 표현하려 노력했지만, 표현이 진부하고 상투적이었다. 학문의 세계에서는 제 나름으로 편하게 지냈지만, 나 자신은 그렇게 편하지 않았다. 내면의 깊은 곳에서 안정감을 느끼지 못했다. 내면은 나의 지적 능력과 관련 없이 형체를 알 수 없는 영역이었다. 그 느낌은 굳이 이름을 붙이면, 존재의 불안, 사춘기의 권태감이라고 할 수 있다. 그러나 그 느낌은 이렇게 거창한 표현보다 훨씬 더 개인적이고 사적이다. 나는 무엇이 잘못인지 걱정하면서도 마음의 안식을 갈구했다. 나는 삶의 깊은 차원이 아니라 껍데기로 살아간다고 느꼈다. 생생한 삶이 약동하는 삼차원의 삶이 아니라 표면에서 사는 이차원의 삶 같았다. 나는 의기소침했다. 스스로 그렇게 만들었다. 그 느낌을 뭐라고 딱히 표현할 수 없는 막연한 상태였다. 이런 감정을 공허하다고 해도 무방하다. 권태로워하는 나 자신을 바라보며 심한 수치심을 느꼈다.

불교는 나에게 매력적으로 다가왔다. 왜냐하면 불교 이론은 여러 가지 점에서 역설적이지만 상당히 논리적이었기 때문이다. 불교는 불안한 내 마음을 바로 파고들었다. 무엇보다 구체적이었고, 실제로 불안을 해소하는 데 도움을 줄 것이라는 약속을 해주는 느낌마저 들었다. 붓다는 사성제 중 첫 번째 가르침에서 내 경험을 고통(둑카, dukkha)이라 부르며 그것을 삶의 근본 현실이라고 단언했다. 나는 이렇게 나의 불안을 확인했다. 붓다는 이 사실을 심리적인 관점에서 언급하면서, 자아에는 원래 그 자체로 만족스럽지 못한 면이 있으므로 우리가 절망할 수밖에 없다고 강조했다. 붓다의 이런 가르침이 나를 편안하게 만들었다. 자아가 원래 이런 문제를 안고 있다면, 내가 어떻게 해결할 수 있는 것이 아니기 때문이다. 붓다는 이 문제를 이미 인지했다. 이는 단지 나만의 문제가 아니다. 따라서 나는 우리에게 모두 해당하는 이 문제의 해결책이 있을지도 모른다고 기대했다.

『법구경』의 다음 몇 구절은 무력한 내게 희망을 주었다. 내 마음을 그대로 보여주는 듯했다.

물 밖으로 내던져진 물고기가 마른 바닥에서 몸부림치듯

내 마음도 온종일 파닥거린다.

나는 마른 바닥에 떨어진 물고기 이미지를 좋아한다. 불편한 내 마음을 잘 보여주며, 뭔가 동떨어지고 평화롭지 않은, 자기와 스스로 일체가 되지 못한 느낌을 잘 표현하기 때문이다. 그리고 무엇보다 불안한 내 마음을 잘 포착한다. 그러나 붓다의 접근법에는 이렇게 문제를 진단 하는 것 이상의 무엇이 있다. 거기에는 과학, 즉 내 마음을 편안하게 해주는 내면의 과학이 있다.

활을 쏘는 궁사처럼,

현명한 사람은 떨리는 마음,

변덕스럽고 불안한 무기를 잘 수습한다.

붓다에겐 해결책이 있었다. 위에서 언급한 그 문제에 대한 해결책이자, 신출내기 의사인 내 마음을 사로잡는 해결책이었다. 붓다의 해결 방법은 목표를 향하는 도정과 더 나은 상태를 위한 구체적인 실천 방법을 제시했다.

마음은 가만히 있지 않는다.

그 마음을 잘 다스리는 것은 좋은 일이다.

잘 추스른 마음은 열반으로 가는 길이다.[02]

나는 불교심리학이 주는 약속에 흥분하고 거기에 빠져들었다. 당시 나는 서구의 정신치료에 대해 많이 배우지 못했었다. 그러나 불안한 마음을 달래기 위해 무엇이라도 해야 했다. 자아 탐구와 정신 수행에 대한 붓다의 '마음챙김과 명확한 이해'라는 처방은 나에게 직관적인 깨달음을 줄 것 같았다. 그러나 명상 수행을 더 배울수록 내 나름의 생각과 추론, 수행에서 한계가 느껴졌다. 나는 이해하고 싶고 완전히 정복하고 싶었다. 그러나 거기에 다가갈수록 더 좌절에 빠졌다. 앉아서 명상할 때마다 편하지 못한 마음이 의식의 표면에 떠올랐다. 내가 제대로 하는지 확신할 수 없었다.

명상과 저글링

어느 책에서 밝힌 대로, 나는 불교 명상을 처음 시도할 때 마음을 집중하기 위해 저글링을 이용했다. 대학교 2학년이 끝난 여름, 콜로라도에서 열린 불교 하계 수련회에 참가했었다. 수련회의 위원으로 활동한 대학교수, 티베트 라마승, 선사, 명상 지도자 과정의 전직 미국 평화봉사단원은 모두 불교 법사(teacher)들이었다. 나는 그들 모두에게 가르침을 받았지만, 내 룸메이트는 인기 있는 법사들의 권유로 한두 주 후에 명상 수업을 중단했다. 법사들은 명상에 애쓰는 나를 유심히 바라보았지만, 어느 정도 시간이 흐른 뒤엔 연민의 감정으로 대했다. 어느 날 그들은 나에게 저글링 하는 방법을 가르쳐주었다.

나는 저글링도 열심히 했다. 수일 동안 꾸준히 연습해, 드디어 세 개의 공을 공중에서 다루는 데 성공했다. 긴장이 풀리고, 모든 것이 제대로 돌아가지 않으면 어떡하나 하는 걱정에서 잠시라도 벗어났다. 그렇게 새로운 공간이 열렸다. 거기서는 모든 것이 제대로 굴러갔다. 나는 점차 안정되었다. 나는 거기에 있지만 없었고, 주의 깊게 집중하고 신체적으로 활발히 움직였지만 누구를 방해하거나 누구에게서 동떨어지거나 누군가에게 냉담하지 않았다. 유심히 관찰했지만 동시에 완전히 그 속에 녹아들었다. 내 자아는 나에게 친숙했지만 여전히 허덕였고 사라지지 않았다. 그러나 저글링을 할 때의 공처럼 내가 유심히 들여다보는 그 무엇이 되었다. 내 자아는 내 마음 뒤에 숨어서 나와 싸우는 그 무엇이 아니라, 허덕이는 내적 감정을 이제는 더 잘 받아들일 수 있는 자아가 되었다. 나는 삶의 기본 지향이 변한 것을 느꼈다. 그렇게 나의 이기적인 마음은 누그러졌고, 자신을 좀 더 부드럽게 다룰 수 있는 능력이 내게 생겼다.

또한 나는 이런 새로운 마음 상태를 저글링을 할 때뿐 아니라 저글링을 하지 않을 때에도 유지할 수 있었다. 내가 가볍고 평온한 기분으로 마음을 다루면 저글링에서 느낀 무엇이 나와 계속 함께했다. 내가 너무 과하게 노력하거나 생각하거나, 또 반대로 너무 긴장을 풀면 저글링의 공이 떨어졌다. 그러나 내가 마음을 비우고 단지 저글링 그 자체에 집중하면 저글링은 저절로 잘 굴러갔다. 나는 저글링과 명상 수행을 통해, 일상의 나를 버리고 새로운 영역으로 들어갈 수 있었다. 그 영역은 새로운 것과 이전의 것이 동시에 존재하는 중간 영역이었다. 내 손은 공도 저글링 하고 내 마음도 저글링 했다. 손이 아니라 아마도 마음이 저글링을 한 것 같기도 하다. 저글링을 하는 동안 잘해야 한다고 걱정하는 '나(I)', 어수선한 마음으로 불안한 '나(me)'는 어디에 있을까? 나는 이 질문에 답할 수 없었다. 흥미로웠다. 순간적으로 마음이 편해졌다. 나는 다시 명상 수업으로 되돌아갔다. 이제 명상에 접근하는 새로운 방법을 찾았고, 나 자신을 새로운 방향에서 들여다볼 수 있었다.

　나는 단순한 공부, 구태의연한 명상 태도를 넘어서라는 불교의 요구를 점차 받아들였다. 그것은 이전에 내가 하던, 지성만 요구하는 방식이 아니다. 개념을 열심히 파악하고, 그를 위해 필사적으로 노력하는 태도만 지지하는 것도 아니다. 이런 태도와 방식은 내가 이전에 높이 평가한 것인데, 불교는 이런 태도와 방식을 포함할 뿐 아니라 그 위에 더해서 다른 것을 요구한다. 나는 그때 불교가 요구하는 것을 성취하는 방법을 전혀 몰랐다. 그러나 이제는 불교가 내면의 과학이자 내면의 예술이라는 것을 안다. 불교는 형체 없는 예술로서, 그것의 유일한 결과물은 자아뿐이며 자아라는 결과물조차 계속해서 물음의 대상으로 남는다. 그럼에도 불구하고 불교는 예술이다. 다만 그것은 불교식으로 붓질되어야 했고, 그것에 나를 투신하는 만큼만 이해가 되는 예술이었다. 헌신하는 태도와 과정을 중시하는 측면은 내가 불교를 알기 전에는 깨닫지 못했던 것이다. 아마도 내가 음악가, 배우, 화가, 시인이었다면 이런 것이 나에게 계시처럼 다가오지는 않았을 것이다. 나에게 불교는 새로운 영역이었고, 나는 그 영역으로 비틀거리면서 들어갔다. 선불교에서는 이와 유사한 상태를 묘사하기 위해서 깊은 우물로 다시 떨어지는 이미지를 사용한다. 나는 눈을 감고서 어떤 결과가 올지 전혀 확신할 수 없는 상태에서 길을 걸어가는 기분을 느꼈다.

그 길은 내 나름으로 내면을 탐색하는 길이었다. 이런 과정은 다른 어떤 것과도 비교할 수 없다. 이전에는 제거되면 행복해질 수 있을 것이라고 여긴, 그리고 처음에는 명상이 철저하게 부수어버릴 것이라고 믿었던 바로 그 의구심, 불안, 불안정감 및 불편함을 있는 그대로 나 스스로 탐색하고 느껴보는 것. 이것을 단순히 마음에서뿐만 아니라 몸에서도 스스로 탐색하고 느끼는 것. 그리고 그것을 통해서 나 자신의 방식을 탐색해가는 길이었다. 명상 기술을 받아들이자 내가 변했다. 두려워함과 동시에 비밀스러운 희망을 필사적으로 부여잡고서 나 자신에게 다가가는 대신 나는 고통과 고뇌의 구조를 자세히 들여다보았다. 이것이 가능하다고 말한 사람은 없다. 신세대 불교 법사에게 수행 지도를 받는 동안에도, 나는 책에서 배운 불교와 수행 체험을 조화시키는 데 어려움을 느꼈다.

'나'는 존재한다

붓다 가르침의 가장 근본은 무아(無我)다. 무아는 산스크리트어로 아나트만(anatman)이고, 붓다 당시 언어와 유사한 팔리어로는 아나타(annata)다. 말하자면 자아 또는 영혼은 없다는 말이다. 불교 법사들은 매번 무아를 강조했다. 내가 처음 불교에 매력을 느낀 이유 중 하나도 이 개념 때문이다. 나는 서구의 자아 개념이나, 자아를 일으켜 세우려는 정신분석 기법과는 다른 접근법이 있다는 게 좋았다. 그때 나는 "이드가 있는 곳에 자아가 있다."는 프로이트의 유명한 언급에 나도 모르게 익숙해져 있어서, 나의 이드를 제거할 준비가 아직 되지 않아 있었다(사실 지금도 여전히 이드를 제거하는 중이다.). 그러나 무아의 반직관적인 함축성은 마음에 들었다. 그리고 그 담백함이 좋았다. 무아라는 개념은 대단한 인물이 돼야 한다는 압박감에서 나를 해방시켰고, 무엇을 설명해야 한다는 부담감에서 벗어나게 해주었다. 고리가 풀린 기분이 들었다. 편했고 안도감이 들었다. 무아, 그것은 멋진 것이다. 사람들이 대부분 더 크고, 더 좋고, 더 강해지려고 애쓰는 동안, 나는 다른 방향으로 나아갔다. 무(無)를 향해 갔다. 적은 것이 좋은 것이라고 사람들이 많이 말하지 않는가? 아마도 결국 나는 홀로 나의 이드를 떠날 수 있을 것이었다.

그러나 그때 나는 무아를 그렇게 깊이 이해하지 못했다. 내가 생각한 무아는, 나의 내면적 불안과 나의 '자아'는 실재하지 않기 때문에 내가 깨달으면 바로 떨어져 나간다는 그런 개념이었다. 그래선지, 명상을 하는 동안 무아의 공간 속으로 들어가는 대신 나 자신으로 돌아간다는 것을 알게 되었을 때 혼란스러운 기분을 느꼈다. 맨 처음 불교를 매혹적으로 보게 한 역설은, 내가 불교에 차츰 익숙해졌는데도 풀리지 않고 오히려 깊어졌다. 그 역설에서 명상은 한편으로 나 자신을 부드럽게 보듬으라고, 다른 한편으로 나의 고통과 대적하지 말고 오히려 고통을 통해 나아가라고 가르쳤다. 나는 계속해서 불교 이론을 공부했다. 그리고 이론으로는 자아가 없다는 것을 이해했다. 또 자아가 단지 부분들의 모음이라는 것도 알았다. 마치 자동차가 바퀴, 차축, 차대 등으로 구성되는 것과 같은 이치다. 경전에서 붓다는 부분들이 모여서 자아를 이룬다고 가르치며, 그 부분들을 다섯 개의 '무더기'나 '덩어리'를 의미하는 오온(五蘊, skandhas)이라 불렀다. 오온은 물질(色), 느낌(受), 개념(想), 심리현상(行), 인식작용(識)이다. 자아는 없다. 단지 덩어리만이 있을 뿐이다. 이것은 불교 이론의 기본 원리로, 불교의 모든 가르침에서 처음부터 계속 반복되는 것이다. 그런데 명상 체험이 늘어날수록, 나는 나 자신과 더 연결되는 것 같았다. 껍데기로 살아갈 때는 내가 무엇을 놓치지 않는지, 나 자신에게 화가 나지 않았는지 항상 은근히 두려웠는데 명상을 통해 아주 편안해졌다. 이 느낌을 어떻게 표현해야 할지 모르겠다. 불교를 처음 배울 때 기대한 것처럼 자아가 영원히 떨어져 나가는 것은 아니었다. 오히려 내 자아가 지평을 넓히는 듯 보였다.

내가 완전히 틀리지 않았다는 확신은 불교 경전에 근거한다. 그 중 하나는 붓다와 코살라국의 왕이 나눈 대화다. 붓다가 유행하던 한 왕국인 코살라국의 왕은 왜 붓다의 제자가 다른 종파의 제자와 다른지 알고 싶어 다음과 같이 물었다.

"당신은 고(苦)를 피할 수 없다고 강조합니다. 그러나 당신의 제자들은 삶에 충실해 보입니다. 다른 종파의 제자들은 초췌하고, 거칠고, 핏기 없고, 깡마르고, 매력이 없습니다. 그러나 당신의 제자들은 즐겁고, 의기양양하고, 유쾌하고, 활기찹니다. 심지어 낙천적으로 밝아 보입니다. 그들은 마치 '가젤처럼 청정한 마음'을 가진 듯합니다.[03] 이것은 정말 기이한 종교입니다. 고통을 보듬는 적극적인 마음이 이런 활기를 낳는 이유입니까?"

왕이 말하는 것을 나 역시 느낀다. 균형감, 편안함, 즐거움, 유머 감각과 같은 명상의 열매는 고통을 받아들이는 마음과 연계해서 생기는 듯하다. 내 생각에도 이것은 기이하다. 그러나 이 기이한 변화가 내 마음에 일어나는 것을 부정할 수 없다. 불교는 무아를 가르치지만 나는 나 자신과 더 생생하게 연결되어 있음을 느꼈다. 나 자신과의 마찰이나 두려움이 줄어들었다. 그리고 더 편안하게 나 자신의 의식에 머물 수 있게 되었다. 물 밖으로 던져진 물고기가 겪는 느낌이 줄어들기 시작했다.

이런 역설적인 전략이 붓다의 가장 위대한 가르침이라는 것을 나는 점차 깨달았다. 트라우마는 누구에게나 일어난다. 트라우마가 일어날 가능성은 인간 존재가 껴안는 불안정성의 한 부분이다. 상실, 죽음, 사고, 질병, 약물 중독 등의 트라우마는 눈으로 볼 수 있다. 그러나 사랑받지 못하는 아이가 받는 정서적인 박탈감과 같은 종류의 트라우마는 눈에 잘 보이지 않는다. 아주 미묘하다. 또 뭔가 동떨어지고 틀어지는 내 느낌은 특별히 어디에서 온 것이 아니다. 트라우마를 생각하지 않고 한 개인의 삶을 상상하는 것은 불가능하다. 수년 전, 악성 뇌종양으로 돌아가신 아버지와 나눈 대화가 기억난다. 아버지는 84세까지 의사로 근무하며 보람 있는 삶을 사신 분이다. 아버지는 암이 발견되기한 달 전까지 성실히 환자를 진료했다. 암을 발견한 때는 이미 치료 시기가 지나 있었다.

나는 우리의 마지막 대화를 아주 조심스럽게 이어갔다. '죽음'이라는 무서운 단어를 조심스럽게 피해가면서 아버지께 다음과 같이 물었다.

"아버지, 요새 마음은 편안하세요?"

"애쓰고 있다고 할 수 있지……." 아버지의 대답은 느리고 자주 끊어졌다.

"이제는 내가 할 수 없는 것에 봉착한 기분이구나."

트라우마에 부딪히지 않고 사는 사람은 거의 없다. 나는 아버지가 자신의 몫을 감당했다는 것을 안다. 할아버지는 다락에 석면 공사를 하고서 그 석면 때문에 폐암에 걸렸는데, 15살 때 아버지는 죽어가는 할아버지의 통증을 덜어주기 위해 할아버지에게 모르핀을 놓아준 경험이 있다. 그러나 내 생각에 아버지는 이런 기억을 가능한 한 자신의 기억에서 멀리 두려고 최선을 다했다. 그러나 붓다는 다른 식으로 접근한다. 붓다는 마음과 심장을 하나로 보았다. 또 붓다는 트라우마를 있는 그대로 보는 여실지견(如實知見)의 관점이 어떻게 사람들에게 도움이 되는지 다소 기이한 언어를 사용해 말했다. "〔여실지견은〕심장을 기쁘게 한다." 코살라국의 왕은 자신의 시대에 맞는 방식으로 그것을 깨달았고 나는 나의 방식으로 그것을 깨달았다. 그러나 당시에 붓다의 이런 설법은 통상적인 방식이 아니었다. 또 우리 시대에서도 이것은 일반적인 방식이 아니다.

붓다, 불편한 의사

붓다는 의사가 아니다. 물론 종종 의사로 묘사되기는 한다. 왜냐하면 당시부터 지금까지 의사들이 환자를 진료하는 전통적인 방식으로 자신의 첫 가르침인 사성제를 제시했기 때문이다.[04] 붓다는 의사들처럼, 무엇이 질병인지 설명하고, 그 원인을 제시하고, 치료가 가능하다면서 처방을 내놓았다. 그런 방식으로 붓다는 당시의 문화 전통이 갖는 질곡에서 벗어나길 희망했다. 고대 산스크리트 속담에 이런 말이 있다. "진실하고 즐거운 것이 아니면 말하지 마라."[05] 붓다는 이런 관점을 거부했다. 붓다가 설법한 사성제 중 첫 번째, 단 한 마디의 외침, "고(Dukkha)!"에는 즐거울 만한 것이 없다. 둑카(dukkha)는 흔히 '고통'이라고 번역되지만 문자 그대로 해석하면 '얼굴을 맞대기 어려운'이라는 뜻이다. 인간 존재의 곤경 전체를 붓다가 한 마디로 축약한 말이다. 만약 붓다에게 그가 의도한 둑카의 의미를 자세히 풀어달라고 요청한다면, 붓다는 아마도 폭포수처럼 많은 말로 설명했을 것이다. 생로병사, 슬픔, 통탄, 통증, 애도, 절망은 피할 수 없다. 보고 싶지 않은 사람을 봐야 하는 고통, 사랑하는 사람과 이별해야 하는 고통, 원하는 것을 가질 수 없는 고통은 우리가 삶에서 직면하는 유쾌하지 못한 현실이다. 이 세상에서 인간으로 존재하는 것 자체가 고통이다. 왜냐하면 우리의 존재가 얼마나 하찮고 얼마나 덧없는지 우리가 잘 알기 때문이다. 심지어 즐거운 경험을 한다 해도 결국은 불만이 스쳐 가기 마련이다. 즐거움은 영원한 안식을 줄 수 없다. 아무리 만족을 주는 것이라도 결국 끝이 있다.

붓다가 언급한 둑카는 또 다른 의미, 즉 인간의 불만족스러운 곤경을 보다 미묘하게 함축한다. 이 단어는 유래가 흥미롭다. 접두어인 '두(duh)'는 '나쁘다, 어렵다'는 의미다. 접미어 '카(kha)'는 차축을 끼우는 바퀴의 중앙 구멍을 의미한다. 이 두 가지 뜻을 결합하면, '무엇인가 딱 맞지 않아서 곤란하다'는 의미다.[06] 나에게 뭔가 딱 맞지 않는 차축의 이미지는 나의 부적절한 느낌, 나 자신에게 속하지 않는 느낌, 나 자신과 갈등을 일으키는 느낌을 표현하는 또 다른 방식으로 보였다. 이런 문제는 오랫동안 나를 괴롭혔다. 둑카의 어원을 생각해볼 때, 사성제라는 붓다의 가르침을 "다르마의 바퀴를 굴리다[轉法輪]"라고 부른 것은 우연이 아닐 것이다. 붓다의 설법을 듣는 사람들은 둑카라는 단어의 의미를 잘 알았고, 부드럽게 바퀴를 굴리는 붓다의 이미지를 떠올리며 높이 평가했을 것이다.

붓다가 성불하고 수년이 흘렀다. 다른 지역의 왕자가 기존의 관습에 익숙한 사람들이 좋아하지 않는 진리를 왜 선포했는지 붓다에게 물었다. 붓다는 즐겁고 바른 것만을 말해야 하는 산스크리트의 전통 원리를 이제는 따르지 않겠노라고 대답했다. 붓다는 이전과 다른 북을 치면서 나아갔다. "설사 그것을 사람들이 받아들일 수 없다고 해도 참되고 복된" 것만을 설법하겠다고 말했다. 붓다는 이 점을 잘 드러내기 위해서 왕자의 무릎 위에 있는 아기를 예로 들었다. "아기가 만약 막대기나 자갈을 입에 넣는다면 어떻게 할 것인가? 아기에게 원치 않는 고통을 준다고 해도, 왕자는 그것을 입에서 빼지 않겠는가? 의사도 그와 유사하지 않겠는가. 어머니의 입장이라면, 더 말할 것도 없지 않겠는가." 그리고 붓다는 주의할 점을 하나 더 언급했다. "만약 '말할 시점'이라면 설사 찬동을 얻지 못하더라도 복된 진리를 말할 것이다."[07] 오늘날 좋은 치료사들이 고심하는 것처럼 붓다에게도 적절한 방식과 타이밍은 중요했다. 자신의 트라우마를 받아들이고 인정할 준비가 더 필요한 이에게, 붓다는 결코 트라우마를 직관하도록 강요하지 않았다. 모든 사람은 결국 해탈해야 한다. 최고의 스승 붓다도, 트라우마를 받은 사람에게 해탈의 방법을 보여주는 것이 최선이라고 했다.

붓다는 "이 사람들은 매듭에 묶여 있다."고 가르쳤다. 여기서 '매듭'이란 '즐거운 것'만 듣고 '듣기 싫은 것'은 거부하는 태도를 일컫는 말이다. 붓다의 시대에도 사람들은 소위 '정상적인 것'을 추구했다. 우리가 발을 디딘 지반이 그렇게 안전하지 않다는 사실을 받아들이지 못했다. 이런 경향은 수천 년 전이나 지금이나 마찬가지다. 소설가 윌리엄 스타이런(William Styron)이 언젠가 이 사실을 완벽하게 표현한 적이 있다. 파리에 머물던 젊은 시절, 스타이런은 늘 술에 취해서 방탕한 생활을 했다. 그러던 어느 날 친구들에게 이런 생활에서 벗어나도록 도와달라고 간청했다. 보통 사람들은 이런 자신을 인정하고 싶지 않아서 마음 한구석에 담아두고 조용히 읊조리겠지만, 스타이런은 과감하게 도와달라는 목소리를 냈다. "날리는 눈송이처럼, 나는 다시는 변화에 저항하지 않을 거야. 내 고향 제임스 강으로 가서 땅콩 농사를 지을 거야."[08]라고 신음하듯이 말했다. 자신의 트라우마를 기꺼이 인정하는 스타이런의 의지는 흔히 볼 수 있는 게 아니다. 우리는 대부분 트라우마를 인정하지 못하고 그 트라우마의 덫에 매여 살아간다.

'나'라는 큰 바다

최근 내 환자 모니카가 이와 유사한 감정을 치료 시간에 토로했다. 모니카는 냉철했고 자기 고통에 대해 다른 이미지를 갖고 있었다. 그러나 윌리엄 스타이런과 같은 심정으로 애원했다. "망망대해 한가운데서 필사적으로 돛대에 매달린 것 같아요." 모니카는 감정이 끓어오르자 고백했다. 침묵하는 동안은 흐느꼈다. "너무 힘들어요. 이제는 버틸 수 없어요. 어떻게 해야 할지 모르겠어요." 모니카는 나름 성공한 50대 중반의 사랑스러운 교수다. 또 사람들이 대부분 피해버리는 트라우마를 스스로 충분히 표현할 정도로 예리한 사람이다. 모니카는 물 밖에 나온 물고기처럼 절박했지만 솔직했다. 모니카 어머니의 위독한 건강 상태에 대해 이야기하면서 이런 대화를 나누고 있었지만, 모니카의 절박함이 단순히 어머니에게 곧 닥칠 불행 때문이 아님을 나는 알고 있었다. 그녀가 하는 말들은 오로지 어머니를 곧 잃는다는 사실에 대한 것들임을 나는 알았다.

내가 보기에, 인생의 난관들은 종종 우리를 모니카가 이야기하는 감정 상태로 데려간다. 참 신기한 건, 전쟁이나 지진, 약탈과 질병을 경험하는 시기에도 삶이 더 힘들지는 않다는 사실이다. 하지만 자연재해나 인재를 못 본 척하고 일상생활에 몰두해도 삶은 여전히 투쟁이다. 확실히 삶은 때때로 아름답다. 실제로 삶 그 하루하루가 대단히 놀라운 일이다. 그러나 삶은 또한 취약하고 불안하며, 우리는 홀로 느끼는 고독감에서 벗어날 수 없다. 물론 일상생활과 재난은 한 발 차이며,

일상은 가장 화려한 순간에서조차 힘겹다. 세상일이 항상 제대로 굴러가는 것도 아니다. 사람들은 매일 투쟁한다. 상실은 항상 우리 곁을 서성인다. 우리는 종종 방황하고, 정처 없이 흘러 다니고, 두려워하고, 무력감에 치를 떨기도 한다.

모니카에게 위에서 언급한 이런 생각을 입 밖으로 내놓지 않아 다행이다. 대신 더욱 생기 있는 말이 내 입에서 툭 튀어나왔다. 나는 "그러나 당신 또한 큰 바다입니다."라고 말했다.

모니카의 어머니가 세상을 뜬 뒤 여러 해가 지났다. 모니카는 내가 한 말을 기억했다. 그 말은 대단한 영향력을 발휘했다고 한다. 나는 무척 놀랐다. 물론 모니카가 자신이 큰 바다가 아니라는 것을 바로 쉽게 입증했을지도 모르겠다. 그러나 내가 무엇인가 중요한 것, 상기할 만한 것, 계속해서 생각하게 할 수 있는 것을 말했다는 사실이 기뻤다. 치료에서 중요한 부분은 그렇게 잠깐 일어나고 기억에서 재빨리 사라져버린다. 돌이켜보면, 내 반응에 뭔가 불교적인 뉘앙스가 들어 있었다. 내 체험에서 배운 뭔가가 있었다는 생각이 번쩍 들었다. 트라우마는 자아를 이해하는 방식이자, 자아에서 빠져나오는 출구다. 자유로워지고 자기 삶에 친숙해지기 위해서는 난관이 있더라도 자기를 있는 그대로 체험해야 한다. 자기에게 큰 바다의 본성이 있음을 모니카로 하여금 깨우치게 할 때 내가 활용한 핵심 개념은 '무아'라는 해방적인 개념이었다. 이것을 이해하려면 우선 자신의 자아를 생생하게 느껴야 한다. 그 자아는 삶에서 우리를 이리저리 흔들어대고, 상처받고, 매듭에 매여 있다. 붓다의 해방은 갇힌 생각과 감정을 버리고 고통받는 자아를 포기하는 것이 아니라, 다른 방식으로 그 모든 것을 보듬되 그것들의 극단적 현실들에 매달리지 않고 저글링 하듯 그것들을 다루는 것이다.

모니카는 자신의 인생에서도 치료에서도 아주 중요한 상황에 부닥쳤다. 모니카가 위축됐다고 말하는 사람도 있을 것이다. 그러나 '위축'이라는 단어에는 관습적인 편견이 들어 있다. 이 단어는 강한 두려움을 드러내는 보편적인 공포감을 함축한다. 모니카는 가장 근본적인 차원에서 자신과 접촉했다. 이것은 진정한 성취다. 모니카는 진정으로 혼자 있고, 방황하고, 두려워했다. 모니카가 현재 느끼는 감정은 어린 시절의 박탈 경험에 기인하므로 그런 감정은 비현실적이라고 그녀를 위안해줄 수 있을지 모른다. 그러나 나는 나를 억제하면서 이런 언급을 하지 않았다. 내가 보기에 진실한 감정을 드러내는 모니카의 의지는 치료에서 큰 전환점을 이끌어낼 수 있었다. 한편으로 모니카는 자신의 현실과 접촉한다. 거기에서는 자신의 정체감이라는 돛대를 잡는다. 또 다른 한편에서는 돌파구를 찾을 기세를 보인다. 모니카의 근심과 걱정 바깥으로는 해방의 힘을 지닌 그녀 마음의 큰 바다가 그녀를 둘러싸고 있었다.

나는 모니카와 대화하면서 이 점을 말하고 싶었다. 나는 프로이트식의 대양감(大洋感)을 말하려는 것이 아니다. 프로이트는 젖가슴을 가진 엄마와 결합하여 유아 때의 일체감이 다시 부활하는 것이라고 영적 체험의 의미를 축소해버렸다. 나는 모니카에게 비록 어머니의 임종을 앞두고 있지만 사실 그녀와 어머니는 하나라고 말하지 않았다. 어린 시절로 돌아가서 그때의 감정을 추적하는 것이 좋겠다고 말하지도 않았다. 다만 자신의 진정한 감정을 이해하려고 스스로 한 걸음씩 더 나아가고 있다고 말하고 싶었다. 근심과 걱정에 자신이 파묻힌다는 강한 확신은 오히려 무심코 그 근심에서 해방시키는 힘을 불러냈다. 모니카는 자기가 배의 돛대에 매달렸다고 확신하면서도, 큰 바다를 그렸다. 모니카의 내면에 스스로 무시했던 거대한 내면의 풍경이 존재했고, 나는 그것을 지적한 것뿐이다. 모니카는 자기 스스로 해방되었다.

붓다의 트라우마

트라우마와 그것을 풀어내는 작업의 리듬은 마치 거대한 지하수처럼 불교의 밑바닥에서 흐르고 있다. 내가 지하라고 말한 이유는 불교가 보편화된 문화에서도 항상 이런 점이 충분히 인식되지 않기 때문이다. 붓다 이야기의 핵심에는 가장 중요한 트라우마가 숨어 있다. 그 트라우마는 잘 알려졌지만 거의 언급되지 않으며, 오랜 세월 별다른 관심을 못 받았지만 한없는 의미로 가득 차 있다. 붓다의 어머니는 붓다를 낳은 뒤 7일 만에 숨을 거두었다. 붓다의 일생을 다룬 신화와 전설이 수없이 많지만, 붓다의 어머니가 일찍 숨을 거두었다는 이 사실을 명징하게 탐색하면서 깊이 들여다보는 경우는 거의 없다. 그러나 붓다 일대기를 살짝만 파고들어가도 그 안에 제대로 규명되기를 기다리고 있는 은유가 들어 있다는 걸 알 수 있다. 현대 심리학의 관점에서 본다면 그 은유의 의미는 명확하게 드러날 것이다. 그것은 아마 마음속에서 붓다를 계속 괴롭힌 무엇일 수도 있다. 아니면 너무 어린 시절에 경험한 고통인 나머지 아무리 애를 써도 기억나지 않아서, 틀림없이 아무런 문제가 되지 않았을 무엇일 것이다. 자비로운 부모의 양육, 기쁨과 부유함과 정성 어린 보살핌, 이런 것이 붓다에게 모두 주어졌다. 그럼에도 나중에 붓다가 된 젊은 남자는 무엇이 잘못됐다는 느낌을 받았다. 이런 느낌이 어린 시절 생모를 잃은 것 때문인지, 아니면 생로병사의 현실과 직면하면서 생긴 것인지 우리는 알 수 없다. 그러나 이런 느낌은 어린 시절의 상실에 따르는 알 수 없는 소외감이나 불안감이라는 주제와 틀림없이 연관된다. 매일 일어나는 트라우마는 우리를 엄마 잃은 아이처럼 만들어버린다.

나는 모니카에게 결정적으로 중요한 점을 지적했다. 트라우마로 남은 감정의 원인을 밝혀내는 문제는 그 감정과 어떤 관계를 맺어야 하는가의 문제만큼은 중요하지 않다. 왜냐하면 일상이란 도전의 연속이므로 우리가 감정을 위장해야 하는 경우가 많기 때문이다. 가장 은밀한 감정은 자면서 꾸는 꿈쯤으로 치부되어 한쪽 구석으로 내몰린다. 우리는 모두 정상적인 삶을 원한다. 그러나 정상적인 삶이라고 하여도 그 삶은 고되고, 할 일이 많고, 위협적이기도 하다. 우리는 이것을 잘 다루어야 한다. 그러나 어떻게 다루어야 하는지 방법을 아무도 모른다. 우리는 모두 삶에서 상처를 받는다. 삶은 예측할 수 없고, 제멋대로고, 우리의 감정을 배려해주지 않는다. 상실은 우리 삶에 늘 있다. 누구나 제 나름으로 고통을 겪는다. 별로 잘못된 것이 없는 삶일지라도, 생로병사는 저 멀리 지평선 너머에서 넘실거리면서 다가온다.

붓다가 깨달음을 얻는 이야기는 트라우마에 직면한 붓다가 그 트라우마를 이용하여 마음의 지평을 넓혀간다는 내용이다. 불교에 입문할 무렵 내게 불교를 가르친 스승인 조셉 골드스타인(Joseph Goldstein)은, 붓다가 깨달음에 이른 방법을 의미심장하고 함축적으로 표현했다. "빠져나가려면 통과하는 수밖에." 자각(awareness)의 대상인 정서적 고통은 매우 유익한 결과물을 낳는다. 정서적 고통은 여러 성질, 예를 들면 다양한 강도(intensity) 같은 것을 갖고 있어서 마음을 훈련하는 수단으로 매우 쓸모 있다. 붓다의 삶을 살펴보면서 나는 붓다가 이 작업을 했음을 알 수 있었다. 붓다는 자신의 트라우마가 어디서 왔는지 몰랐을 수도 있다. 하지만 붓다는 공감이나 적절한 반응 같은 것을 이끌어내서 자신에게 필요한 내면 환경을 스스로 창조했다. 붓다의 성공은 우리 모두에게 훌륭한 모범이다. 우리가 직면하지만 설명할 수는 없는 불편한 감정을 해결하기 위해서는, 이 불편한 감정을 이용하여 우리 마음이 바로 넓은 바다가 되어야 한다.

붓다의 설법 중 가장 유명한 구절은 "가장 중요한 것은 고통과 고통의 종식"이다. 이 구절은 두 가지, 즉 고통과 고통의 종식이라는 두 가지가 있는 것처럼 들린다[09]는 지적을 받는다. 그러나 붓다는 조심해서 단어들을 선택했다. 밝은 눈으로 고통을 잘 살펴보면, 그 고통은 사라진다. 정신치료사로서 붓다는 어떻게 이것이 가능한지를 잘 보여주었다. 붓다 가르침의 위대한 약속은 고통이 단지 사성제의 첫 번째일 뿐이고 고통의 존재를 받아들이면 사성제의 다음 순서가 열린다는 점이다. 바야흐로 붓다는 다르마의 바퀴를 굴린다. 붓다는 세 번째, 네 번째의 진리인 고통의 종식과 거기에 이르는 팔정도의 길을 밝힌다. 붓다는 자신의 설법을 듣는 사람에게 모두 희망을 가득 불어넣는다. 트라우마는 우리 인생에서 피할 수 없는 사실이다. 그러나 그것만은 아니라는 것, 즉 트라우마는 트라우마로 끝나지 않는다고 붓다는 말한다.

2

원초적 고통

처음 명상을 시작했을 때, 나는 자아를 제거

해야 하는 줄 알았다. 그러나 붓다의 진정한

가르침은 그것과 거리가 멀었다. 붓다는 오

히려 자아를 강화하여 스스로 붕괴되지 않

고 원초적 고통을 보듬는 법을 익히기를 독

려했다.

2

붓다는 고통에서 해방되는 해탈의 길을 찾기 위해 6년간의 사문 생활을 했다. 그리고 자신의 깨달음을 사성제로 정리하는 데 약간의 시간을 보냈다. 깨닫고 난 직후 붓다는 말문이 다소 막혔다. 경전에는 해탈의 경지를 체험한 순간 붓다가 아무도 이 경지를 깨달은 자신을 이해하지 못할 것으로 여겼다고 전한다. "이 세상은 고통의 바다다. 심지어 우리가 자아라고 부르는 것도 병들었다. 그 흐름을 거스르는 것을 본 사람은 아무도 없다. 너무나 심오해서, 그것을 꿰뚫어 보기 어렵다."[01] 사람들은 세상의 매듭에 묶여 있는 나머지 붓다가 깨달은 바를 이야기해주어도 그것을 도저히 알아듣지 못했다. 그래서 붓다는 자신이 깨달은 거대한 통찰을 믿지 않는 사람에게 말로 표현하는 일이 피곤하다고 생각했다. 그것은 귀찮고 지치고 성가신 일이었다. 붓다는 "나는 깨달음을 얻은 당시 그것에 대해 말하는 것은 성가시다고 생각했다."고 이후 회상했다.[02] 그러나 최고의 신인 브라흐마가, 그래도 붓다의 가르침을 듣는 것에 감사하는 '눈 밝은' 사람들이 조금은 있다고 붓다에게 간청하고 애원하자, 붓다는 마지못해 설법에 동의했다고 한다.

붓다는 처음에 자신의 깨달음을 말로 표현하는 데 성공하지 못했다. 브라흐마의 간청을 받아들인 다음, 붓다는 천리안으로 전 우주를 살펴보며 깨닫기 전 자신에게 가르침을 준 두 스승을 찾았다. 두 스승은 마음을 조절하는 방법을 붓다에게 가르쳐주었다. 그들의 가르침으로 고통에서 해방되는 길을 완전히 터득한 것은 아니었지만, 붓다는 그들이 현명하고 학식과 분별력이 있을 거라고 기대했다. 그들은 눈 밝은 사람이었다. 아마도 그 스승들이라면 붓다가 스스로 깨달은 이 진리를 바로 이해하고 받아들일 것 같았다. 그러나 마치 예측할 수 없는 현실을 강조하는 듯, 두 스승은 이미 세상을 떠나고 없었다. 한 분은 한 주 전에, 다른 한 분은 전날 저녁에 세상을 떠났다. 실망한 붓다는 숲 속에서 최근까지 고행을 같이 한 옛 친구 다섯 명을 찾아 나섰다. 그 도중에 붓다가 처음 만난 사람은 우파카(Upaka)라는 아지비카(Ajivika, 사명외도) 수행자였다. 붓다가 숲 속에서 고행할 때부터 알던 사람이었다. 우파카는 붓다의 광채 나는 모습에 즉시 깊은 인상을 받았다. 그렇지만 붓다의 깨달음에 대해서는 회의적이었다.

"친구여, 당신의 마음은 이제 고요해졌구려. 당신의 피부색은 맑게 빛나는구려! 당신의 스승은 누구신가?"라고 우파카는 물었다. 붓다는 자신이 성취한 바를 길게 설명하면서 그의 질문에 대답했다. 붓다는 자신에게 스승은 없으며, 자신의 지혜로 스스로를 해방하고, 이 세상의 축복받은 실제 모습을 깊이 통찰했다고 말했다. 붓다는 우파카의 금욕주의 세계관을 처음부터 지적했다. 열반과 해탈은 바로 여기 이 순간에 있는 것이지 금욕하는 고행에 달린 것이 아니라고 말했다.

"나는 모든 것을 초월한 자, 모든 것을 아는 자다. 맹인처럼 어두운 세상에 나는 죽음이 없는 북을 치러 갈 것이다."[03]

우파카는 붓다의 진리를 받아들이지 않았다. 붓다가 말하는 이야기에 별로 감동받지 않았고 붓다의 진리를 대수롭지 않게 여겼다. 당시의 지배적인 세계관에 천착한 우파카는 금욕적인 고행만이 마음을 순수하게 하는 효과를 발휘한다고 깊이 믿었다. 또 삶이 트라우마의 연속이라 해도 아직 트라우마는 부족하고, 더 많은 처벌과 트라우마가 필요하다고 생각했다. 우파카는 영적 수행을 위해서 자기 몸을 가혹하게 채찍질하던 때부터 붓다를 잘 알았다. 그 당시 금욕적 고행 수행자들은 배고픔, 목마름, 통증 등의 극단적인 방법으로 신체를 가혹하게 괴롭혀 육체의 감옥에서 자신이 해방되기를 희망했다. 우파카에게는 깨달은 후 아주 건강해 보이는 붓다를 보는 것 자체가 충격이었다. 건강한 몸 상태로 스스로 해방했다며, 이 세상의 진리를 설하는 붓다를 보는 것이 견디기 힘들었다. 우파카는 건강한 얼굴을 한 붓다의 깨달음을 피상적이고 얄팍한 깨달음이라고 단정하고 자신이 갈 길을 가버렸다.

붓다의 현실주의 전략

—

우파카가 깨달음을 얻은 붓다를 거부한 사실은 붓다에게 교훈을 주었다. 자신의 깨달음을 받아들이지 못하는 것을 본 붓다는 진리를 가르치는 방법을 바꾸었다. 우파카와의 만남은 붓다가 자신의 가르침을 현재 우리가 배우고 있는 틀로 바꾸게 만든 계기가 되었다. 자신의 깨달음을 아무런 단계 없이 바로 전달하는 것은 불가능했다. 차근차근 설명이 필요했다. 그래서 붓다는 고통이라는 관점에서 시작했다. 가르침의 측면에서, 이것은 붓다의 전략이다. 우리가 겪는 매일의 생활은 상처와 얼룩이 가득하다고 붓다는 가르쳤다. 이것은 참으로 옳다. 우리의 자아는 이미 상처를 많이 받았고, 우리는 그런 느낌으로 살아간다. 고통스러운 체험을 굳이 새롭게 찾아다닐 필요가 없다. 이미 고통은 삶에서 우리를 휘감고 있다. 이런 고통에 용감하게 직면하려는 의지는, 요가 수행자처럼 고통에서 도망치려 하거나, 금욕주의자처럼 고통을 과장하거나, 또 유물론자나 일반 사람들처럼 고통을 무시하는 것보다 훨씬 가치 있다.

붓다는 이런 논리를 즐거움과 고통에 모두 적용했다. 즐거움을 거부하는 것은 고통을 조장하는 것만큼 어리석은 일이지만, 삶에 내재한 고통을 회피하기 위해 들쭉날쭉하는 쾌락을 분별없이 추구하는 것 역시 어리석은 일이라고 붓다는 가르쳤다. 이후 인도와 티베트의 불교 문화권에서는 우리가 사는 세상을 묘사할 때 '인욕'이라는 단어를 사용하면서, 이런 '정말로 참을 수 없는' 성질을 가진 세상이야말로 영적, 심리적 성장을 위해 더없이 필요한 것이라고 믿었다. 모든 현상의 허망함은 그것을 볼 수 있는 사람에게는 분명히 드러난다. 평정심으로 이런 불안정함을 보듬고 나아갈 수 있다면 마음에서 새로운 종류의 행복이 솟아날 것이다.

둑카에 대한 변함없는 강조 때문인지 붓다의 가르침이 비관적이라는 평가도 있다. 또 여전히 금욕주의 수행을 강조한다고 오해도 받았다. 그러나 이것은 사실이 아니다. 우파카가 알아차렸지만 받아들이지 않은 것처럼, 붓다는 고통을 조장하는 것을 거부했다. 붓다는 항상 의사처럼 현실적이고 실제적이어야 한다고 주장했다. 물론 어떤 의사는 질병을 부인하면서 거짓 위안을 주기도 한다. 또 질병을 과장해서 치료의 희망을 완전히 꺾어버리기도 한다.[04] 하지만 그런 의사는 별로 쓸모없다. 붓다는 항상 이런 극단을 거부하고, 중도적인 치료를 꾸준히 강조했다. 유명한 어느 경전에서 붓다는, 환자의 몸에 꽂힌 독화살을 뽑는 의사에 자신을 비교했다.[05] 붓다의 도구는 강력하다. 그러나 붓다는, 만약 화살을 뽑아서 우선 목숨을 건진다 해도 그 상처를 스스로 계속 치유하지 않으면 죽을지도 모른다고 청중에게 충고했다. 아무리 훌륭한 의사라도 환자의 협조가 필요하다고 역설했다. 모든 환자는 자신의 상처를 다룰 줄 알아야 한다.

오늘날에도 고대 금욕 수행의 세계관을 거의 그대로 갖고 있는 수행자들이 여전히 존재한다. 그중 어떤 사람들은 지금도 인도의 숲속에서 집착의 감옥에서 해방되려고 스스로 고통을 부과한다. 이런 방식은 수천 년 동안 이어오면서 여전히 그 생명력을 발휘하여, 인도의 숲 속만이 아니라 바로 현재 우리가 살아가는 문화에도 존재한다. 거식증 환자가 그 축에 드는데, 그들은 음식을 거부하고 수척할 대로 수척해진 상태까지 자신을 몰아붙인다. 다른 예는 자신의 신체에 해를 가하거나, 심지어 자신의 신체를 절단하는 사람들이다. 그들은 스스로 화해할 수 없는 내면의 상처를 표현하거나 그 상처를 넘어서려는 의도를 이런 식으로 드러낸다. 또 극단까지는 아니지만, 스스로 무가치하다고 확신하는 사람, 내 환자 모니카처럼 불안정한 돛대에 매달려 사는 사람, 이런저런 방식으로 자신의 부정적인 감정에 사로잡힌 사람들은 모두 붓다 시대의 금욕 수행자들과 아주 닮았다. 붓다의 오랜 친구 우파카처럼 그들은 아주 힘든 시간을 보내지만, 그 시간을 전통적인 관점에서 바라보고 자기 비난에 시달린다. 코미디언 루이스 C.K.가 붓다의 가르침을 요즘 상황에 빗대어 비꼬아 말한 것처럼, "모든 것은 아름답고 눈부시지만, 행복한 사람은 아무도 없다."

부모와 아이 사이

—

오늘날의 정신치료사들은 아기와 부모의 상호 관계를 자세히 관찰하여 인간 마음에 관한 이론의 토대를 형성했다. 그들은 금욕 수행을 현대의 관점에서 설명한다. 이 관점은 '발달 트라우마(developmental trauma)'라고 불리는 모델이다. 이 모델에서 "아기가 혼자 존재하는 일은 없다." 반드시 엄마와 아기가 함께 있는 관계만 존재한다.[06] 아기는 너무 의존적이기 때문에, 그 자체로 독립적인 한 인간으로 간주할 수 없다. 아기는 부모의 보살핌으로써만 생존할 수 있는 운명이다. 이런 '관계' 패러다임에서는, 견딜 수 없는 감정을 트라우마 이론의 핵심적, 결정적 요인으로 간주한다. 격렬한 감정은 갓 태어난 아기한테서도 볼 수 있다. 그런 감정은 여러 형태로 나타난다. 배고프고 무엇이 필요하고 불편한 것을 해소하길 바랄 때, 아기가 격렬하고 무자비하게 자신의 욕구를 부모에게 표현한다는 것을 부모는 잘 안다. 부모는 본능적으로 이런 원초적인 감정에 반응하여, 아기가 이런 상황을 잘 견딜 수 있게, 아주 힘들게라도 견디게 도와준다. 이런 과정이 만족스럽지 못하거나, 고통스러운 감정이나 불쾌함을 부모가 잘 다루지 못하면, 아기나 어린이들은 당혹해하고 스스로 이런 감정을 잘 처리하지 못해 종종 자기혐오에 빠진다.

부모와 아이의 조화로운 반응에 대한 예시 중에서 내가 제일 좋아하는 것은 내 환자가 준 어린이 책에 나오는 이야기다. 그 환자는 나에게서 부모와 아이의 조화로움에 대한 설명을 듣고 나에게 이 책을 주었다. 책 제목은 "무슨 일이니, 귀여운 푸키야?(What's Wrong, Little Pookie?)"[07]다. 아기를 성가시게 하는 문제가 무엇인지에 대한 질문이 그 책에 있다. 아기를 힘들게 하는 것이 무엇인지, 엄마들이 여러 가지 질문을 한다. "배가 고프니? 피곤하니?" 같은 질문부터 심지어 "아주 큰 하마가 네 신발을 빌려달라고 하니?"라는 어리석은 질문까지 던진다. 어린 푸키가 처음에 불편해진 이유를 완전히 잊어버릴 때까지 이런 질문을 지속한다. 이 책은 부모가 자기 아이를 위해 무엇을 해야 할

지 늘 질문하고 생각한다는 걸 유머러스하게 보여준다. 부모는 아이가 어떤 느낌인지 항상 예민하게 느끼고, 아이가 불편해하면 그것을 덜어 주려고 노력한다.

"고통스럽거나 놀라운 감정이 때로는 아이에게 마음의 상처인 트라우마가 된다. 아이와 부모의 조화로운 관계는 아이가 나름으로 견디고, 수용하고, 통합하는 데 꼭 필요하다. 이 관계가 조화롭지 못할 때, 고통스럽거나 놀라운 감정은 아이에게 트라우마가 된다."[08]고 철학자이자 심리학자인 로버트 스톨로로우(Robert Stolorow)가 말했다. 그는 UCLA의 정신과 임상 교수로 재직하며 트라우마를 주제로 책을 집필했다. 그는 또 다음과 같이 언급했다. "부모와의 관계에서 발생한 발달 트라우마는 아이의 정서에 치명적인 영향을 지속적으로 끼친다. 부모와 아이의 부조화가 지속되면 발달상의 충족되지 못한 갈망과 부모와의 관계가 반영된 고통스러운 감정으로 인해서 아이는 스스로에게 혐오스러운 결점이 있거나 자신의 내면에 나쁜 것이 있다고 확신하게 된다."

최근 내가 치료한 어떤 환자는 이런 점을 거의 완벽하게 보여주었다. 환자가 기억할 수 있는 가장 오랜 기억까지 돌이켜보면, 어린 시절 자기에게 항상 뭔가 문제가 있다는 확신이 있었다고 한다. 그 문제들이 사춘기 직전에는 몸에 결함이 있다는 확신으로 나타났다. 부모님은 자신들의 어려운 문제로 씨름하고 있었다. 그래서 그 환자는 자신의 감정을 부모님이 알지 못하도록 최대한 숨겼다. 그래서 항상 자신에게 뭔가 잘못이 있다고 생각했고, 이런 감정을 느끼는 자신을 비난하기까지 했다. 이런 불편한 감정에서 벗어나고 싶었던 그 환자는 어떤 때는 그 감정을 무시하고, 그 감정을 넘어서려고 하고, 그런 감정에서 자신을 보호하기도 하고, 그런 감정이 원래 없다는 식으로 가장하기도 했다. 이 방법들로 약간 효과를 보긴 했지만 전반적으로 별로 좋은 결과는 아니었다. 환자는 성장해서 사회적으로 성공하고 가정도 꾸렸다. 그러나 내면으로는 여전히 자신을 부정적으로 여기는 감정에 시달렸다. 이 감정은 사춘기 때 경험과 별로 다르지 않았다. 겉으로는 좋은 모습을 하지만 속으로는 사실 그렇게 상쾌하고 활발하게 지내지 못했다. 몸은 여전히 그녀를 괴롭혔다. 하루는 대학생 자녀가 방학을 맞아 집으로 돌아왔다. 환자는 차를 몰고 귀가하다가 갑자기 자기 인생이 얼마나 빨리 흘러가버렸는지 처절하게 느꼈다. 어린 자녀들이 한순간에 성인이 돼버린 느낌이었다. 평소와 달리 슬픈 감정이 파도같이 밀려들었다. 그리고 집에 도착하기 전, 길가에 차를 세우고 부끄러운 줄도 모르고 하염없이 울었다. 그리고 여러 날 후에야 나에게 이 사실을 말했다. 이 감정을 겪어내는 것보다 이 감정을 피하는 것이 실제로 얼마나 더 나쁜지에 대해서 자기 생각을 밝혔다. 그녀는 자기의 슬픔 속에 대단히 큰 사랑이 내포되어 있다는 것을 알고 큰 울림을 느꼈다.

단지 사실만 말하라

이 환자의 사례나 발달 트라우마에 대한 최근의 관심은, 예상하지 못한 결과를 초래하기도 했다. 그중 하나는 트라우마를 받은 장소와 트라우마를 준 사람을 밝혀내기만 하면 치료가 이루어질 거라는 환상이다. 내 환자와 치료사인 나는 상처를 준 잘못이 적어도 환자 자신 탓이 아니라면, 자신을 좌절하게 한 부모에게 상처의 책임이 있다고 보는 경향이었다. 부모와 아이 관계의 전문가들은 "누구라도 정서적 트라우마를 받을 가능성이 있고, 이것은 인간 존재의 기본 요소다."[09]라고 지적하지만, 이런 종류의 고통을 다룰 때는 누군가를 비난하고 싶은 유혹을 견디기 힘들다. 그리고 부모와의 조화로운 관계 결여에 초점을 맞추는 것이, 궁극적으로 치료 효과를 보여주지 않는다는 사실을 깨달으면 절망은 더 커진다. 그렇다고 환자가 원초적인 기억을 회상하고, 치료사가 치료적이고 통찰에 가득 찬 해석을 부여하는 것이 효과가 크다는 희망까지 모두 사라진 것은 아니다.

내가 이 책에서 '붓다의 어머니 상실'을 이론의 통합 원리로 제시하는 이유도, 붓다의 상실이 아주 어린 시기에 일어났기 때문이다. 너무 어린 시절에 그 상실이 일어나서 아마도 붓다는 기억조차 하지 못할지 모른다. 그러나 그 상실이 아무런 영향이 없었다고 믿기는 어렵다. 우리가 모두 이와 같은 상실로 고통을 겪었다고 할 수는 없지만, 우리는 모두 내 환자가 드러내는 그런 느낌을 공유할 수 있다. 그 느낌을 공유하면 우리는 모두 어느 정도 흠이 있고 결함투성이라는 것을 알 수 있다. 정신분석학의 이론 모델은 우리가 태어난 가정이 문제가 전혀 없는 환경을 제공할 수 있었을 거라는 가정을 담고 있다. 다시 말해 우리가 성장하는 동안 부모가 완벽할 정도로 조화롭게 반응해준다면 우리는 항상 좋은 느낌으로 살아갈 수 있다는 것이다. 그래서 정신분석 치료는 필연적으로 과거를 회상하며 과거에 생긴 피할 수 없는 박탈과 결핍을 다룬다. 붓다가 이런 박탈과 결핍을 문제 삼지 않았다는 증거는 없다. 사실 붓다의 경험을 보면 이것은 대단히 중요한 문제일 수 있다. 그러나 붓다는 오로지 현재에 머물기를 지속해서 충고하며 이를 치료적 접근법으로 채택했다. 그리고 사성제의 첫 번째인 고성제에서 언급한 바와 같이, 붓다는 부모가 아무리 아이에게 조화롭게 반응하면서 양육한다고 하여도 어느 정도의 박탈감은 피할 수 없다고 강조했다.

붓다의 이런 접근법이 잘 드러나는 좋은 예가 있다. 이 예는 최근에 발행된 드보라 베이커(Deborah Baker)의 『푸른 손(A Blue Hand)』이라는 책에 실려 있다. 이 책은 시인 앨런 긴즈버그(Allen Ginsberg)가 1961년에 처음으로 인도를 여행한 체험에 대한 것이다. 드보라는 30대 초반의 앨런이 인도에서 겪은 영적 체험을 연대기식으로 정리했다. 앨런과 그의 오랜 친구 피터 올로프스키(Peter Orlovsky)를 포함한 몇 명은 인도를 여행하면서 요기, 라마, 사두, 가짜 수행자, 성인 들과 함께 시간을 많이 보냈다. 앨런과 친구들은 숲 속의 유행 생활로 무엇을 성취하는지 탐구했다. 붓다도 자신의 깨달음을 성취하기 전에는 이와 같은 유행 생활을 했다. 앨런이 체험한 구도 여행의 거의 마지막에 일어난 일화를 하나 살펴보자. 앨런은 피터와 약간 다툰 후, 데브라하 바바(Devraha Baba)라는 수행자를 바라나시에서 우연히 만났다. 그곳은 붓다가 사성제를 처음으로 가르친 곳과 멀지 않다. 데브라하는 시바를 숭배하는 금욕주의자로, 머리를 빗지 않고, 사슴 가죽 깔개, 나무 주전자, 마대

매트, 나무 샌들만을 소유한 성질이 까다로운 성자였다. 당시 인도의 수상이 될 인디라 간디가 방문하자, 데브라하는 갠지스 강 저편의 발판(platform)에 앉아서 인디라 간디에게 자신의 발바닥을 가리키며 보여주었다. 인도에서 경멸을 표하는 자세를 취하면서 그녀와 대화를 거부한 것이다. 앨런에게 데브라하 곁에 앉아서 대화할 기회가 생겼다. 그러나 대화가 중단되었다. 왜냐하면 데브라하가 저 멀리 떨어져 앉은 피터를 알아채고 같이 대화를 나누자고 불렀기 때문이다. 피터가 거절하자 데브라하는 앨런을 물리치며 피터와 함께 오라고 말했다. 그러나 앨런은 그대로 버티고 앉아 있었다. 그러는 동안 생각할 시간이 조금 흘렀다. 앨런은 처음으로 자신이 피터와 얼마나 사이가 멀어졌는지 인정했다. 앨런은 데브라하에게 피터와 사이가 멀어져 외롭다고 고백했다. 드보라는 이때의 상황을 다음과 같이 마무리한다.

> 세차게 흘러가는 갠지스 강 물 위에 걸쳐진 조그마한 발판 위에 앉아서 데브라하는 앨런을 바라보았다. 그는 침을 삼키면서 이리저리 머리를 옆으로 기울였다.
> 그는 "아!" 하고 외쳤다. 그는 앨런의 마음속 깊은 곳을 울리는 부드러운 목소리로 말했다. "얼마나 상처를 받았을까, 얼마나 상처를 받았을까."[10]

비록 미묘하긴 하지만, 데브라하가 앨런의 마음에 개입하는 장면은 붓다가 발달 트라우마를 다루는 방식의 정수를 제대로 보여준다.

데브라하가 대응하는 방식은 점잖고, 사려 깊고, 넉넉하면서도 감정에 치우치지 않았다. 앨런은 데브라하의 이런 태도를 통해서 자신의 영혼이 얼마나 상처받았는지 스스로 깨달았다. 데브라하는 앨런의 가장 어두운 지점에 모든 빛의 초점을 맞추었다. 앨런의 자아에 난 상처는 아마도 어린 시절 정신병으로 죽은 엄마에게서 시작됐겠지만, 피터와의 불안정한 관계로 덧나고 말았다. 그렇지만 앨런은 이 점을 전혀 인정하지 않았다. 데브라하의 행동 중 눈여겨볼 점은 데브라하가 앨런이 처한 어려움을 줄이기 위한 어떤 조치도 취하지 않았다는 점이다. 그는 앨런의 상처에 대해 아무 충고도 하지 않고, 앨런에게 명상을 통해서 그런 감정에서 벗어나라고 강요하지도 않았다. 앨런의 공허한 영혼을 채워주려는 어떤 시도도 하지 않았다. 오로지 자비심만을 바탕으로 단순히 진리를 지적하고 드러냈다. 영적인 도정으로 나아가기 위해서는 바로 현재 지금 서 있는 그 자리에서 시작해야 한다. 수년 후 앨런은 불교를 받아들인다.

그저 바라만 볼 뿐

불교심리학에서는 이렇게 순전히 관찰하는 태도를 '순수한 주의(bare attention) 기울이기'라고 부른다. 순수한 주의 기울이기 혹은 '순수한 알아차림'은 있는 그대로 들여다보는 것이다. 아무런 반응 없이, 말 그대로 순수하게 인연으로 얽힌 모습 그대로 보는 것이다. 그것은 "우리의 내면과 외면에 일어난 것들을 지각하는 순간순간 있는 그대로 명징하게 온마음으로 의식하는 것"이라고 정의된다.[11] 티베트 불교 전통에서는 이것을 스파이 의식이라고 부른다. 이 스파이 의식이 마음의 한구석에서 작동하여, 순수한 알아차림을 때때로 유발하고, 마음과 몸의 극장에서 일어나는 모든 것을 관찰하고 느끼게 한다. 흔히 이것을 '마음챙김'이라 부르기도 한다. 마음챙김은 급수탑에 올라가서 아래를 내려다보는 것이나, 깊은 환부를 파고 들어가는 외과 의사의 바늘에 비유되기도 한다. 일정한 거리를 두고 떨어져 있으면서도, 동시에 함께하는 이런 역설적인 결합이야말로 순수한 알아차림의 특성이다. 그리고 수행에서는 이런 순수한 알아차림을 권한다. 순수한 알아차림에는 중도적인 절제와 금욕이라는 성질이 있다. 이기적이지 않은 어떤 목적을 위해 우리가 일상적으로 반응하는 것에서 벗어나라고 요청한다. 즐거운 것에도 집착하지 말고 즐겁지 않은 것을 거부하지도 말라고 한다. 단순히 있는 그대로 거기 머물라고 한다. 마음의 반응이 일어나면, 그 반응을 내면 성장의 필수적인 재료로 만들어버린다. 그렇다고 그 반응에 무슨 특별한 지위를 부과하지도 않는다. 모든 것을 단지 있는 그대로 드러나게 하는 것을 주안점으로 삼는다. 이런 중도적인 절제와 금욕은 붓다의 정신에서 핵심적인 요소다. 이것은 붓다가 6년간 숲 속 고행에서 배운 것이다.

불교의 가장 핵심적인 역설은 순수한 알아차림이 아무것도 전혀 변하게 하지 않으면서도 결국 마음을 변하게 만든다는 점이다. 꾸준하게 지속해서 아이와 아주 조화롭게 반응하는 부모처럼, 꾸준히 명상 수행을 하면 우리 마음에 있는 가능성이 자연스럽게 떠오른다. 적절하고 선한 방식으로 그냥 그대로 지켜보며 내버려두면 마음의 가능성이 자연스럽게 떠오른다. 달라이 라마는 불교 사상의 중요한 가르침을 다음과 같이 요약했다. "생각을 바꾸어야 하지만, 당신은 변하지 않고 그대로 있으라." 달라이 라마는 바로 순수한 알아차림의 특성을 지적한 것이다. 달라이 라마가 우리의 변화를 요구하는 부분은 우리가 다소 편하기 위해서 다른 사람이나 다른 것을 비난하는 태도다. 마음의 트라우마는 무엇인가 비난할 범인 같은 대상을 찾도록 우리를 충동질한다. 우리는 종종 문제를 제거할 목적으로 우리 자신, 우리가 사랑하는 사람을 공격한다. 스스로 세상에 대적하여 자아를 분열하게 만드는 태도는 단지 고통을 영속시킬 뿐이다. 붓다가 제시한 방법은 우리를 이런 태도에서 빠져나오게 하고, 우리의 마음을 엄마의 마음처럼 만든다. 엄마는 누구에게나 존재하는 가장 자연스러운 사람이지만, 붓다에게는 애석하게도 없는 요소다. 붓다가 제시한 태도를 견지하면 우리에게 변화를 위한 공간이 생긴다. 그 변화는 우리가 추구해야 하고 달성해야 하는 변화다. 이런 변화가 일어나기 위해서는 우리 자신의 내면 환경을 특별한 방식으로 재조정해야만 한다.

내가 바로 나의 엄마

붓다의 이런 관점은 현대의 정신분석과 동떨어지지 않았다. 임상 상황에서 아이와 엄마가 상호 작용하는 것을 실제로 관찰한 한 정신치료사가 이 점에 지대한 관심을 두고서 언급을 했다. 바로 영국의 소아과 의사이자 아동정신분석가인 위니컷(D.W. Winnicott)인데, 그는 "아주 푸근하고 편안한" 엄마에게서 볼 수 있는 아기와의 조화로운 관계의 본질, 그의 표현을 빌리면 "원초적 모성애(primary maternal preoccupation)"의 본질에 대해서 많은 논문을 썼다.

이런 상태에서 엄마는 아기의 입장에서 느끼고 생각한다. 즉 아기와 일체가 되는 놀라운 능력을 계발한다. 그러면 엄마는 아기의 기본 욕구에 부합하는 행동을 한다. 이는 어떤 기계도 할 수 없고, 어떤 교과서도 해줄 수 없다.

…… 이렇게 매우 넉넉하고 편안한 조건에서 성장한 아이들은 그렇지 않은 아이들과 아주 다르다. …… 이처럼 아기를 돌보는 일의 독특한 성질을 이해해야 한다. 왜냐하면 아기의 감각이 충분히 발달하기 전, 다시 말해 자율적 자아(autonomous ego)라고 불리는 것이 생기기 전인 초기 정서 발달 단계에서 아기는 심한 불안을 경험하기 때문이다. 사실 '불안'이라는 단어는 별로 쓸모가 없다. 이 단계에서 아기가 느끼는 불안과 두려움의 강도는 불안 발작인 공황 상태의 강도와 같다. 공황 상태는 사람을 자살로 몰아가는 극도의 고통에 대한 방어적 반응이다. 나는 여기서 강한 단어를 사용하고자 한다. 두 아기의 경우를 살펴보자. 한 아기는 매우 넉넉하고 편안한 환경에서 성장했다. 이 아기가 정서적으로 빠르게 발달하는 데 방해될 만한 요인은 전혀 없다. 그래서

아기 자신의 기질이 잘 발휘되었다. 다른 아기는 편안하지 못한 환경에서 성장해, 발달이 왜곡되고 지연되었다. 이 아기에게는 근원적인 고통이 이후의 삶에 침투했다. 매우 넉넉하고 편안한 환경에서 자라면 엄마가 아기의 보조 자아 역할을 하고, 아기는 처음에는 아주 미약하지만, 점차 자기 나름의 자아를 형성하는 것을 공통으로 경험할 수 있다. 이런 미약한 자아는 아기의 기본 욕구를 파악하고 충족시키는 엄마의 섬세한 보살핌과 양육 아래서 발달이 촉진된다. 이를 경험하지 못한 아기는 자기 나름으로 미성숙한 자아 기능을 발달시키거나, 혼란스러운 자아를 형성한다.[12]

원초적 고통은 위니컷의 가장 중요한 개념이다. 이 개념은 붓다가 말한 둑카와 아주 유사하다. 위니컷은 엄마가 아기를 키우는 과정에서 아기가 스스로 감정을 체득하는 데 어떤 도움을 줄 수 있는지 서술했다. 위니컷은 또 넉넉하고 편안한 보살핌이 없으면, 아기가 그 환경을 어떻게 느끼는지도 언급했다. 그는 공황 불안 뒤에 느껴지는 고통의 강도를 말했다. 또 자살은, 말로 표현할 수 없는 분노의 표현이라 했다. 이런 분노는 아기가 어둠 속에 내동댕이쳐질 때 느끼는 분노다. 위니컷은 부모라면 대부분 아기가 이런 감정을 느끼지 않도록 보호한다고 강조했지만, 부모가 잘 보호한다고 모든 불안이 사라지는 것은 아님을 언급하기도 했다. 불안은 항상 존재한다. 자신의 뒤를 따르는 인간관계 학파의 많은 치료사처럼 위니컷은 참을 수 없는 감정이 유발하는 "지속적이고, 치명적인 의미"를 잘 이해하려고 노력했다.

위니컷의 통찰은 붓다가 창안한 치료법에 숨겨진 강렬한 면모를 설명하는 데 도움을 준다. 역사적 붓다가 위니컷이 자세히 설명한 원초의 고통을 실제로 겪었는지는 분명히 알 수 없다. 그러나 붓다가 깨닫고 난 다음 가르친 명상은 위니컷이 서술한 엄마의 아기 "보듬기(holding)"의 마음과 유사한 방식으로 마음을 '보듬는 것'이다. 붓다의 기법 중에서 핵심으로 거론되는 '마음챙김'이 강조하는, 있는 그대로 보는 자세는 "보조적 자아 기능"의 또 다른 형태다. 붓다는 이런 보조적 자아 기능을 제자들에게 부여했다. 제자들은 이를 활용하여 자신의 능력을 활성화하고 화살을 뽑는 붓다의 비유적 가르침으로 돌아가, 진실로 따뜻한 마음으로 자신의 상처를 돌보았다. 처음 명상을 시작했을 때, 나는 자아를 제거해야 하는 줄 알았다. 그러나 붓다의 진정한 가르침은 그것과 거리가 멀었다. 붓다는 오히려 자아를 강화하여 스스로 붕괴되지 않고 원초적 고통을 보듬는 법을 익히기를 독려했다.

고대부터 내려온 숲 속 명상 전통을 이은 위대한 스승과 함께 인도에서 수년을 보낸 내 친구가 나에게 감동적인 이야기를 해주었다. 나는 이 이야기가 앞에서 내가 말한 점을 잘 드러내준다고 생각한다. 친구는 사랑하는 스승이 사망하고 몇 년이 지난 후에 다시 인도에 갔다. 인도에서 그 위대한 스승에게 가장 헌신한 제자인 다다(Dada)의 집에 머물렀다.

어느 날 다다가 내 친구에게 말했다.

"당신에게 꼭 보여줄 것이 있습니다. 나를 위해서 스승이 이것을 남겨주었습니다."

친구는 흥분했다. 스승이 남긴 것이라면 조그마한 것이라도 소중했기 때문이었다. 다다는 삐걱거리는 소리가 나는 오래된 나무 옷장 문을 열었다. 그리고 맨 아래 선반에서 무엇인가 끄집어냈다. 그것은 낡고 더러운 천으로 덮여 있었다.

"보이나요?" 제자가 내 친구에게 물었다.

"아뇨, 뭘 봐야 하죠?"

다다가 덮인 천을 벗기자 그 속에서 오래돼 낡아빠진 알루미늄 주전자가 나왔다. 인도의 부엌에서 흔히 볼 수 있는 평범한 주전자였다. 다다는 친구의 눈을 그윽하게 들여다보면서 말했다.

"스승은 가시면서 나를 위해서 이것을 남겼습니다. 보입니까? 보입니까?"

"안 보입니다. 다다, 안 보이는데요."라고 친구는 대답했다.

친구의 말에 의하면 다다는 더욱더 강렬하게 자신의 눈을 꿰뚫어보았다고 한다. 이때 다다의 눈에는 미친 듯 휘광이 몰아쳤다고 한다.

"당신은 빛날 필요가 없습니다. 당신은 빛날 필요가 없습니다." 라고 다다는 말했다.[13] 다다는 주전자를 다시 천으로 감싸서 나무 옷장의 맨 아래 선반에 다시 넣었다.

친구는 불교의 혁명적인 이론에 근원을 둔 가르침 중 가장 중요한 가르침을 받았다. 친구는 자기 생각대로 자신을 바꿀 필요가 없었다. 단지 자신이 어떤 사람인지를 배우기만 하면 되었다. 다다가 주전자를 잡을 때 보여주었던 그 보살핌과 자상함으로 자신을 잘 보듬어

안을 수 있다면, 그것으로 충분했다. 원초적 고통으로 온통 뒤덮여 있을지라도 일상의 자아는 그 자체로 귀중하다.

3

모든 것은
불타고 있다

"나에게 이 유리잔은 이미 부서진 것입니다. 바람이 불어 넘어뜨리거나 내 팔꿈치에 맞아 선반에서 바닥으로 떨어지면 유리잔은 부서져버립니다. 나는 그것을 '당연한 일'이라고 말합니다. 이 사실을 이해할 때, 유리잔과 함께하는 일분일초가 소중해집니다."

3
chapter

붓다의 용모에 광채가 서렸다. 이 광채를 우파카는 직접 눈으로 확인했을 것이다. 고대 경전에서 붓다를 부르는 이름 중에 "앙기라사(Aṅgirasa)"가 있다. 화려하게 빛나고 몸에서 오색찬란한 불꽃과 광선이 뻗어 나온다는 의미다.[01] 붓다의 빛나는 얼굴과 내 친구가 다다의 주전자에서 배운 것을 결부시키는 것은 어렵게 보일지 모른다. 그러나 두 이야기는 서로 연결된다. 붓다가 빛나는 이유는 모든 집착의 불이 꺼졌기 때문이다. 붓다는 빛나려고 노력하는 것이 아니다. 붓다 스스로 자신과의 싸움을 멈추었을 때 그냥 자연스럽게 빛이 났을 뿐이다. 붓다는 단지 자신의 고통을 아주 부드럽고 따뜻하게 보듬어 안았다. 다다가 자기 스승이 남긴 알루미늄 주전자를 보듬어 안았을 때처럼.

붓다는 스스로 깨달은 다음, 즉시 설법을 했다. 이전에 아무도 모르던 것을 새롭게 깨닫고, '사자후'라고 불리는 자신의 목소리로 자신의 깨달음을 말했다. 그 첫 설법의 내용이 사성제. 붓다는 바라나시 교외에서 이전에 함께 수행했던 다섯 벗들에게 사성제를 설법했다. 그 다음으로, 유명한 불의 설법이 있었다. 첫 번째 설법이 다섯 명의 제자 앞에서 행한 비교적 사적인 설법이라면, 불의 설법은 금욕 수행을 하는 무수히 많은 배화교도를 청중으로 한 설법이다. 머리를 땋은 그 금욕 수행자들은 불에 뛰어드는 나방 같았다.

붓다가 깨달음을 이루어 해탈의 경지에 도달했다는 소식은 빠르게 전파됐다. 유행하는 사문들이 붓다 주위로 몰려들어 붓다가 성취한 것이 무엇인지 호기심을 품고 바라보았다. 붓다는 그들이 가장 관심을 보이며 집착하는 주제에 초점을 맞추어 다가갔다. 이는 붓다가 늘 애용하는 방식이다. 드물지만, 붓다는 기적도 발휘했다. 배화교의 금욕 수행자들은 붓다의 도움 없이는 그들이 신성하게 여기는 불을 보살필 수 없었다. 경전에 적힌 방식대로 땔감을 마련하려 해도, 붓다가 주문을 말하지 않으면 그들은 통나무를 쪼갤 수조차 없었다. 불을 붙이려고 해도 마음대로 되지 않았다. 불을 끄려 할 때도 마찬가지였다. 붓다는 심지어 매우 추운 겨울밤 배화교도들을 위해 화로 오백 개를 기적처럼 만들어주기도 했다. 그리고 거대한 폭풍우가 몰아친 후 범람하는 물을 가르며 마른 땅 위를 걷기도 했다. 고대 경전들은 이 일들을 마치 사실처럼 기록하는데, 붓다가 행한 기적의 핵심은 기적 그 자체가 아니다. 붓다는 단지 기적이라는 배화교의 언어로 말한 것뿐이다. 붓다는 그들의 관심을 끄는 법을 알았고, 그들의 호기심을 자극해 가르침을 전하고 싶었다. 붓다는 배화교의 성스러운 불에 경의를 표하고 그들 속으로 들어가서 그들을 변하게 했다.

붓다는 이런 변화를 '성스러움'이란 단어를 해석하는 과정에서도 발휘했다. 붓다는 첫 설법에서 성스러움이라는 단어의 뜻을 완전히 전복시켜버렸다. 원래 성스러움이라는 단어는 오로지 인도 카스트의 가장 위층인 브라만 계급을 지칭하는 데만 사용되었다. 그러나 붓다는 태어날 때 주어지는 카스트에 따라 성스러움이 주어지는 것이 아니라 진리를 깨달아야 성스러운 사람이 된다고 말했다. 성스러움은 내면에서 나오는 것이지 사회에서 세습되는 지위의 산물이 아니라고 붓다는 강조했다.

불의 설법

'불의 설법'에서도 붓다는 비슷한 것을 해냈다. 붓다가 실제로 물리적인 기적을 행했는지는 알 수 없지만, 붓다는 언어로 기적을 이뤄냈다. 붓다는 '불'이라는 단어의 의미를 되살려서 비유로 사용했다. '불의 설법'은 팔리어로 아딧타파리야야(Āditta-pariyāya. Āditta는 '불길'을 뜻하고 pariyāya는 '교훈'을 뜻한다―역주)이다. 이 단어는 붓다가 비유를 통해 전하고자 한 메시지, 즉 "모든 것이 욕망의 불길에 타고 있다."는 교훈을 함축한다.[02] 머리를 땋은 배화교 금욕 수행자들은 종교 의식상으로는 성스러운 불을 잘 보살폈지만 불을 받드는 진정한 뜻은 놓치고 있었다. 붓다는 자신 앞에 있는 출가 수행자들과 탁발승들에게 불을 물질로서의 불 그 자체로만 볼 것이 아니라 온 세상이 불타고 있다는 비유로 받아들일 것을 설법했다. 우리의 일상은 일종의 트라우마라고 붓다는 강하게 주장했다. 다시 말해 일상에서는 모든 것이 불타고 있는 셈이다. 붓다는 모든 트라우마가 불과 같다고 말했다.

비구들이여, 모든 것이 불타고 있습니다. 비구들이여, 어떻게 모든 것이 불타고 있을까요?

시각(視覺)이 불타고 있고, 시각의 형상도 불타고 있으며, 시각의 의식이 불타고 있고, 시각의 접촉도 불타고 있으며, 시각의 접촉을 조건으로 생겨나는 즐겁거나 괴롭거나 즐겁지도 괴롭지도 않은 감정도 불타고 있습니다. 어떻게 불타고 있을까요? 탐욕의 불, 성냄의 불, 어리석음의 불로 불타고, 태어남·늙음·죽음·우울·슬픔·고통·불쾌·절망으로 불타고 있습니다.

청각(聽覺)이 불타고 있고 소리도 불타고 있습니다. ……

후각(嗅覺)이 불타고 있고 냄새도 불타고 있습니다. ……

미각(味覺)이 불타고 있고 맛도 불타고 있습니다. ……

촉각(觸覺)이 불타고 있고 감촉도 불타고 있습니다. ……

의식(意識)이 불타고 있고 의식의 대상도 불타고 있습니다.[03]

붓다는 불이라는 하나의 비유 안에 자신의 사상에서 중요한 가닥

들을 그러모았다. 붓다는 배화교도의 성스러운 불을 가져와서 꺼버리고, 불의 이상화된 지위를 벗겨버렸다. 붓다는 의식과 제의는 우리를 아무 데로도 데려다주지 못한다고 선언했다. 그리고 트라우마의 보편적 속성을 드러내기 위해 비유를 사용했다. 우리 삶은 모두 불타고 있다. 우리 삶은 불처럼 얼마나 덧없이 빨리 사라져버리는가! 우리는 이를 알고 있지만 인정하지 않는다. 그뿐 아니라 아주 집요하게 탐욕, 분노, 집착에 매달린다. 붓다는 이를 "세 가지 불"이라고 불렀다. 다소 우스꽝스럽게도 이 세 가지 "희생 불"을 배화교도 사당지기는 매일매일 헌신적으로 보살피는 데 전념한다.[04] 우리는 의도적이고 강박적으로 이 불들을 보살필 필요가 없다. 그런데 우리는 무의식적으로 끊임없이 이 세 가지의 이기적인 불에 영양을 공급한다.

수백 년이 흘러 '세 가지 불'의 의미론적 기원은 잊힌 지 오래되었지만, 탐욕과 분노와 어리석음은 불교에서 '세 가지 독'으로 알려져 오늘까지 이어온다. 그러나 독이라는 단어는 원래 붓다가 실제 사용한 단어가 아니다. 붓다가 사용한 단어는 독이라는 단어보다 강력하지만 훨씬 너그러운 단어다. 붓다는 말했다. 우리는 이 세상에서 안정되지 못한 상태로 살며 둑카에 시달리기 때문에 스스로 의식하지 못한 채 이 세 가지 불을 간직하면서 키운다고. 탐욕과 분노와 어리석음이라는 불은 세상이 불타고 있는 것을 인정하지 않으려는 심리적 방어 장치고, 어쩔 수 없는 절망적인 세상에서 우리가 자기 자신을 보호하려는 본능적인 노력이다. 붓다는 모든 사람이 두려워하는 것을 있는 그대로 보여주려는 의도로 세상의 불타는 속성을 강조했다. 우리는 내면에 있는 영적인 소망을 외부의 존재에 대한 숭배로 뒤바꾸고 자기중심적인 방어를 강화하는 셈이다. 하지만 단지 그 트라우마를 꿰뚫어 보기만 하면 우리는 그 속에서 해방될 수 있다.

붓다는 자신이 깨달은 바를 설명할 때도 불의 이미지를 계속해서 사용했다. '해탈'을 뜻하는 산스크리트어 '니르바나(nirvāna. 팔리어로 nibbāna)'는 '꺼짐'을 의미한다. 이 단어는 '불어버린다(to blow)'는 뜻의 산스크리트어 어근 vā와 '불타기를 멈추다', 불꽃이 꺼지듯이 '꺼지다'라는 뜻의 접두어 nir에서 유래했다.[05] 이 동사가 자동사라는 점이 중요하다. 다시 말해 이 동사에는 부는 행위를 하는 주체(agent), 불꽃을 꺼지게 하는 사람(one)이 없다. 니르바나는 조건들이 잘 갖춰졌을 때 '꺼지는 현상'이 바로 그대로 일어난다는 의미다. 누구도 그것을 일어나게 할 수 없다. 탐욕, 증오, 망상, 삶, 노화, 죽음과 같은 트라우마의 불은 자기 해방적이다. 마음의 방향이 제대로 가면 그것은 꺼진다. 붓다가 불의 설법에서 가르친 바와 같이 그 첫 단계는 어떤 사건의 트라우마가 갖는 공포감이라는 속성을 다루는 일이다. 공포감 때문에 우리는 불꽃을 무시하거나, 신비한 방법으로 그것을 모두 제거할 수 있을 것이라는 헛된 희망을 품는다. 그러나 불꽃은 우리가 트라우마가 없는 체하는 것을 멈출 때 비로소 꺼진다.

고통과 행복은 함께 있다

—

불의 설법이 감동적이긴 하지만, 붓다는 계속해서 은유를 사용한다. 말하자면 불의 설법으로 니르바나의 〔허상을〕 부정하는 면을 보여줬는데, 그것이 니르바나의 전부는 아니다. 〔실상을〕 긍정하는 면에서 니르바나는 현실이 놓여 있는 상황을 있는 그대로 알려준다. 도달한 어떤 경지나 상태, 일상생활과 동떨어진 그 무엇을 니르바나로 보는 것은 잘못이다. 그럼에도 붓다는 때로는 이런 경향을 보이는 표현에 기대어 니르바나를 설명하기도 했다. 붓다는 니르바나의 긍정적인 측면을 표현하기 위해 다른 단어를 사용했다. 그 단어는 산스크리트어로 니르브르티(nirvrti. 팔리어로는 nibbuti)이다. 니르바나와 유사하게 들리지만 그 뿌리가 다르고 의미하는 바도 아주 다르다. 니르브르티는 '지복'을 의미한다.[06] 니르브르티와 같은 어근에서 나와 '지복에 가득 찬'을 뜻하는 단어가 있는데, 이 단어는 지혜의 눈이 열릴 때 드러나는 세상을 묘사한다. 옥스퍼드 대학의 저명한 불교 철학자 리처드 곰브리치(Richard Gombrich)는 "열망, 증오, 망상이 한 사람의 내면에서 사라지면, 그 사람은 지복을 경험한다."라고 말했다.[07] 이 세상은 덧없음과 고통으로 불타고 있지만, 동시에 지복으로도 불타고 있다. 하나를 보면, 다른 것을 알게 된다.

붓다는 트라우마를 인정하는 것과 트라우마에서 해방되는 체험 사이의 연관성을 언급했다. 이런 점은 오늘날의 정신치료사가 관찰과 치료를 통해 발견하는 것과 유사하다. 나는 뜻하지 않게 이런 연관성에 대해 친구와 대화한 적이 있다. 아내와 나는 친구 부부와 함께 브런치를 먹으면서 자기 일에 대해 이야기를 나누고 있었다. 나는 붓다의 특별한 가르침을 친구에게 설명하려고 애썼다. 그것은 모든 것이 불타고 있다는 사실이 말하고 있는 메시지와 더없는 행복의 본질이 서로 같다는 이야기였다. 나는 불교계에서 흔히 사용하는 아주 짧은 경구인 "니르바나가 삼사라(saṃsāra)고, 삼사라가 니르바나"를 이용하여 친구에게 설명했다. 친구는 이 개념을 낯설어했다. '삼사라'는 산스크리트어로 윤회를 말한다. 그 단어는 "계속해서 쭉 이어지면서 진행된다."[08]는 의미를 갖고 있으며, 이기적 집착에 따른 일상적인 세상의 고통을 함축하고 있다. "니르바나가 삼사라고, 삼사라가 니르바나"라는 말은, 니르바나는 우리가 원하지 않는 것을 제거해서 얻을 수 있는 어떤 특별한 상태가 아니라 우리가 이미 도달해 있는 것이라는 의미다. 우리가 좋아하는 것과 싫어하는 것 너머에, 우리 일상생활에 이미 니르바나가 존재한다는 뜻이다.

불교 용어에 친숙하지 않은 친구는 삼사라(saṃsāra)를 썸 소로(some sorrow)로 잘못 듣고, 내가 "니르바나는 작은 슬픔(some sorrow)이고, 작은 슬픔이 니르바나"라고 말하는 것으로 알아들었다. 그 순간 스치는 통찰이 있어, 내가 말한 뜻을 이해했다고 친구는 생각했다. 친구는 최근에 정신과에서 집단치료를 받으면서 자기가 누구에게나 좋게 보이기 위해 자기의 분노를 외면한다는 사실을 깨달았다. 자기의 분노를 인정하자 슬픔과 때때로 느끼는 실망감과 배신감을 이겨내려는 의지는 생겼지만, 수치심은 어쩔 수 없었다. 내 환자가 삶의 공허함으로 차

안에서 계속해서 울면서도 자신의 슬픔이 실은 사랑으로 가득 차 있다는 것을 발견한 것처럼, 친구도 그랬다. 친구는 슬픔을 인정하는 것이 '멋지게' 보이려고 노력하는 것보다 더 깊은 차원에서 자신을 열어나가는 길임을 브런치를 먹으면서 이해했다. 니르바나에 대해서 약간의 힌트를 준 '작은 슬픔' 속에서 자유를 느낀 것이다.

트라우마 전문가들은 이와 비슷한 사실을 보고한다. "어릴 적에 자신의 내면에서 저절로 생긴 마음의 상처가 만약 적절하고 편안한 환경에서 생긴 것이라면 트라우마로 남는 경우가 드물며, 설사 트라우마가 되었다고 해도 그리 오래가지 않는다. 또 이런 환경에서 생긴 마음의 상처는 병리적인 원인으로 작동하지 않는다. 고통 그 자체가 병리 현상은 아니다. 아이가 고통스러워할 때 아이의 고통에 공감하면서 적절하게 반응하지 못하면, 아이는 고통스러운 체험을 제대로 소화하지 못한다. 그러면 아이는 고통을 견딜 수 없고, 결국 그 체험은 트라우마와 정신 병리의 원인이 된다."[09] 붓다는 불의 설법에서 이와 유사한 언급을 했다. 불타고 있고 덧없는 현실 그 자체는 결코 병리가 아니며 현실이 그저 그럴 뿐이라고 붓다는 말했다. 아이를 사려 깊게 대하는 부모와 비슷한 정신적, 정서적인 상태로 자기 내면의 트라우마를 조화롭고 넉넉하고 편안하게 대할 수 있다면, 이런 고통과 슬픔은 견딜 만한 것이 될 뿐만 아니라 스스로 풀어져버린다. 그리고 그 과정에서 우리 또한 해방의 가능성을 확보한다.

이런 현상은 일상에서도 항상 일어난다. 우리가 아무리 이 세상을 합리적이고 예측 가능하게 만들고 우리의 통제 아래 둔다 해도, 잘못된 일은 늘 일어난다. 크든 작든 트라우마는 끊임없이 우리의 삶을 방해한다. 트라우마는 꼭 우리에게 발생하지 않더라도 우리 이웃에게는 일어난다. 우리는 단지 트라우마에 어떻게 대처할지 선택할 수 있을 뿐이다. 우리는 트라우마가 없는 것처럼 가장할 수도 있고, 트라우마에 적절하고 조화롭게 대응할 수도 있다. 내 친구는 최근 뉴욕에서 유럽으로 가는 비행기를 타려 했다. 비행 두 시간 전, 케네디 공항에 도착해 체크인을 위해 줄을 서고 45분이나 기다렸다. 마침내 차례가 왔을 때, 승무원은 친구의 비행기 표를 힐끗 쳐다보더니 케네디 공항이 아니라 뉴어크(Newark) 공항에서 출발하는 비행기라고 무뚝뚝하게 일러주었다. 바로 택시를 타면 시간에 맞춰 뉴어크 공항에 도착할 여유가 있었지만, 바로 타지 못하면 비행기 표를 새로 끊어야 하는 상황이었다.

스스로를 질책하는 동시에, 친구는 분출되는 아드레날린의 힘을 빌려 택시 승차장으로 달려갔지만 거기도 이미 줄이 길었다. 친구는 맨 앞에 선 어떤 여성에게 자기 처지를 설명하고 애원했다. "제가 먼저 타도 될까요?" 친구의 목소리는 거의 갈라져 있었다. "제가 공항을 잘못 알았어요. 지금 택시를 탈 수 있도록 당신이 양보해준다면 비행기 시간에 맞춰 뉴어크 공항에 도착할 수 있을 것 같아요." 친구가 받은 마음의 상처는 너무 커서 얼굴에 그대로 드러났다. 그러나 그 여성은 냉정했다. "내가 얼마나 오랫동안 줄을 서서 택시를 기다린 줄 아세요? 당신은 내 앞에서 탈 수 없어요. 줄을 서서 차례를 기다리세요."라고 꾸짖듯이 말했다. 그런데 마침 친구의 애원을 우연히 들은 택시 관리원이 친구를 불렀다. 누군가 바로 타서 막 출발하려는 택시를 가리키면서 말했다. "서둘러요. 저 사람도 뉴어크 공항에 갈 거예요. 타세요." 결국 친구는 비행기 시간에 제대로 맞춰 공항에 도착할 수 있었다. 낯선 사람의 친절로 친구의 트라우마는 나았다.

이런 종류의 트라우마는 우리 주위에서 늘 일어난다. 붓다가 불의 설법에서 지적한 것은 바로 이 점이다. 트라우마가 모든 일과 사건에 내재했다는 사실을 무시하거나 그에 저항하면, 우리는 자신만이 아니라 다른 사람과도 단절된다. 줄의 맨 앞에 선 여성처럼 마음이 부글부글 끓어 자신의 위치와 지위를 방어하고 다른 사람의 갈구에 냉담해진다. 그러나 삶이 안고 갈 수밖에 없는 작은 슬픔을 받아들이면 정말로 곤궁에 처한 사람의 목소리에 자연스럽게 반응하게 된다. 내 친구를 도운 택시 관리원에게 찾아든 축복이 우리에게도 깃든다.

나만 그런 것이 아니라

불교 이야기 가운데 잘 알려진 키사고타미 일화는 불의 설법에 녹아 있는 트라우마의 편재성에 대해 말한다. 그 이야기에서 붓다는 의사 임무를 수행한다. 키사고타미라는 여인은 어린 아들이 갑자기 병으로 사망하자 엄청난 절망에 빠졌다. 모든 희망이 사라지고 거의 미친 지경이 된 키사고타미는 아들의 시신을 매장하지 않고 가슴에 안고서 온 마을을 배회했다. 그 모습에서 마음의 상처와 슬픔이 절절히 배어 나왔다. 그녀는 만나는 사람마다 아기를 살릴 수 있는 의사를 만나게 해 달라고 애원하고, 아기를 살릴 방법을 물었다. 마을 사람들은 그런 키사고타미가 무서워, 만나면 도망쳐버렸다. 그녀는 더욱 절망하고 초조해했고, 더 깊은 마음의 상처를 받았다. 어떤 사람이 키사고타미를 불쌍히 여겨, 그녀의 바람을 이뤄줄 방법을 알고 있는 사람에 대해 들었다고 말해주었다. 그 길로 키사고타미는 붓다에게 가서 자신의 상황을 이야기하고 붓다의 말씀을 들었다.

붓다는 말했다. "그래, 나에게는 너를 치료할 약이 있다. 그런데 우선 네가 한 사람도 죽지 않은 집에서 버섯 씨앗을 가져와야 한다."

키사고타미는 마을로 돌아가 이집저집 문을 두드렸다. "살아 있는 사람은 적어도, 죽은 사람은 많다."고 사람들은 말했다. 키사고타미는 단 한 사람도 죽지 않은 집을 찾지 못한 채 붓다에게 돌아왔다. 물론 버섯 씨앗도 구하지 못했다. 키사고타미는 붓다에게 진정으로 도움을 구하고, 죽은 아들을 숲에 묻었다. 여기서 우리는 붓다가 말한 것과 말하지 않은 것을 주의 깊게 살펴야 한다. 붓다는 키사고타미에게 이것은 너의 업이므로 너는 이것을 받아들여야 한다는 식으로 말하지 않았다. 붓다는 전생의 업으로 이런 운명이 생겼다고 말하지 않았다. 붓다는 상윳따 니카야에서 업을 이렇게 상투적으로 보는 관점을 명백하게 거부했다. "어떤 사람에게 일어나는 고통스러운 일이 업의 결과인가?"라는 질문을 받았을 때 붓다는 아니라고 답했다. "그것은 지나친 것이다. 여덟 개 중의 하나 정도가 업의 결과다."

붓다는 대중에게 물었다. "담액질이 너무 많을 때의 기분을 아느

냐?" 그 기분은 부정적인 의도, 불건전한 생각, 비윤리적인 행동 때문
이 아니라 신체의 불균형 때문에 일어난다. 이처럼 우리의 통제 밖에
있으면서 질병을 일으키는 다른 불균형도 있다. 마찬가지로 날씨 때문
에 일어나는 불행한 사건도 있다. 홍수, 지진, 한발 등은 그 나름의 법
칙에 따라 일어난다. 이런 사건으로 희생당한 사람들에게 어떤 식으로
든지 책임이 있고, 희생자들이 자신의 운명을 스스로 만들었다고 보는
것은 옳지 않다. 마찬가지로 다른 불행들도 무작위로 일어난다. 심지
어 붓다는 폭행도 업의 결과가 아니라고 말한다. 우리는 자신이 초래
하지 않은 재앙의 제물이 되기도 한다. 그것은 우리의 말과 행동 때문
이 아니다. 단지 운 없는 시간에, 운 없는 장소에 있었기 때문이다.[10]

붓다는 키사고타미가 돌아오자 아주 단순한 것을 말해주었다.
"너는 너 혼자만 아들을 잃었다고 생각했다. 그러나 살아 있는 모든
것은 영원하지 않다는 것이 죽음의 법칙이다."[11] 이때 붓다는 키사고
타미에게 무엇을 가르치려 들지 않았다. 키사고타미는 이미 변해 있었
다. 이제는 자신의 고통이라는 관점에서만 마을 사람을 바라보지 않
고, 마을 사람들의 삶과 죽음에 대한 경험을 함께 느꼈다. 죽음이 자기
혼자만 느끼는 고통이 아니라는 것을 알고서, 영원한 것은 아무것도
없다는 것을 절실하게 깨닫게 되었다. 붓다는 키사고타미가 들여다본
현실의 실제 모습을 알고 있었지만, 그녀가 준비되지 않았을 때 '진리'
를 말하지는 않았다.

그 후 출가를 해서 탁발 수행자가 된 키사고타미가 해질녘 언덕
에 서서 마을을 내려다보고 있었다. 사람이 사는 마을에서 불빛이 반

짝이는 걸 본 순간, 그녀는 눈앞에 펼쳐진 모든 것이 하나로 통합되는 깨달음을 얻었다. 그녀는 "나는 저 등불과 같다."고 생각했다. 붓다는 키사고타미의 깨달음을 인정하는 의미로 붓다의 모습을 환영으로 드러내주었다.

"살아 있는 모든 것은 저 등불의 불꽃과 같다. 한순간 밝게 빛나다가 다음 순간 꺼져버린다. 니르바나에 도달한 자만이 휴식을 취한다."라고 붓다는 말했다.[12] 불의 설법에서 핵심 메시지를 언급한 것처럼, 붓다는 이 구절에서도 불교의 중요한 메시지를 전한다. 붓다가 접근하는 방식과 현재의 정신치료사들이 접근하는 방식은 분명히 유사하다. 아들의 죽음이라는 견딜 수 없이 힘든 상황에서도 고통 그 자체는 병리 현상이라고 할 수 없다. 자신의 내면 환경을 적절하고 조화롭고 넉넉하고 편안하게 만들 수 있다면, 정말로 최악으로 견딜 수 없는 참담한 상황조차 우리는 견딜 수 있다. 그리고 그 고통을 무엇인가 깨달을 수 있는 계기로 삼을 수 있다.

엄마의 두 가지 임무

얼마 전, 위에서 언급한 점을 잘 보여주는 알렉사라는 환자를 진료했다. 알렉사는 35살의 열정적인 여성 작가다. 바쁜 평일 아침, 알렉사는 3살 된 아들에게 평소답지 않게 얼마나 화를 냈는지 이야기했다. 그 또래의 아이를 키우는 부모라면 흔히 있는 일이다. 사랑스러운 아들은 아침부터 엄마의 진을 빼놓았다. 옷을 입히고 밥을 챙겨 먹이고 출근하려 했으나 아들은 매번 엄마를 힘들게 했다. 신발을 신으려고 하지 않았고, 알렉사가 뒤돌아서 있을 때 입은 옷을 하나씩 벗으면서 재미있는 게임을 같이 하자고 징징거렸다. 엄마의 애원에도 말을 듣지 않았다. 거기까지는 견뎌냈지만 더 이상은 감당하기 힘들었다. 격분한 알렉사는 그 화를 아들에게 쏟아부었다.

"너는 세상이 너를 중심으로 돌아가고 있다고 생각하지? 하지만 그렇지 않아." 알렉사는 참지 못하고 소리쳤다.

아들이 엄마의 화난 표정을 쳐다보는 사이 시간이 잠깐 흘렀다.

"엄마, 세상은 움직이는 거지?"라고 아들이 대답했다.

아들의 순진한 물음에 알렉사의 짜증은 완전히 멈춰버렸다. 그리고 아들에 대한 사랑이 되살아났다. 그러나 죄책감이 남았다. 그녀는 왜 그런 심한 말을 했을까? 그녀의 분노는 어떻게 아들의 편안한 세계를 한순간에 뒤흔들어 놓았을까? 아들의 말 한 마디는 마치 선승의 대구 같았고, 아들의 순진한 물음은 엄마를 멈춰 세웠다. 그리고 알렉사는 자문했다. '돌아간다는 말이 움직인다는 뜻을 포함하는지 어떻게 알았을까?'

알렉사가 성공리에 만들어낸 세계에서 그녀의 아들은 스스로를 세계의 중심이라 여기고 있었다. 알렉사가 격분하면서 내뱉은 말은 아들의 이런 환상적인 세계가 얼마나 생산적으로 잘 작동하는지 다시 한 번 확인시켜주었다. 알렉사의 아들은 정신치료사들이 건강한 애착관계라 부르는 것을 엄마와 형성하면서 성장했다. 알렉사는 아들이 성장하면서 받을 수 있는 트라우마에 대해 아들이 스스로 조화롭고 넉넉하고 편안하게 대응하도록 잘 키웠다. 알렉사는 아들이 스스로 세계의 중심이라고 느끼면서 자라게 하는 데 성공했다. 그리고 그것은 옳은 일이다. 오늘날 정신치료사들이 중요하게 생각하는 양육 첫 단계의 핵심 임무를 알렉사는 대체로 잘 수행했다. 두 번째 과제는 아들이 점차 순조롭게 스스로의 '환상에서 벗어나' 엄마를 자신과 다른 개별 인간으로 받아들이고, 감정을 서로 잘 나누면서 엄마와 관계를 잘 설정하도록 적절히 좌절하게 만드는 과정이다. 두 번째 과정은 첫 번째 임무를 잘 수행했을 때만 성취할 수 있다.

위니컷은 엄마의 이중적인 임무를 다음처럼 설명했다.

아기가 태어난 직후 엄마는 아기와 완전히 일체가 되어 아기가 엄마의 젖가슴을 자기 몸의 일부로 여기는 환상을 준다. 말하자면 아기는 마술적으로 사고하는 것이다. 보통 아기를 양육할 때, 아기의 마술적인 환상 체험은 아기가 흥분했을 때뿐 아니라 조용한 시간에도 일어난다. 아기가 전지전능을 체험하는 것은 사실이다. 그러나 엄마의 최종 과제는 점차 아기를 이런 환상에서 빠져나오게 하는 것이다. 하지만 아기에게 전지전능한 환상을 충분히 즐길 기회를 주지 않으면, 최종 과제에 성공할 수 없다.[13]

알렉사와 아들의 예기치 않은 마찰은 앞으로 수년간 자연스럽게 일어날 전지전능한 환상 빠져나오기 과정의 전주곡으로 보인다. 그러나 아들의 예기치 못한 대답은 또 다른 진실을 건드린다. 이는 붓다의 첫 번째 설법과 유사하다. 엄마가 아기를 최대한 보호하려고 노력해도 세상은 나름의 논리대로 움직인다. 움직임은 끊임없이, 예측할 수 없게, 우리의 감정과 상관없이 일어난다. 아주 운이 좋아서 한 인간으로서 작은 세계의 중심이 되는 환경에서 성장하더라도, 끊임없이 이런 냉정한 세계의 현실로 돌아와야 한다. 이런 상황은 우리가 아무리 넉넉하고 편안한 부모 밑에서 성공적으로 성장했더라도 마찬가지다. 불교 명상은 좋은 엄마가 제공하는 포근한 환경과 보조 자아 기능을 되살린다. 결국, 붓다는 이처럼 아주 의미 있는 방식으로 부모 구실을 하는 셈이다. 첫 설법에서 명확하게 말한 바와 같이 붓다는 스스로 세계의 중심이라는 환상에 매여서 살아가는 사람들의 환상을 깨뜨리는 데서 절대 물러서지 않았다.

바로 이것이, 붓다의 가르침에 담겨 있는 '일상의 트라우마에 대처하는 법'이다. 붓다가 제시하는 방식의 첫 번째 단계는, 다 받아들여 주는 좋은 엄마처럼 판단이나 개입 없이 있는 그대로 들여다보는 것으로, 순수한 주의 기울이기의 특성과 관련이 있다. 아이가 성장하면 엄마의 역할도 변한다. 기본적인 신뢰가 쌓이면 아이의 성장 과정에 맞추어 엄마도 함께 성숙한다. 좋은 엄마라면 적절한 시기에 반드시 아이의 환상을 깨뜨려야 한다. 알렉사처럼 더 이상 아이의 환상을 받아들여서는 안 된다. 때로는 아이의 성장을 위해서 아이를 향한 자신의 분노와 아이가 드러내는 공격성마저 성장을 위한 도구로 이용해야 한다. 명상하는 마음이 자아에 대해서만은 중립적으로 관찰하는 태도를 유지하지 않는다는 점이 이와 유사하다. 명상하는 마음은 이기심, 자만, 자부심, 질투, 시기심 등을 편안하고 자연스럽게 관찰하되 그 속에 빠지지 않는다. 대신 지나치게 징징대는 아이를 부드럽게 야단치는 엄마처럼 자아의 지속적인 아우성을 좌절시키는 데서 즐거움을 찾는다. 이 또한 붓다가 자신의 모든 가르침에 주의 깊게 담아낸 치료 기능이다.

부서진 유리잔의 교훈

나는 태국의 유명한 숲 속 수행자인 아잔 차(Ajahn Chah)와 이 점에 대해 직접 대화를 나눈 적이 있다. 이미 30년도 넘은 일이지만 그가 한 말이 마치 어제 일처럼 생생하게 기억난다. 당시 나는 처음으로 미국 불교 스승 몇 명과 함께 아시아를 여행했다. 우리는 태국과 라오스가 만나는 국경 근처에 있는 아잔 차의 승원에 들렀다. 점심을 먹은 다음 아잔 차를 만났다. 우리는 불교에 대해 설명해달라고 그에게 부탁했다. 아잔 차가 오랫동안 명상과 불교 공부를 통해 배운 것은 무엇일까? 서구인들과 공유할 수 있는 그 무언가를 우리가 얻을 수 있을까? 아잔 차의 대답은 내 마음속에 남은 트라우마를 자극했다. 그 트라우마는 모든 것이 불타는 것에 대한 내 공포심이다.

아잔 차는 말을 꺼내기 전에 우선 자기 앞에 있는 유리잔으로 다가갔다. 그리고 말했다. "이 유리잔이 보이시죠? 나는 이 잔을 사랑합니다. 이 유리잔은 물을 잘 담지요. 햇빛이 유리잔에 비치면 그 햇빛을 아름답게 반사합니다. 내가 이 잔을 두드리면 아름다운 소리를 냅니다. 그렇지만 나에게 이 유리잔은 이미 부서진 것입니다. 바람이 불어 넘어뜨리거나 내 팔꿈치에 맞아 선반에서 바닥으로 떨어지면 유리잔은 부서져버립니다. 나는 그것을 '당연한 일'이라고 말합니다. 내가 이 유리잔이 이미 부서졌다는 것을 이해할 때, 유리잔과 함께하는 일분일초는 소중해집니다."

마음에서 우러나온 이 지혜로운 말에 나는 마음 깊이 감동했고, 그 감동은 세월이 흐른 뒤에도 여전히 마음에 남아 있다. 나는 강의할 때 이 일화를 종종 언급한다. 아잔 차는 모든 것은 영원하지 않다는 붓다의 통찰을 아주 잘 포착했다. 그러나 모든 것을 부정하는 허무의 심연에는 빠지지 않았다. 그가 말한 것은, 모든 것은 부서지지만 동시에 소중하다는 불의 설법의 또 다른 버전이다. 그것은 정확히 무엇을 의미하는가? 유리잔, 신체, 삶, 자아? 그것이 함축하는 바는 명확하다. 유리잔과 같이 자아는 우리가 생각하는 것처럼 존재하지 않는다. 그리고 우리가 바라는 대로 존재하지 않는다. 그러나 이런 현실을 솔직하게 인정함으로써 아잔 차는 '상호 연관되어 있음(연기, 緣起)'을 다른 방식으로 표현했다.

우리는 유리잔이 영원하다고 기대하지 않아도, 그 유리잔을 사용하고 가치를 인정하고 존중할 수 있다. 그러나 불교에서 말하는 바와 같이 유리잔의 내재적 본질이 없다는 것을 이해하면, 우리는 그 유리잔을 더 자유롭게, 더 편한 마음으로, 더 조심스럽게 사용할 수 있다. 자아처럼 유리잔이 불타고 있다고 이해해도 유리잔의 가치가 없어지지는 않는다.

붓다는 그 시대 그 장소의 토착어로 말하면서 당시의 고정관념에 반대하여 영원성에 대한 모든 개념을 체계적으로 혁파했다. 인간에게 영원한 본질은 없다, 신과 함께하는 영혼은 없다, 죽음을 이기는 불사의 영혼은 없다, 숭배해야 할 성스러운 불은 없다고 붓다는 주장했다. 심지어 인간의 의식조차도 독립해서 존재하지 않는다고 말했다. 홀로 떨어져 스스로의 힘으로 존재하는 것은 아무것도 없다. 인간은 인연의 그물 속에서 한 명의 아기로 태어나 성장하면서 외로움이라는 트라우마를 받아들이기 위해 분투한다. 모든 것은 상황과 연관되고, 상대적이고, 연기적이다. 하지만 독립한 객체이기를 추구하는 우리의 본능은 인간의 생득권으로 여겨지는 안전을 욕망한다. 내 환자 칼은 자신이 징징거리는 바람에 헤어져 만날 수 없게 된 여성에게 매달리는 자신의 집요함을 후회하고 슬퍼하며 털어놓았다. "내가 가지지 않은 것을 잃어버릴까 봐 두려워요." 붓다는 우리에게 이와 똑같은 말을 한다. 붓다는 우리가 애초부터 존재하지도 않은 것, 즉 영원성의 개념에 매달린다고 말한다. 우리는 이미 부서진 유리잔에 매달리고 있다.

많은 사람은 유아기에 좌절했거나, 자아 중심적인 환상이 충족되지 않았거나, 부모에게 무한한 사랑을 받지 못해 고통을 받는다.[14] 그런 사람의 내면을 깊이 파 내려가면, 언젠가 전지전능했었지만 지금은 그렇지 못한 데 대해 그들이 느끼는 공허감, 상실감, 무력감, 분노감을 발견할 수 있다. 또 어떤 사람은 환상에서 벗어나는 과정에 문제가 있어서 고통을 겪는다. 그런 사람은 성인인데도 끊임없이 자기에게만 관심을 가지라고 아우성치고, 주위의 다른 사람들이 마치 자신의 엄마처럼 자신에게 헌신하기를 기대하고, 자기가 하고 싶은 대로 할 수 없으면 벌을 받는다고 느낀다. 그는 자신이 타인의 주목을 받는 중심이 돼야 하므로, 다른 사람과 공감하면서 맺는 관계에 어려움을 느낀다. 이런 현상들은 발달 과정에서 환상 벗어나기에 실패했다는 증거다. 여전히 많은 사람은 초기 어린 시절의 고통과, 환상과, 환상 벗어나기의 괴로움을 그럭저럭 견뎌나간다. 그런데 이들 가운데 다수는, 상대적으로 어린 시절이 무난했음에도 불구하고 내 환자 모니카처럼 엄마의 사랑이 주는 화려한 광채에 대한 무한한 향수 속에서 이 세계를 적대적으로 보며 고독감과 황량함 속에서 불안하게 방황하면서 시달린다.

붓다는 끊임없이 움직이는 이 세계가 우리를 위협하는 것이 아니라고 불의 설법에서 주장한다. 움직이는 세계 위에 우뚝 설 수 있어야 한다고 우리는 자조적으로 생각하지만, 결국 우리는 이 세상의 한 부분이다. 우리 주위의 모든 고통에서 벗어나기 위해서 자아의 돛대 위에 올라간다고 하여도, 우리는 별로 비밀스러울 것도 없는 공포감을 강화할 수 있을 뿐이다. 우리의 자아는 여전히 그 돛대의 제일 꼭대기에 외롭게 묶인 채 탐욕과 분노와 어리석음으로 불탄다. 붓다는 우리를 고통에서 벗어나게 해주기 위해서 마음속에 무엇인가를 갖고 있었다. 오늘날 서구의 정신치료사들은 그 무엇인가에 대해 감을 잡기 시작했다. 붓다는 말한다. 이 세상을 자세히 들여다보고 조심스럽게 탐색하라고. 마음을 조화롭고 넉넉하고 편안하게 대하면서 자신의 체험에 깊이 천착한다면 당신은 나에게 동의할 것이다. 유리잔처럼 이미

이 세상은 부서졌다. 두려움을 버리고 마음의 문을 열면 세상의 진정한 가치가 이미 거기에 있음을 당신은 알게 될 것이다.

우리의 일상은 다양한 의미를 지닌다. 세상은 불타고, 트라우마는 부서진 자아와 함께 곳곳에 널려 있다. 밥 딜런(Bob Dylan)은 주말 위성 라디오 방송에서 달라이 라마의 이야기를 전하는 리차드 기어(Richard Gere)의 말을 인용했다. 달라이 라마는 8세기 불교 학승이자 『입보리행론(入菩提行論)』의 저자 샨티데바(Shantideva)의 말을 인용했다.

"행복하기 바란다면 자비를 베풀어라. 또 다른 사람이 행복하기 원한다면 자비를 베풀어라."

딜런은 낮은 목소리로 말했다. 이 장면에서 딜런은 다소 불길한 느낌을 풍기면서 자비라는 단어를 말했지만, 나는 그가 붓다가 불의 설법에서 말한 주제를 제대로 전달했다고 생각한다. 모든 것이 불타고 있다면, 우리를 삼키려는 불을 바라보는 부모의 눈이 자비로 가득 차 있는 것은 자연스러운 일이다. 윤회에는 슬픔도 있지만, 지복도 있다.

4

정상적인
삶을 향한 질주

"어떤 개울물은 급하게 바닥으로 가라앉고,

어떤 개울물은 천천히 흘러 더 멀리까지 나

아가며, 또 어떤 개울물은 계곡의 비탈길로

온 힘을 다해 달려간다." 계곡 아래로 흐르

는 개울물을 보고서 파타차라는 깨우쳤다.

트라우마는 그녀를 좁은 데 가두기보다는

오히려 활짝 열어버렸다.

붓다도 깨닫기 전에는 이 세상이 불타고 있는지 몰랐다. 깨닫고 난 후 느낀 지복의 감정으로 당시 세상을 받아들인 것도 아니었다. 붓다는 29년의 세월을 일종의 보호막 아래서 살았고, 보호막 아래 무엇이 놓였는지 보지 않았다. 붓다의 가족은 부모가 자녀를 과잉보호하듯이 의도적으로 붓다를 외부세계와 차단했고, 붓다는 그 보호에 순응했다. 화려한 생활 속에서 붓다는 원하는 것을 모두 충족할 수 있었다. 단지 막연한 거북함만이 조금 있었다. 태어난 직후 어머니를 잃은 것을 제외하면, 붓다가 죽음, 질병, 늙음을 생각하지 않고 29살까지 성장했다는 사실은 경전들끼리 대부분 비슷하다. 경전이 전하는 것처럼, 붓다가 궁전 너머로 나가는 일은 아주 예외였다. 마부와 함께 갔다 해도 시체, 병든 사람, 노인, 숲 속 유행자

등을 잠깐 볼 수 있는 정도였다. 붓다는 "이 네 가지 광경"을 보고 너무 충격을 받아서, 화려한 특권의 삶을 버리고 금욕 수행자가 되기로 결심했다.

그때까지 붓다의 생활은 안전하게 보호받았다. 그러나 태어난 직후의 영아기는 혼란하고 시끄러웠다. 처음부터 문제가 있었다. 출생과 동시에 기이한 예언이 있었고, 기이함은 삶의 첫 주 동안 계속 이어졌다. 카필라국의 왕비였던 어머니 마야(Maya)는 붓다를 수태할 때 흰색 코끼리가 다가와 비벼대는 꿈을 꾸었고, 꿈을 꾼 지 10개월 만에 옆구리로 붓다를 낳았다. 자신이 살던 카필라바투를 떠난 지 반나절 후, 과일이 열린 향기로운 나무로 뒤덮인 룸비니 동산에 선 마야 부인은 아소카나무의 낮은 가지를 오른손으로 잡고 하늘을 쳐다보면서 오른쪽 옆구리로 붓다를 출산했다. 전설에 의하면 붓다는 태어나자마자 조숙하게 두 다리로 서서 북쪽으로 일곱 걸음을 걷고 한 손을 올려서 손가락으로 하늘을 가리키며, "천상천하유아독존(天上天下唯我獨尊)"이라 외쳤다고 한다.

붓다의 전생 설화인 『자타카(Jātaka)』를 보면 붓다와 마야는 출산 후 한 번은 따뜻한 물 또 한 번은 차가운 물로 두 번 성스럽게 물세례를 받았다. 명상 중 위대한 성인이 태어나는 환상을 본 인도의 현자 아시타(Asita)는 붓다의 가족에게 와서 여러 징후와 아이의 신체에 난 자국을 살펴보고서는 아이가 위대한 왕이 되거나 영적 지도자가 될 것이라고 예언했다. 이런 아이를 찾은 아시타의 기쁨은 곧 슬픔으로 바뀌었다. 왜냐하면 이 아이가 성장하여 위대한 가르침을 펼 때 자신은 이미 나이가 들어서 죽을 운명이었기 때문이다. 아시타는 자신의 이런 모습을 깨닫고 슬퍼 울었다. 이를 본 붓다의 아버지는 몹시 놀랐다.

"무엇이 잘못되었는가? 좋지 않은 일이 일어날 조짐이라도 있단 말인가?" 왕은 현자에게 애원하며 물었다.

"아닙니다. 불행한 일은 전혀 없습니다. 하지만 이런 훌륭한 자질이 있는 아이가 위대한 왕에 머물지는 않을 것입니다."라고 아시타는 대답했다. 아시타는 계속 울었다. 아시타는 붓다의 가족을 떠났고, 붓다의 탄생은 임박한 죽음에 대한 염려로 이미 색이 바래 있었다.

붓다가 태어난 지 7일 후 마야 부인은 죽었다. 유아독존이라고 외친 신생아는 이제 정말 혼자 몸이 되었다. 엄마와 아이 관계의 한쪽인 붓다는 엄마 역할을 하는 대리인들에 둘러싸였지만 어린 시절에서 가장 중요한 사람이 돼야 할 엄마와는 완전히 단절되었다.

붓다의 자기 고백

이런 상황을 어떻게 극복할 것인가? 붓다의 가족은 붓다를 버리지 않았다. 그들은 붓다 주위에 늘 있었다. 유모가 있었고, 이모가 돌봐주었고, 사촌들이 같이 놀아주었다. 하인들은 붓다에게 필요한 것을 모두 충족시켜주었다. 아버지는 붓다를 위해서 이모가 양육을 책임지도록 하고, 이모와 결혼했다. 붓다의 이모는 마치 자신의 아이처럼 정성을 다해서 붓다를 양육했다. 그러나 붓다의 아버지는 출산 후 일주일 동안 일어난 일 때문에 항상 불안했다. 사랑하는 아내의 갑작스럽고 설명할 수 없는 죽음, 아시타의 이상한 울음 등은 아이의 전 생애에 깊은 먹구름을 드리웠다. "두려움과 불확실한 그림자"[01]가 마음에 늘 자리 잡고 있었지만, 엄마의 죽음으로 홀로 남은 아들을 잘 지키겠다고 맹세한 아버지는 아들에게 온갖 화려한 것을 다 주었고, 어떤 기분도 모두 맞춰주었다. 왕은 왕자가 원하는 것을 모두 가지면 왕궁을 버리려는 생각은 절대로 하지 않을 거[02]라고 생각했다.

아버지의 세심한 배려에도 붓다는 아내와 갓 태어난 아들, 아버지와 왕궁, 대가족을 버리고 떠났다. 몇 년이 흐른 후, 붓다는 자신의 어린 시절을 회상했다. 마치 영화 장면처럼 기억이 흘러갔다. 그 장면 하나하나에는 단순히 이어진 기억 이상의 의미가 담겨 있었다. 붓다는 자신이 얼마나 취약한 아이였는지 느꼈다. 늙음, 질병, 죽음이라는 근본적인 고통을 전혀 모르고 살아가도록 주변의 보호를 얼마나 받으며 성장했는지 상기했다. 그리고 자신을 둘러싸고 보호하던 성벽이 어느 시점에서 무너졌는지 언급했다. 이 언급은 소아정신분석가가 정상적인 아기가 겪는 과대망상이나 전지전능함의 첫 번째 균열이라고 부르는 상태를 아주 잘 묘사한 부분이다. 그 균열은 대개 2~3세경에 일어나는 것으로 알려졌지만, 붓다는 그 시기가 지연된 것으로 보인다. 붓다는 자신의 어린 시절을 회상하면서 환영이 깨지는 희미한 빛을 보았다. 그리고 아무리 아버지가 최대한 자신을 배려하여 보호해도, 이 세상은 자기를 중심으로 돌아가지 않는다는 것을 미숙하게나마 자각했다. 자기 인식의 태동과 공감 능력의 새로운 형성은 불가분의 관계라는 것을 이 장면을 통해서 알 수 있다. 또 불교인의 관점에서 보면, 하나의 정신적 사건 발생이 다른 사건의 발생과 연관되어 있음을 드러내는 장면이라고 할 수 있다. 이는 붓다가 자신이 성장하면서 겪은 마음 상태를 언급한 몇 개 안 되는 예 가운데 하나로, 붓다가 아주 혜택받은 환경에서 자라났지만 내면을 힘들게 하는 압박감이 존재했음을 넌지시 일러준다.

여기 인용하는 구절은 팔리 경전에서 뽑은 것이다. 팔리 경전은 제자들이 붓다의 가르침을 암송을 통해 온전히 보존하던 것을 붓다 사후 수백 년 뒤 제자들의 결집에서 확인 후 처음으로 문자로 기록한 것이다. 앙굿타라 니카야에서 붓다는 자신을 보살펴준 아버지와 이모를 회상하면서, 성장기에 미묘하게 싹튼 불만족을 암시한다.

나는 연약하고, 정말로 연약하고, 말할 수 없이 최고로 연약했다. 아버지 집에는 오직 나를 위해 조성된 백합 연못이 있었다. 한때는 푸른 백합이 피고, 또 다른 때는 하얀 백합이 피고, 세 번째로는 붉은 백합이 피었다. 나는 바라나시에서 온 백단향이 아니면 사용하지 않았다. 터번, 긴 옷, 하의, 외투는 모두 바라나시산 천으로 만들었다. 하얀 차양은 밤낮을 가리지 않고 나를 가려주었다. 추위, 더위, 열, 먼지, 모래, 이슬로 인해 전혀 불편하지 않았다.

나에게는 궁전이 세 개 있었다. 하나는 겨울에, 다른 하나는 여름에, 또 다른 하나는 우기에 사용했다. 우기 궁전에서 여성 악사들은 나를 즐겁게 해주었다. 남성은 한 명도 없었다. 비가 오는 4개월 동안 나는 다른 궁전으로 한 번도 내려가지 않았다. 다른 사람 집에서 일하는 하인과 집사는 부서진 쌀과 콩죽을 먹었지만, 아버지 집에서는 하얀 쌀밥과 고기를 먹었다.[03]

붓다가 자신의 연약한 자질을 말하는 것은 놀라운 일이다. 이런 모습은 우리가 흔히 붓다를 생각할 때 떠올리는 왕자, 전사, 숲 속 은둔자, 깨달은 성인의 이미지와 일치하지 않는다. 그렇지만 회상을 이어가면서 명확해지듯, 붓다는 자신의 깨닫기 이전 성격에서 핵심적인 것을 언급하고 있다. 붓다는 버릇없이 자랐고, 허영심이 많았고, 불안정했다. 죽음에 대해서 아무것도 알지 못하도록 보호받으며 자란 심리 기반은 불안했다. 그 자신이 영원히 죽지 않을 것처럼 교육받았지만, 붓다는 자기를 둘러싼 환경과 마찬가지로 자신 역시 연약한 존재라고 내면 깊이 느꼈다.

자신의 연약한 자질을 비판적으로 묘사한 구절에 뒤이어, 붓다는 주도권을 지켜내기 위해 투쟁하는 자아의 모습을 처음으로 본 순간을 떠올렸다. 그는 처음 느낀 어렴풋한 깨달음에 대해 언급했으며, 정신분석가들이 '거짓 자아(false self)'라고 부르는 것에 생겨난 첫 번째 균열을 묘사했다. 또 이런 깨달음과 타인에게 공감하는 능력이 싹트는 것 사이의 관계를 분명히 밝혔다.

나에겐 그런 힘과 행운이 있었다. 그러나 나는 생각했다. '늙음에 지배당하고 늙음에서 안전하지 않은 무지하고 평범한 사람이 늙어가는 다른 사람을 볼 때, 충격을 받고 치욕스러워하고 혐오감을 느낀다. 왜냐하면 그 자신도 예외가 아니라는 것을 잊었기 때문이다. 나 역시 늙음에 지배당하고 늙음에서 안전하지 않지만, 늙어가는 다른 사람을 볼 때 충격을 받거나 치욕스러워하거나 혐오감을 느끼지 않는다.' 이렇게 생각하자, 젊음의 자만심은 완전히 나에게서 멀어졌다.

나는 생각했다. '질병에 지배당하고 질병에서 안전하지 않은 무지하고 평범한 사람이 질병에 시달리는 다른 사람을 볼 때, 충격을 받고 치욕스러워하고 혐오감을 느낀다. 왜냐하면 그 자신도 예외가 아니라는 것을 잊었기 때문이다. 나 역시 질병에 지배당하고 질병에서 안전하지 않지만, 질병에 시달리는 다른 사람을 볼 때 충격을 받거나 치욕스러워하거나 혐오감을 느끼지 않는다.' 이렇게 생각하자, 건강의 자만심은 완전히 나에게서 멀어졌다.

나는 생각했다. '죽음에 지배당하고 죽음에서 안전하지 않은 무지하고 평범한 사람이 죽은 다른 사람을 볼 때, 충격을 받고 치욕스러워하고 혐오감을 느낀다. 왜냐하면 그 자신도 예외가 아니라는 것을 잊었기 때문이다. 나 역시 죽음에 지배당하고 죽음에서 안전하지 않지만, 죽은 다른 사람을 볼 때 충격을 받거나 치욕스러워하거나 혐오감을 느끼지 않는다.' 생각하자, 삶의 자만심은 완전히 나에게서 멀어졌다.[04]

팔리 경전 이후의 경전들에서는, 위 구절에서 볼 수 있는 젊음, 건강, 삶의 헛됨에 대한 성찰이 다른 전통적인 이야기와 결합하여 붓다가 자신을 과잉보호한 세계의 환상을 깨뜨린다는 익숙한 이야기를 낳는다. 그 경전들 속 붓다의 생애 이야기에서 고타마(붓다의 원래 이름)는 마부 찬나와 함께 왕궁의 담을 넘어갈 때마다, 그가 알지 못하도록 아버지가 막았던 삶의 여러 측면들에 직면한다. 그런데 팔리 경전에서는 이 잘 알려진 이야기를 붓다의 전생을 다루는 부분에서만 언급하지 붓다의 자전적 내용으로 취급하지는 않는다. 학자들은 붓다의 전생 이야기가 출가의 동기를 설명하기 위해 이후에 동원되었다고 믿는다. 그러나 위의 구절은, 붓다가 과잉보호 환경에서 생긴 환상을 깨뜨리는 과정을 자세히 설명하면서 붓다 내면의 근심을 이해할 수 있는 정보를 준다. 이 구절과 널리 알려진 사문유관 이야기(붓다가 태자 시절에 궁 밖에서 노인, 병자, 죽은 이, 수행자를 만나고 생로병사의 고통을 해결하기 위해 출가를 결심했다는 이야기—역주) 사이에는 유사한 점이 많다. 팔리 경전이 전통적인 이야기와 구별되는 건 붓다가 몰입한 내면 성찰을 지적하고 있다는 점이다. 그는 분명히 자기 자신 및 자신의 방어 장막과 씨름했다. 트라우마가 존재하지 않고, 일상적인 사건만이 일어나고, 항상 평화스러운 상태에서 살 수 있는 분위기에서 성장했지만, 그 표면 아래에는 이미 일어나버린 트라우마가 있었다. 태자 고타마의 아버지 자신이 잊으려 애쓰고 아들 고타마도 빠져들지 않기를 바란 바로 그 트라우마 말이다. 그러나 어떤 면에서 이 이야기는 믿기지 않는다. 이야기가 너무 덧대져서 실제 사실과 연관 짓기 어렵기 때문이다. 29살이 되도록 늙음, 질병, 죽음을 생각하지 않았다는 게 말이 되는가? 그러나 또 다른 측면에서 보면, 붓다가 자기를 둘러싼 삶의 고통을 부정하는 것은 우리가 삶을 살아가면서 붕괴하지 않으려고 사용하는 심리적 방어기제와 아주 유사하다.

일상의 절대주의

—

트라우마 치료 전문 정신분석가는 이 점을 아주 명료하게 밝힌다. 그리고 트라우마가 그 희생자에게서 일상의 '절대주의', 다시 말해 밤에 잠자리에 들면서 다음날 아침에 자신이 그 자리에 계속 있을 거라는 믿음을 어떻게 박탈하는지에 대해 언급한다. '절대주의'라는 용어를 사용함으로써 정신분석가는 고대 불교철학과 오늘날 정신치료가 긴밀하게 연결되어 있음을 보여준다. 붓다는 깨달은 다음 무상함, 혼란스러움, 무차별성과 같은 우주의 우연한 본질을 계속 강조했다. 그러나 깨닫기 전의 붓다는 일상의 절대주의를 따르게 될 위험성과 징조의 전형을 보여주었다. 물론 우리가 생존하기 위해서는 일상의 절대주의가 필요하다. 그러나 이런 절대주의는 냉엄한 삶의 현실이 보여주는 트라우마에 어쩔 수 없이 도전을 받는다. 이것은 우리가 통제할 수 없다. 트라우마는 어디든 존재한다. 우리가 왕궁의 담장 안에서 보호받고 살더라도, 자기를 성찰하는 사고는 결국 우리를 둘러싼 튼튼한 성벽을 뚫고 들어온다.

친구와 헤어질 때 "다음에 또 봐."라고 말하거나 아이가 잠자리에 들때 "잘 자, 내일 아침에 봐."라고 말하는 것은 일종의 망상과 같아서,

정말로 다음에 볼 수 있을지에 대해 논의하는 것조차 불가능하다. 이런 절대주의가 일종의 소박실재론(naive realism, 素朴實在論)과 낙관주의의 기반이고, 이 기반 위에서 우리는 매일 산다. 우리는 현실이 안정적이고 예측 가능하다고 생각한다. 트라우마는 이런 절대주의를 흩어버리며, 이것이 트라우마의 본질이다. 순진한 믿음을 상실한다는 것의 끔찍함, 이것이 하이데거가 말한 세계-내-존재(世界-內-存在, In-der-Welt-sein)의 편안함을 영원히 뒤바꾸어놓는다.[05]

트라우마를 당한 사람은 그 일이 '오직 자기에게만 일어났다는 느낌'에 내동댕이쳐진다. 이 느낌은 자기와 타인이 공감할 만한 경험들 사이에 간극을 만든다. 어떤 일이 트라우마가 된다는 것은 이전에는 가능하던 소통을 상실하는 것이다. "트라우마를 당한 사람의 세계는 근본적으로 다른 사람의 세계와 같은 기준에서 비교할 수 없다."는 로버트 스톨로로우의 말처럼, 트라우마는 "깊은 간격을 만든다. 그 틈에서 동떨어져 있고 고독하다는 괴로운 마음이 생겨난다."[06] 나는 이런 모습을 전쟁의 한복판에 있었거나, 사고나 질병으로 가족을 잃었거나, 질병으로 죽음의 종착점에 도달해서 직접 트라우마를 경험한 내 환자들에게서 수없이 보았다. 그들은 갑자기 전혀 다른 세계로 떨어져, 사랑하는 아들을 잃어버린 키사고타미처럼 '고립감'을 느낀다. 예를 들어 9·11 사태 이후 내가 1년간 다양한 실험 기법으로 치료한 중년의 불치병 환자는, 고통으로 얼룩진 자신의 감정이 갑자기 일종의 정당성을 획득한 것처럼 느꼈다. 그는 "이제 나의 고통은 혼자만의 것이 아니라 모든 사람과 함께하게 됐다."면서 멍하게 웃었다. 그는 세계무역센터에서 몇 블록 떨어지지 않은 곳에 사는 내 이웃으로, 9·11 사태의 비극이 일어난 후 수개월 동안 다른 사람들과 달리 거의 공포를 느끼지 않았다.

트라우마를 당하면, '어린이들은 죽지 않는다. 세상은 움직이지 않는다. 부모는 항상 살아 있다.'와 같은 일상의 절대주의가 보여주는 확신은 더 악의적 확신으로 변한다. 즉 트라우마의 견딜 수 없는 고통에서 생긴 고독, 악, 더러움, 무가치감과 같은 '지속적이고, 파괴적인 의미들'에 빠진다. 트라우마를 당한 사람은 실제 세계의 비인간적이고, 제멋대로이며, 불확실한 본질을 경험한다. 그리고 트라우마로 인해 자신의 의지에 반하는 쪽으로 격렬하게 이끌려 가기도 한다. 스톨로로우는 "트라우마를 당한 사람은 일상의 절대주의라는 지평 너머에 있는 존재의 측면을 지각하지 않을 수 없다."[07]고 말한다. 트라우마는 "존재의 밑바닥에 놓인 견딜 수 없는 고통"을 적나라하게 드러낸다.[08] 트라우마에 직면하면, 흔들리지 않고 산다는 것이 우리 힘에 부치고, 우리가 어찌할 수 있는 사안이 아니며, 우리로서는 이루기 불가능한 바람임이 드러나기 때문이다. 트라우마는 모든 환상을 깨버리는데, 아이에게 전능하다는 환상을 심어주었다가 그것을 깨뜨리는 어머니처럼 부드럽게 하지는 않는다. 트라우마는 진리를 드러낸다. 그러나 그 방식은 갑작스럽고 혼란스러워서 마음이 어디론가 훅 하고 뛰어드는 것과 같다. 이전의 절대적인 확신은 이제 더는 우리를 안심시키지 못하고, 새롭게 드러난 현실이 내리누르는 느낌으로 다가온다.

트라우마는 진리를 드러낸다

—

붓다는 트라우마를 견딜 만한 것으로 만들었다. 붓다는 불타는 세상에서 살아가는 사람들이 부정, 허무주의, 자기 의심, 자기 증오에 빠지지 않고 트라우마를 견디는 방법을 발견했다. 붓다는 일상의 절대주의를 깨뜨릴 수 있는 최대의 트라우마인 죽음을 종종 이용하여 사람들을 자아 중심적 자기만족에서 빠져나오도록 이끌었다.

그렇다고 붓다가 자신의 목적을 이루기 위해서 사람들을 공포로 몰아넣은 것은 아니다. 붓다는 우리가 아무리 많은 시간 동안 죽음을 생각해도 결코 죽음을 이해할 수 없다고 암시했다. 우리는 현실을 절대화하는 경향이 너무 깊어서, 죽음을 입에 올릴 수는 있어도 죽음이 우리에게 바로 닥치지 않는 한 그 죽음을 진정으로 깨달을 수 없다. 붓다가 죽음을 드러내는 목적은 겁이나 상처를 주려는 것이 아니라, 자신이 깨달은 바를 사람들에게 드러내 보이려는 것이다. 그래서 사람들이 일상의 절대주의에서 한 걸음 물러서 현실을 보고 거기서 벗어나게 하려는 것이다. 홀로 누구에게도 방해받지 않은 채 백합 연못가의 양산 아래서 음악을 즐기고 온갖 진수성찬을 맛보며 겉으로 보기에 안전한 생활을 하고 있을 때, 붓다는 연약했다. 붓다는 생로병사의 현실을 목격하고 비로소 강해질 수 있었다. 트라우마를 받을 가능성을 차단하는 것, 즉 일상의 절대주의가 조장하는 소위 정상적인 삶으로 내몰리는 것 자체가 트라우마다.

붓다는 트라우마에서 사람들을 구하기 위해 트라우마를 이용했다. 의도적으로 트라우마를 자극하기도 하고 사람들이 붓다에게 가져오는 트라우마를 바로 활용하기도 했다. 붓다가 어떤 이야기를 다루어도 그 메시지는 항상 동일하고 변함없었다. 우리의 마음이 실제 현실을 감당할 수 있을 만큼 균형 잡혀 있다면, 우리를 이루고 있는 트라우마와 지금도 계속해서 우리를 형성하고 있는 새로운 트라우마를 마주하는 것이 트라우마를 피하는 것보다 낫다. 트라우마는 피할 수 없다. 아무리 피하려는 욕구가 강해도 어쩔 수 없다. 이런 진리에 직면해 우리가 전지전능하다는 환상에서 벗어나 솔직하고 자비로운 마음으로 트라우마를 대하면 트라우마가 주는 위협에서 훨씬 잘 벗어날 수 있다. 그렇지 않다면서 끊임없이 진리를 외면할수록, 우리는 스스로 벗어버리고 싶어 아등바등하는 바로 그 공포를 강하게 만든다. 그러나 삶에서 불협화음을 느끼면 오히려 우리는 더 생생한 삶을 살 수 있다. 우리가 갇혀 있는 허약한 거미줄을 인식하기 시작하며, 우리보다 더 허우적거리는 사람들에게 도움의 손길을 뻗을 수 있을지도 모른다.

최근 내 환자가 12살 된 딸과 함께 찾아왔다. 나는 그 모녀와 면담하면서 위에서 언급한 사실을 다시 한 번 떠올렸다. 내 환자는 그날 아침 딸과 언쟁을 했다. 두 사람 다 화가 났고, 딸은 학교도 가지 못했다. 엄마는 그 길로 딸을 데리고 내 병원으로 왔다. 나는 전에도 그 환자의 딸을 만난 적이 있었다. 그때 아이는 2살이었는데, 보모가 아파 아이를 돌볼 수 없어 환자가 아이를 상담실로 데리고 온 것이었다. 나는 그때의 꼬마 아이가 또래보다 얼마나 말을 잘했는지 기억한다. 또 내 환자가 면담시간 내내 딸에게 얼마나 신경을 썼는지도 기억한다. 그 아이는 출생 3개월부터 심한 불안 증상을 보였다. 지난 몇 년간 아이는 불안증을 나름 잘 다루었지만, 최근 들어 그녀의 불안은 점차 심해졌다. 예를 들어 엄마가 개를 산책시키고 있음을 알면서도, 돌아오겠다고 말한 바로 그 시각에 엄마가 집에 없으면 아이는 발작하면서 아주 흥분했다. 아이는 학교에서도 잘 지내고 친구와도 곧잘 밤을 지새우지만, 집에서는 그 착한 엄마가 폐쇄 공포증에 이를 정도로 과민 반응했다. 아이에게서는 일상의 절대주의가 전혀 작동하지 않았다. 만약 엄마가 늦기라도 하면, 그녀는 자신의 세계가 완전히 무너지는 것처럼 행동했다.

나는 모녀를 도와주고 싶었지만 방법을 몰랐다. 그러나 아이가 자신의 내면에서 일어나는 일을 잘 이해하지 못한다고 느꼈다. 그 아이는 '인지행동치료사'에게 진료를 받는 중이었다. 그 치료가 아이에게 많은 도움이 되었고, 그녀는 자신의 불안을 해소할 수 있는 대응 전략을 모두 알고 있었다. 그 상황에서 내가 그 아이에게 해줄 일은 없었다. 아이는 이미 그런 종류의 치료 전략을 나보다 더 잘 알았다. 그러나 나는 경험을 통해 사랑하는 사람을 기다리는 마음이 얼마나 고통스러운지 잘 알았다. 사람들은 딸이 너무 과민 반응을 보인다고 말했다. 하지만 붓다가 사성제의 첫 번째에서 말한 바와 같이, 사랑하는 사람과 떨어지는 것은 고통이다.

나는 말했다. "너는 엄마를 정말로 그리워하는구나. 그것은 매우 격렬한 감정이야." 내가 이렇게 말하자 놀랍게도 서먹하던 분위기가 사라졌다. 아이가 자신의 문제를 불안장애라는 틀로 바라본다고 해서,

그녀의 그리워하는 감정이 진정으로 모두 말해지는 것은 아니다. 아이는 자신에게 문제가 있음을 인지하고, 그 문제를 개선하려는 의지를 갖고 있었다. 아이는 지적으로 수준이 높았고 다행히 내가 말하는 것을 좋아했다. "그렇게 말하는 것은 아주 흥미롭네요!"라며 활기차게 말했다. 아이의 눈이 빛났다. 그때 나눈 이 한 번의 대화가 어떤 영향을 끼칠지 말하기는 이르지만, 우리는 그녀가 엄마를 가장 그리워하는 순간들에 있을 때 혼자 그림을 그리면서 시간을 보낼 수 있을지에 대해 기분 좋게 이야기를 나누었다. 아이는 학교에서 시를 잘 지어서 상을 받은 적이 있다. 나는 아이가 전보다 상처를 덜 받으면서 더 순조롭게 분리 불안을 이겨내는 법을 배울 수 있다고 생각했다.

절망은 한 모습으로 머물지 않는다

앞으로 소개할 파타차라 이야기는 지금 내가 한 모녀 이야기와 정반대다. 그럼에도 두 이야기는 서로 연관되어 있다. 모녀 이야기는 설명되지 않은 부재의 첫 순간에 일어난 죽음에 대한 상상적 두려움에 관한 것이고, 파타차라 이야기는 비극적인 죽음이 실제 연속해 일어난 이야기다. 두 이야기는 모두 우리에게 정말로 일어날 수 있는 트라우마의 가능성을 보여준다. 그것이 상상이든 실재든 상관없다. 어느 경우든 일상의 절대적인 안정성은 전복되고, 참을 수 없는 고통이 중심 주제로 등장한다. 그리고 두 이야기에서 '오직 나에게만 일어났다는 느낌'을 다루는 데 유사한 치료법이 선택되었다. 환자의 딸과 파타차라는 모두 다른 사람들이 겪는 평범한 현실에서 분리되어 동떨어졌다. 고통스럽고 외로운 그들은 자비로운 이해를 갈구하고 있다.

파타차라(Patacāra)[09]의 상실은 상상의 한계를 뛰어넘는다. 파타차라는 코살라국의 수도 사와티의 부유한 상인의 딸이다. 16살이 된 아름다운 딸이 남자를 사귀자, 부모님은 딸의 가출을 우려해 집에서 도망치지 못하도록 파타차라를 7층 꼭대기에 가두었다. 그런데 그녀는 그만 하인과 사랑에 빠진다. 부모님이 한 남자를 골라 강제로 결혼을 시키려고 하자, 파타차라는 여종으로 변장하고서 자신의 연인이 된 하인과 함께 집에서 멀리 떨어진 마을로 도망친다. 거기서 남편과 조그맣게 농사를 지었다. 얼마 지나지 않아 임신을 한 파타차라는 남편에게 아이의 출산을 위해서 고향집으로 데려다 달라고 부탁했다. 손주를 보면 부모님도 용서하고 받아줄 거라며 남편을 설득했다. 그러나 사로잡혀 죽임을 당할 것을 두려워한 남편은 아내의 부탁을 거절했다. 파타차라는 할 수 없이 혼자서 길을 나섰다. 남편도 결국 아내의 뒤를 따랐지만 싸움이 끊이질 않았다. 파타차라는 고향집에 도착하기 전에 사내아이를 낳았다. 일단 아이가 태어나자 부모에게 돌아갈 명분이 없어졌다. 그래서 다시 남편과 함께 집으로 돌아왔다.

얼마 후 파타차라는 두 번째 아이를 임신했고, 같은 일이 반복해서 일어났다. 파타차라가 어린 첫째를 데리고 다시 고향집으로 향하자, 마지못해 따라오던 남편은 고향으로 돌아가도 아무 도움을 얻지 못할 거라고 아내를 계속 설득했다. 그때 갑자기 폭풍우가 몰아쳤다.

비가 세차게 내리치고, 번개가 하늘을 가르고, 천둥이 울렸다. 초기 진통이 시작되자 파타차라는 남편에게 아이를 낳을 장소를 알아봐 달라고 했다. 남편은 아이를 낳을 보금자리를 마련할 요량으로 나무를 구하러 가서는 어린 묘목을 자르려다가 개미집에 숨어 있던 독사에게 물려 죽고 말았다. 파타차라는 폭우 속에서 혼자 둘째를 출산했다. 아침이 되어 남편을 찾기 위해 어린 두 아이를 데리고 길을 나선 그녀는, 어느 길목을 돌아서다가 남편의 시체를 발견했다. 그녀는 남편의 죽음에 자신을 탓하며 사와티의 고향집을 향해 걸었다.

얼마 후 홍수로 물이 불어난 강에 도착했다. 강의 수위가 허리보다 높고 흐름도 거세 아이 둘을 한 번에 데리고 강을 건널 수 없었다. 파타차라는 큰아이는 강둑에 두고, 갓난아기를 안고 강을 먼저 건넜다. 그다음, 강둑에 남겨둔 큰아이를 데리러 다시 강을 반쯤 건넜을 때였다. 갑자기 하늘에서 독수리가 한 마리 내려오더니 갓난아기를 낚아채서 날아갔다. 파타차라는 강물의 한가운데서, 아이를 물고 가는 거대한 독수리를 넋을 잃고 보면서 통곡하는 수밖에 없었다. 엄마의 통곡 소리를 자신을 부르는 소리로 착각한 큰아이가 엄마에게 가려고 강물에 뛰어들었다. 강물의 흐름은 거셌고, 아이는 순식간에 휩쓸려버렸다.

파타차라의 불행은 여기서 끝나지 않았다. 더 큰 고통이 그녀를 기다리고 있었다. 아이를 잃어버린 키사고타미처럼 파타차라 역시 엄청난 트라우마 속에서 헤매던 차였다. 친정집이 있는 마을의 외곽에 도착했을 때, 그녀는 마을 쪽에서 나오는 사람을 만나 부모님이 잘 지내시는지 물었다. 그 사람은 "아휴, 그 집 말고 다른 집 소식을 물어보세요."라고 말하며, 지난밤 급작스러운 폭우로 그 집이 무너져 내려 그 집 부부와 아들이 죽었다고 했다. 그는 멀리서 피어오르는 한 줄기 회미하고 푸른 연기를 가리키며 말했다. "저기, 내가 가리키는 곳을 보면, 화장 장작더미에서 피어오르는 연기를 볼 수 있을 겁니다." 파타차라의 몰락은 너무 가혹했다. "사람들은 파타차라를 보고 미친 사람이라 부르고, 쓰레기를 던지고, 흙덩이로 공격했다. 그러나 파타차라는 사와티의 교외에 도달할 때까지 계속해서 걸음을 재촉했다."[10]

한편 붓다는 사와티 근처에서 많은 제자와 함께 머무르고 있었다. 붓다는 "파타차라가 깨달음을 위한 나의 메시지를 이해할 만큼 무르익었다."는 것을 바로 알아보았다. 미친 파타차라에게 가까이 가지 말라는 제자들의 만류에도, 붓다는 파타차라에게 다가오라고 손짓했다. "파타차라여, 마음을 고요히 하고 다시 집중하시오!"라고 붓다는 말했다. 붓다의 말을 어느 정도 이해했는지 확실하지는 않지만, 파타차라는 붓다의 말대로 했다. 붓다의 오래된 제자가 파타차라에게 자신의 외투를 벗어주었다. 파타차라는 가까이 와서 자기가 잃어버린 것을 소상히 말했다. 붓다는 찬찬히 그 내용을 듣고, 다음과 같이 말했다.

"파타차라여, 더는 마음을 아프게 하지 마라. 너는 안식처와 피난처가 될 사람에게 왔다. 네가 당한 재난과 재앙은 오늘만의 일이 아니라, 시작도 없는 이 존재의 순환 내내 계속되었다. 사랑스런 아들과 부모님을 잃은 슬픔에 네가 흘린 눈물은 4대양의 물보다 더 많구나."[11]

붓다의 설법에 평온함을 되찾은 파타차라는 승원에서 안식을 찾았다. 얼마 후 파타차라는 편히 앉아서 발을 씻다가 계곡 사이로 물이

홀러 내려가는 것을 보았다. 이 장면에서 무엇인가가 그녀 내면의 체험과 맞아떨어졌다. "어떤 개울물은 급하게 바닥으로 가라앉고, 어떤 개울물은 천천히 흘러 더 멀리까지 나아가며, 또 어떤 개울물은 계곡의 비탈길로 온 힘을 다해 달려간다."[12] 어떤 이는 파타차라의 아이들처럼 인생의 여행길에서 아주 급하게 사라지고, 어떤 이는 그녀의 남편처럼 어른까지 살다가 사라지며, 또 어떤 이는 그녀의 부모처럼 늙을 때까지 살다가 사라졌다. 그러나 죽음은 모든 사람에게 닥치는 공통적인 운명이었다. "나는 발을 씻으면서 개울물에 대해 성찰했다. 계곡의 높은 곳에서 아래로 흘러가는 개울물을 보았을 때, 내 마음은 훌륭한 경주용 말처럼 잘 집중했다."고 그녀는 말했다.[13] 자연에서 자신의 현실을 본 파타차라의 내면에서 무엇인가가 깨어났다. 자신이 처해 있는 안타까운 상황과 가슴을 심하게 짓누르는 격한 슬픔에도, 그녀는 현실의 본질을 깊이 바라보며 자신이 받은 모든 상처와 모욕, 천대를 있는 그대로 흘러가게 했다. 파타차라는 여전히 매우 슬프고 비탄에 잠겨 있었지만, 아잔 차가 깨진 유리잔을 보고 깨달은 바를 계곡 아래로 흐르는 개울물을 보고서 깨우쳤다. 물론 유리잔보다 가족이 소중하지만, 그녀는 이제 자연의 섭리와 싸우지 않았다. 파타차라의 트라우마는 그녀를 좁은 데 가두기보다는 오히려 활짝 열어버렸다.

자신의 불만족을 성찰하고 생로병사에서 해탈하는 어려운 문제와 씨름하는 중에, 붓다는 우연히 중요한 진리를 만났다. 붓다는 파타차라처럼 끔찍한 상실을 경험한 사람뿐 아니라, 그런 상실은 자기에게 아무런 영향도 끼치지 못한다는 척하는 데 온 힘을 쏟는 사람들과 함께 이 진리를 수행했다. 붓다는 "너는 안식처와 피난처가 될 사람에게 왔다."라고 파타차라에게 말했다. 그들 사이에서 무언가가 흘렀다. 그 것은 비극에 대처하는 우리의 조화롭고 넉넉하고 따뜻한 공감의 자세 다. 비로소 파타차라는 그 자세를 갖추고 자신의 냉엄한 현실을 받아 들였다. 오늘날 정신분석가는 이와 유사한 결론에 도달한다. 그중 한 사람인 마이클 아이젠(Michael Eigen)은 이를 다음과 같이 표현했다.

"만약 어떤 사람의 감정 상태가 절망이라면, 절망에 빠질지도 모 른다는 사실보다 그 절망을 대하는 그의 태도가 더 중요하다. 근본적 으로 그 절망을 배려하고 보살필 때, 절망은 스스로 모습을 드러내며 자기 이야기를 풀어낸다. 그러면 절망과 깊은 대화를 할 수 있다. 이런 과정을 지속하면, 그 절망의 속성이 변하는 것을 속속 느낄 수 있다. 왜냐하면 절망은 한 모습으로 머물지 않기 때문이다."[14]

절망이 한 모습으로 머물지 않는다는 말은 아주 진부하게 들린 다. 그렇지만 이 말은 무엇인가 심오한 것을 내포한다. 파타차라는 자 신의 눈앞에서 계곡으로 흘러들어 가는 작은 시냇물을 보고 깨달음을 얻었다. 이 시냇물은 그녀의 눈물일지도 모른다. 그녀의 트라우마가 아무리 심하다고 해도 자연법칙 밖에 있는 것은 아니다. 붓다의 말처 럼, 트라우마는 태초부터 있었다. 이 여인은 이제 더는 일상의 절대적 안정감을 믿을 수 없을지도 모른다. 그러나 개울물에 대한 깨달음은 비통한 슬픔의 절대성, 오직 자신에게만 그런 슬픈 사건이 일어났다는 느낌에서 그녀를 해방시켜주었다.

파타차라는 붓다가 권유한 마음챙김을 하면서 자신의 고통을 병리적인 현상과 연결 짓지 않고 극복하는 방법을 발견했다. 고통과 대화하고 고통이 주는 감정을 있는 그대로 느끼면서, 온몸으로 "존재의 밑바닥에 놓인 견딜 수 없는 고통"[15]을 체험한 것이다. 그리고 파타차라와 그녀의 가족은 모두 이 '존재'의 한 부분에 불과하다. 파타차라는 이런 실상을 발견하는 과정 위에 있었고, 그 과정에서 그녀의 절망은 질적으로 변화했다.

파타차라 이야기가 연인과 함께 충동적으로 도망치려는 젊은 여성들에게 경고의 메시지를 전하는 데 활용되었다는 사실이 걱정스럽긴 하지만, 내가 이 이야기를 하는 데는 더욱 더 깊은 목적이 있다. 파타차라의 고통은 너무나 격심하고, 상실은 너무나 비통하다. 그럼에도 그녀가 앞으로 나아갈 수 있었다는 것은 경탄할 만한 일이다. 그녀에게 붓다의 설법보다 더 적절한 것은 없었다. 파타차라가 개울물에 대한 성찰에서 깨달음을 얻은 것처럼, 깨달음을 성취하는 데 자신의 트라우마보다 더 도움을 주는 것은 없다.

5

자아는 어떻게
스스로를 지켜내는가

"아버지가 돌아가신 다음에는 아버지를 떠올리는 그 어떤 것도 보거나 들을 수 없었습니다. 아버지임을 알려주는 휴대전화 벨소리도 지워버렸습니다. 그런데 모두 앉아서 명상하는 동안 그 벨소리가 울렸습니다. 아버지가 제게 전화를 건 것 같았습니다. 그 소리를 듣는 동안 모든 사람이 저를 지지하는 것 같았습니다. 그 소리를 듣는 것이 무서워했지만, 좋았습니다."

나이 든 승려가 붓다에게 파타차라
를 데리고 갔다. 그리고 자신의 외투를 파타차라에게 입혀주었다. 이
런 행위는 정신치료의 함의를 명백하게 보여준다. 붓다는 상처받은 여
인의 이야기를 듣고 안식처와 피난처가 되어주겠다고 여인에게 말했
다. 제자가 이미 외투를 입혀주는 행위로 드러낸 것을 다시 말로 표현
한 것이다. 이렇게 나이 든 승려와 붓다는 파타차라가 가까스로라도
힘든 고통을 견뎌낼 수 있음을 시사했다.

그리고 두 사람은 사람들이 트라우마를 받을 때 가장 공통으로 보
이는 반응, 즉 오늘날 해리(dissociation)라고 알려진 현상에 대해서 말한
다. 해리는 인격이 파편화되는 것을 방지한다. 충격을 받은 일부 자아
는 전체 자아의 생존을 위한 희생양이 되어 영원히 멈춰진 상태로 일정

한 심리 공간에 보내진다. 그것은 봉쇄, 분리, 차단되어 침묵 속에 던져진다. 그 자아가 받은 견딜 수 없는 상처는 본질적으로 트라우마를 받은 당사자가 다스리고 처리하고 이해할 수 있는 범위를 모두 넘어서 있다. 자아는 계속 잘 기능하기 위해서 스스로 상처를 잘라내고, 트라우마가 주는 불안을 해리시킨다. 이러한 '자아 보존' 전략을 서구 심리학에서는 '자아 방어(ego defense)'라고 부른다. 이런 과정은 '외상 후 스트레스 장애(posttraumatic stress disorder)'에서도 흔히 관찰된다. 해리의 목적은 자아가 분열되는 것을 피하는 것인데, 대개는 다소 효과를 발휘하여 목적한 바를 부분적으로 달성한다. 문제는 그 해리된 자아가 완전히 사라지지 않는다는 점이다. 해리된 부분은 해결되지도 탐색되지도 않은 채, 늘 뒤에서 도사린다. 그러면 자아는 해리된 부분이 의식에 떠오르는 것을 저지하기 위해서 막대한 에너지를 소비한다.

파타차라에게 피난처와 안식처가 되겠다고 했을 때, 붓다는 자신의 경험을 바탕으로 말한 것이다. 발달 과정에서 자신이 받은 트라우마를 스스로 헤쳐 나온 붓다는, 해리라는 방어기제가 최종 해결책이 되어서는 안 된다는 것, 설사 연속적으로 트라우마를 받았더라도 총체적인 인격을 가진 인간으로 살아갈 수 있다는 것을 몸소 체험해서 잘 알았다. 그래서 파타차라에게 해리의 해독제로 마음챙김을 소개했다. 감춰진 감정을 스스로 풀어나가는 방법을 파타차라에게 가르치면서, 붓다는 그런 감정에서 자신이 어떻게 벗어났는지 보여주었다. 파타차라가 해리된 부분을 통합하는 과정은 그녀의 어깨에 걸친 외투 이미지뿐 아니라, 그녀 스스로 그 일부가 되어버린 자연 풍경과 연결되는 장면에서도 볼 수 있다. 더 이상 상처와 적당한 거리를 둘 필요가 없어진 그녀는, 주위를 흐르는 개울물을 통해 자기의 내면에 접속할 수 있었다. 마음챙김을 배운 이후에는 마음을 안정시키기 위해 감정을 희생할 필요가 없음을 알게 되었다. 또 카밧진(Kabat-Zinn)[01]이 말한 바와 같이 자기 삶이 "모조리 붕괴"하는 위험에도 완전히 마음을 열었다.

엄마를 잃은 아기

불교문화에서 파타차라 이야기를 중요하게 여기는 것에 비해 붓다 어머니의 이른 죽음에는 별로 관심을 기울이지 않는 것은 놀라운 일이다. 붓다 어머니의 죽음이 붓다 가르침의 핵심인 무상(impermanence), 비결정성(indeterminacy), 고(suffering)에 대해 말해주는 바가 있기 때문에, 그 죽음이 붓다의 삶에 중대한 영향을 끼친 것으로 여겨도 될 것이다. 그러나 경전에서 그 죽음을 명시적으로 언급하는 부분은 극히 적다. 불교를 깊이 공부한 나 역시도 이런 사실을 의식하는 데 수년이 걸렸다. 붓다의 어머니는 붓다의 삶이 시작하는 바로 거기 있었지만, 조심스럽게 붓다의 삶의 무대에서 사라진 이후 거의 등장하지 않는다. 나는 오히려 이런 흥미로운 무관심이야말로 붓다의 일생은 트라우마에 기반을 둔다는 증거라고 믿는다. 무상의 진리에 익숙한 문화권에서도 고통을 해리하려는 욕구는 아주 강하다. 깨달음에 이르는 붓다의 영적 여행에 적극적인 관심이 있는 사람이라면, 붓다의 인생 초기 체험의 심장부에서 일어난 트라우마를 바로 꿰뚫어 보아야 한다.

붓다 삶의 밑바닥에 트라우마가 흐르고, 그 흐름이 붓다 일생의 핵심을 이룬다는 나의 주장에 모든 불교인이 동의하지는 않을 것이다. 사람들은 격심한 감정의 고통과 거리를 두고 초연해지기 위해 명상 수행에 입문한다. 명상을 마음이 편안하고 맑아지는 방법, 일상의 번잡함과 혼란에서 자신을 멀리 떼놓는 수단으로 생각하는 것이다. 그들은 인간에게 본질적인 원초적 고통을 상기하거나 마주하는 것을 꺼리는 나머지, 회피하고 묻어버린 상실감을 파헤치는 데는 관심을 두지 않는다. 붓다를 힘든 감정을 정복한 사람으로 바라볼 뿐, 그 감정을 받아들이는 법을 배운 사람으로 여기지는 않는다. 심지어 붓다조차도 완전히 깨닫기 전에는 명상을 통해 자신에게서 도망가고자 했다. 당시의 지배적인 철학 사조에 동조하던 붓다는 육체의 욕망으로 우리의 존재는 편안한 만족을 누릴 수 없고, 해탈을 누리기 위해서 세상의 모든 것에서 자신을 분리해야 한다고 생각했다. 결국 나중에 가서야 붓다가 이런 관점을 버렸다는 사실을 독실한 불교인조차 인식하지 못하는 경우가 종종 있다. 정작 그것이야말로 붓다 깨달음의 근본인데 말이다.

불교계에서 붓다 일생의 핵심 요소인 상실을 진지하고 심각하게 받아들이지 못하는 현상과 붓다가 자신에게서 도망가고자 애쓴 상황은, 내 관점에서 보면 서로 연결된다. 이 둘은 모두 해리라는 심리방어를 드러낸다. 이 방어는 바로 붓다의 가르침에서 논박하는 대상이다. 해리에서, 견딜 수 없는 감정은 밀봉되어 나머지 자아와 분리된다. 당사자는 어려움을 이겨나가야 하지만, 어려운 감정을 해리하고, 트라우마에서 등을 돌리고, 눈앞에서 보이지 않도록 힘든 감정을 다른 곳에 밀어 넣어버린다. 해리에는 아무런 자아 성찰이 없다. 트라우마에서 살아남기 위해서, 엄청난 충격을 받은 자아의 일부분을 작동하지 못하게 만들어서는 눈앞에 보이지 않게 숨겨버린다. 그래서, 정서적 충격이 있었는데도 아무 일 없는 듯 보인다. 그러나 정서적 충격은 아무 데도 갈 곳이 없다. 그것은 얼어붙은 상태로, 일상적인 의식이 접근할 수 없는 영역에서 살아 있다. 그 상처는 결코 심리적으로 소화되지도 않고, 상징화나 이미지화되지도 않으며, 사고나 언어로 처리되지도 않는다. 또 결코 느껴지지도 않는다. 심리학자 하비 L. 슈바르츠(Harvey L. Schwartz)가 1994년의 논문에서 언급한 바와 같이, 마음은 고통을 "대피시키기" 위해서 자기의 주체성을 버린다.[02]

과거 천년 동안의 불교 문헌에서 붓다의 상실감과 그에 동반한 해리 경향을 보여주는 실례가 몇 개 있다. 그중 붓다의 탄생 설화가 유명하다. 출생 후 바로 북쪽으로 일곱 걸음을 옮겼다는 아기 붓다의 이야기를 통해, 불교에서는 붓다의 무력했던 유아기를 손쉽게 건너뛴다. 마치 붓다와 마야 부인이 그 시기에 존재하지 않았거나, 붓다에게 그 시기의 영아기가 없는 것처럼 해리되었다. 붓다는 바로 두세 살이 된 것처럼 행동했다. 완전히 성장하지 않았는데도, 분명히 걷고 말하고 생각했다. 또 태어날 때 이미 이 세상에서 해야 할 역할을 의식하는 듯 묘사된다. 이 설화에서 붓다에게 어머니가 필요하다는 사실은 아주 사소해 보인다.

붓다의 유아기 묘사에서는 한 문화의 방어기제가 작동한다는 점을 볼 수 있다. 아기가 어렴풋하게라도 기억하는 엄마를 잃은 충격을 표현하기보다, 태어나자마자 이미 완전히 홀로 설 수 있었던 것처럼 묘사한다. 아기 붓다는 하늘을 향해 손가락을 추어올리고 우렁차게 자신의 전능함을 알린다. 내가 이 이미지를 좋아하긴 하지만, 이 설화가 함축하는 숨은 의미를 생각하지 않을 수는 없다. 이 설화를 접하고서 나는 내 정신치료 담당자이자 내게 게슈탈트 치료를 가르쳐준 이사도르 프롬(Isadore From)이 들려준 이야기를 떠올렸다. 그는 자신의 치료실로 들어오는 환자의 걷는 모습만 보아도 그 환자의 부모가 준비되지 않은 아이에게 서기나 걷기를 재촉했는지 아닌지를 알 수 있다고 말했다. 아이의 엉덩이뼈는 성인보다 아주 약하고 돌이 될 때까지는 완전히 붙지 않는다. 따라서 아이를 억지로 세우고 걷게 하는 부모는, 아이가 신체적으로 준비되지 않았는데도 직립 자세를 취하도록 강요한 셈이 된다. 아이는 자신을 사랑하는 부모에게 기쁨을 주기 위해 부모의 뜻을 따르지만, 그 결과 몸이 준비되었을 때 스스로 몸을 일으켜 세우는 즐거움과 만족감을 박탈당한다. 그래서 뭔가 안정되지 못한 내면의 불안정감이 그런 순종하는 인격의 소유자에게 늘 붙어 다닌다. 이런 사람은 종종 내적 확신이 부족하다.

은폐된 죽음

불교 경전에서는 붓다의 어머니에 대한 언급을 상대적으로 아끼지만, 그렇다고 완전히 입을 닫고 있지는 않는다. 그러나 그녀의 죽음에 대해 말을 한다 해도, 죽음이 가져다주는 충격을 말하기보다 해리라는 방어기제에 초점을 맞춘다. 우리에게 전하는 여러 종류의 붓다 탄생 설화를 읽어보면, 무엇인가 말해지지 않는 것이 있다는 느낌을 받는다. 그 설화들은 모든 것이 잘되고 있다고 주장한다. 걱정할 것이 아무것도 없고, 문제 될 것도 전혀 없다고 한다. 그중 『방광대장엄경 (Lalitavistara Sutra)』에서 붓다 어머니의 죽음에 대한 묘사를 보면, 어머니를 여읜 데 대한 깊은 고통을 부정하도록 어린 붓다에게 틀림없이 가해졌을 압력이 감지된다.

오, 비구들이여, 보살이 태어난 지 7일이 지난 후 보살의 어머니인 마야 성후는 목숨을 마쳤다. 그리고 삼십삼천에서 다시 태어났다. 비구들이여, 마야 성후의 죽음이 보살의 탄생 때문이라고 한다면 그것은 틀린 말이다. 그렇게 보아서는 안 된다. 왜 그런가? 왜냐하면 마야 성후는 자신의 목숨을 다했기 때문이다. 과거 보살들도 태어난 지 7일 만에 어머니들이 죽었다. 왜인가? 보살이 성장하여 능력이 충만해진 바로 그 순간 보살은 출가하고, 어머니의 심장이 찢어지기 때문이다.[03]

이것이 마야 왕비의 죽음에 대한 가장 일반적인 설명이자 마야의 이름이 거론될 때 불교계에서 일반적으로 되풀이되는 이야기다. 바로 이것이 모든 붓다의 어머니에게 일어난 일이다. 불교의 우주론에서 붓다는 세기마다 탄생한다. 붓다가 탄생하는 때는, 이전 붓다의 가르침이 흔적조차 없이 세상에서 모두 잊혀진 시기이다. 모든 붓다는 태어난 지 일주일 만에 어머니가 죽는다. 경전의 여러 주석서에서는, 만약 어머니가 살아 있다면 아들이 가족을 버리고 영적 수행을 위해 숲으로 들어가는 것을 보고 마음이 찢어질 것이라고 한다. 그러느니 차라리 일찍 죽는 편이 낫다고 주석서들은 말한다. 그렇게 죽으면 아들이 떠나가는 참을 수 없는 고통을 겪지 않을 수 있기 때문이다. 붓다의 어머니를 그런 고통 속에 두는 것은 너무나 잔인한 처사일 것이다.[04]

경전의 여러 주석서들에서는 붓다의 어머니에게 대단한 자비심을 보이면서, 그녀의 죽음이 어린 붓다에게 끼치는 영향에 대해서는 그럴싸하게 둘러댄다. 붓다에게 남은 과업은 어머니의 죽음을 둘러싼 사건의 조각을 스스로 맞추는 것이다. 어머니의 갑작스러운 죽음 때문에 붓다가 고통을 겪었다는 구체적인 증거는 없다. 또 이모가 붓다를 학대하거나 잘못 키웠다는 증거도 없다. 단지 우리는 붓다가 이모를 진정으로 자신의 어머니로 알고 애착관계를 형성했다고 상상할 뿐이다. 붓다는 모유를 먹을 기회를 잃은 대신 잘 훈련된 유모에게 수유를 받고, 사카족의 극진한 보살핌 속에 자랐을 것이다. 만약 어머니가 살았더라도 수유는 친족이나 유모의 몫이었을지 모른다. 붓다는 분명 여느 보육원에서 자라는 아이들과 다른 환경에서 성장했다. 또 시인 실비아 플라스(Sylvia Plath)의 아들과도 다르다. 실비아 플라스는 자기 아들이 한 살일 때 자살했다. 그녀의 남편 테드 휴즈(Ted Hughes)는 플라스가 자살한 지 46년이 지난 후 자기 아들이 자살할 것을 예감이라도 한듯이 다음과 같은 시를 썼다.

〔그의 눈은〕눈물 젖은 보석이 되었다
가장 순수한 고통의 가장 단단한 결정체
나는 높고 하얀 의자에 앉아 아들을 먹였다[05]

붓다는 어머니의 죽음에서 전혀 영향을 받지 않을 수 없었다. 우리는 붓다의 회고 기록에서 이를 추론할 수 있다. "나는 연약하고, 정말로 연약하고, 말할 수 없이 최고로 연약했다." 이렇게 말하는 붓다는 그 이유를 말하지 않았고, 그 이유를 알 필요도 없었다. 붓다는 늙음, 질병, 죽음에 직면해 충격을 받았고, 심한 모욕감을 느꼈으며, 구역질을 했다. 29살 때까지 늙음, 질병, 죽음과 동떨어져 있어야 한다는 강한 압력 아래 살아온 때문이었다. 붓다와 그의 가족은 어머니를 갑자기 앗아간 힘에 완전히 흔들려서, 어머니 상실이라는 트라우마를 당시의 문화적 관습에 따라 다루었다. 그들은 고통을 해리시킨 후 그 상태로 계속 살아갔지만, 해리의 효과가 제대로 발휘되지는 않았다. 붓다의 연약함은 이런 어정쩡한 상태를 잘 말해준다. 질병과 죽음에 대해 문외한인 채로 자신의 모든 경험과 단절된 붓다에게 남은 것이라곤 오로지 연약함밖에 없었다. 이 사실은 붓다가 자기의식에서 질병, 죽음과 같은 강렬한 사건을 멀찍이 떼어놓았다는 것을 반영한다. 스스로 말했듯 붓다는 질병과 죽음에 처음 노출됐을 때 자신의 삶 아래에 놓인 불안정성을 직면하고, 갑자기 '안전하지 않다'는 것을 절감했다.

도대체 이 사람은 누구란 말인가

붓다에 대한 첫 문학적 전기인 『붓다차리타(Buddhacarita)』에는 붓다가 해리됐다는 것을 암시하는 장면이 나와 있다. 이 작품은 기원후 1세기에 아슈바고샤(Aśvaghoṣa)가 집필한 인도식의 서사시로, 제목은 '붓다의 일생'이라는 뜻이다. 불교로 개종한 박식한 학자가 산스크리트어로 쓴 『붓다차리타』는 붓다 일생 가운데 출생, 깨달음, 철학, 죽음 등을 엮어 붓다의 가르침을 담아낸 궁정서사시다. 이 책은 당대의 문화적, 문학적 기득권층을 대상으로 쓰였는데, 붓다 입멸 후 600년이 지난 시점에서, 이 책에 담긴 붓다의 가르침은 그들에게 참신하게 받아들여졌다. 이 책에는 젊은 고타마가 왕궁 밖으로 떠난 두 번째 외출에서 늙는다는 것을 처음으로 얼핏 본 후 공포에 사로잡힌 감정을 표현한 특별한 구절이 있다. 그 구절에서는 붓다가 본 황폐한 영혼을 묘사하는 장면을 볼 수 있다.

> 그의 배는 부풀어 오르고, 몸은 숨을 헐떡일 때마다 들썩였다.
> 팔과 어깨는 축 처지고,
> 팔다리는 마르고 창백했다.
> 누군가에 기대어, 그는 "어머니!"라고 애처롭게 불렀다.
> 도대체 이 사람은 누구란 말인가?[06]

비록 은유일지라도, 붓다는 분명 어떤 식으로든 자신의 성찰을 곰곰이 되새겨 보고 있었다. 어머니를 향해 울부짖는 늙고 병든 사람은, 갑작스럽게 어머니를 잃고 슬픔에 겨워 흐느껴 우는 생후 일주일 된 붓다의 자아가 변형되어 표현된 것이라 할 수 있다. 볼록한 배, 부풀어 오른 몸, 처진 어깨와 팔, 가늘고 창백한 사지와 같은 묘사는 병들고 늙은 노인에게 잘 어울리는 표현이기도 하지만, 엄마를 잃은 아기에게도 잘 어울린다. 병들고 늙은 장면을 보고 당황하는 고타마의 모습에서 나는 오늘날 치료 현장에서 만나는 환자, 특히 분열된 자아를 회복하려고 안간힘을 쓰는 환자의 모든 징후를 본다. 자신의 진정한 감정에서 소외되어 있는 그런 환자는, 의자 끝에 불안한 자세로 앉아 있다가 자기의 진짜 감정이 올라오기 시작하면 약간 혼란스러워하는 듯하다.

고타마는 자기의 이런 모습을 바라보며 말했다. "도대체 이 사람은 누구란 말인가?" 이 질문은 그 후 6년간 그를 사로잡았다. 죽음, 슬픔, 상실의 실제 모습에 눈뜨고, 자신의 연약한 모습을 보고, 원초적 고통을 안고서 해리되어 숨겨진 자아의 일부분을 눈치채기 시작한 고타마는 존재의 엄중한 진리와 직면하기로 했다. 그 진리에는 자기 생애 초기의 중심에 놓인 '설명할 수 없는 부재(absence)'도 들어 있다.

살아남기 위해 붓다가 한 것

우리는 이제 '소외'와 '해리' 같은 단어를 사용하여, 사람들이 트라우마에 대응하는 심리적 방어기제를 설명할 것이다. 그러나 붓다의 시대에 이 개념들은 추론상으로만 존재한다. 그리고 충분히 인식되거나 공식적으로 인정받은 것은 아니지만, 나는 심리에 관한 붓다의 가르침이 그런 현상을 암시한다고 생각한다. 왜냐하면 고타마는 붓다가 되기 위해서 자기가 전혀 이해할 수 없는 것을 다시 떠올려, 짧은 시간에라도 그것을 다시 체험해야만 했기 때문이다. 붓다의 임무는 파타차라와 달랐다. 파타차라는 성인이 되어서 상실을 경험했기 때문에, 충분히 안정을 되찾았을 때 자기가 겪은 사랑의 감정과 비통함을 다시 불러낼 수 있었다. 그러나 붓다의 상실은 말도 못하는 영아기에 일어난 사건이다. 영적인 여행을 모두 끝내기 전, 붓다는 자기의 자아에 새겨진 트라우마를 다시 의식으로 불러들여 처음으로 체험하고 다르게 소화해야 했다. 어린 고타마가 견딘 분열을 치료해야만 했다. 붓다는 스스로 치료법을 찾아내 자기한테 적용해야 했다. 발달 트라우마 전문가 필립 브롬버그(Philip Bromberg)는 다음과 같이 말했다. "내면의 대상 세계에 사로잡힌 고통이 아무리 크고, 그것을 부수고 나와 자유롭고 싶은 열망이 아무리 절박해도, 이미 형성되어 있는 증오되고 부정된 자아 부분과 직면해 그것을 다시 자기 것으로 만들지 않는다면, 지금 이 순간 완전한 삶을 실현하는 것은 불가능하다. 그리고 자아에서 증오되고 부정된 부분은 초기 대상과의 애착관계에서 형성된다."[07]

정신분석가들은 아기와 양육자 사이의 초기 애착관계를 언급할 때 '사람(people)'이라는 단어 대신 '대상(objects)'이라는 용어를 사용한다. 나는 그 이유를 아기가 자기를 보살피는 사람의 전부가 아닌 젖가습과 같은 대상 및 수유, 안아주기, 달래주기 같은 기능과 관계를 맺기 때문이라고 본다. 아기는 이런 대상이나 기능에 애착관계를 형성하고, 그것이 충족되지 않을 때 트라우마를 받는다. 예를 들어 아기는 배가 고플 때 배고픔을 인식하는 게 아니라 생리적, 본능적 욕구에 따라 울부짖는다. 이 울부짖음이 부모에게 전달되고, 울부짖음에 반응하여 '대상'이 주어진다. 이런 대상은 아기의 주관적 체험을 구성한다. 브롬버그는 "내면의 대상 세계에 사로잡힌 고통"이란 표현을 통해, 원초적 고통에의 사로잡힘과 해리된 트라우마가 마음에 주는 긴장을 전달하려 한 것이다. 붓다의 인생이 심리적인 언어가 아니라 은유적인 언어로 기록됐지만, 잘 살펴보면 그 아래에는 이와 유사한 심리 과정이 놓인 것을 알 수 있다. 위에서 언급한 바와 같이 붓다는 '증오되고 부정된 자아의 부분'을 완전히 소화해서 '현재를 충실히 살게' 되었다. 이런 증오되고 부정된 자아의 부분은 붓다의 생애 초기에 대상과의 관계에서 형성된 것이다. 붓다는 해리라는 개념이 있기 전에, 이미 해리를 다루는 방법을 발견한 것이다. 그 결과 자기의 불성(Buddha nature)을 일깨우고, '상실된 어머니'의 의미를 완전히 파악했다.

오늘날의 정신치료사는 트라우마가 마음에 끼치는 영향을 기술하는 단어를 갖고 있다. 그들은 고통에 대한 일차적인 방어가 '해리'고, 해리의 일차적 동기는 '안정감'이라는 것을 잘 안다. 참을 수 없는 감정이 올라오는 상황에서 자아의 유일한 선택은 위협적인 외부 자극에서 자신을 분리해내고, 자기가 조절할 수 없는 것을 제거하는 것이다. 내 친구 하나는 부모가 모두 알코올 중독자에 성격이 난폭했다. 그

친구는 항상 다른 사람의 비위를 맞추는 데 여념이 없었다. 친구 부모는 항상 심하게 언쟁하고 가구를 부수었다. 그럴 때마다 친구는 겁먹고 위축되어 형제들과 함께 침대 밑으로 숨었다. 어른이 된 친구는 누구한테 조금이라도 분노나 공포감을 보이지 않았다. 게다가 대단한 능력자로 인생을 살았다. 그런데 30대에 이유를 알 수 없는 불안이 격심해졌다. 자기 아이의 안전과 안녕에 대한 불안이었다.

이런 해리 능력은 우리의 생존 기법이다. 이 기법 덕분에 우리 삶은 어정쩡하게나마 전진할 수 있다. 트라우마가 준 쇼크는 눌린 스프링처럼 의식 너머에 자리 잡는다. 이 감정은 본질적으로 "감내할 수 없기" 때문에 결코 머리에 떠오르지 않는다. 그래서 그 감정은 결코 꼼꼼히 관찰되지 않은 상태 그대로 방치된다. 앞으로 나아가야 하는 자아는 트라우마가 끼친 영향을 통합하지 못하고, 감내할 수 없는 감정을 처리하지 못한다. 그 상황에서 자아의 활동력은 상당히 제한받는다. "이미 일어난 것은 다시 같은 방식으로 반복해서 일어나지 않을 것이라는 확신을" 주기 위해, 해리라는 방어기제는 자아를 상호 소통할 수 없는 영역으로 분열시킨다.[08] 브롬버그는 말한다. "이런 해리 방어는 인격발달 과정에서 회복탄력성이 길러지는 것을 막고, 인격을 상대적으로 분열된 상태의 과잉보호된 부분적 자아들이 모여 있는 형국으로 만든다. 각각 제 나름의 진실과 현실을 부여잡고 있는 부분적인 자아들은 필요한 경우 '자기 무대'에 오를 준비를 하고서 대기하고 있다. 그러나 자아의 다른 면에서 입력되는 긍정적인 신호는 차단한다."[09] 이런 방어기제가 초래하는 결과 중 하나는, 자아에 감정의 깊이와 융통성이 없다는 점이다. "해리는 정신의 내용 자체를 부정하는 방식으로 드러나지 않는다. 해리장애를 겪는 이가 주어진 어떤 순간에 '자기' 체험으로 여기지 않는 자아를 소외하는 형태로 드러난다. 해리는 갈등이 불쾌해서 일어나는 게 아니라 그 갈등을 마음에서 감내할 수 없기 때문에 일어난다."[10]

도피를 선택한 마야 왕후

『붓다차리타』의 두 번째 장에는 붓다 어머니의 죽음에 관한 구절이 하나 있다. 이 구절은 해리에 대해 직접 말해준다.

> 그러나 마야 왕비가 신성한 현인과 같은
> 아들의 무한한 권능을 보았을 때,
> 아들이 준 기쁨을 견딜 수 없었다.
> 그래서 지상을 떠나 천상에 머물기로 했다.[11]

이 구절을 처음 보고서 나는 깜짝 놀랐다. 아기의 "무한한 권능"이라니! "아들이 준 기쁨을 견딜 수 없"는 마야 왕비의 무력감이 느껴졌다. 이 구절은 위니컷의 이론을 뒷받침하는 듯하다. 위니컷의 이론에 의하면 아기는 엄마를 무자비하게 사랑하며, 드럼을 치듯이 엄마를 두드려댄다. 사정을 다 알고 나면 아기의 그런 행동에 욕구, 배고픔, 사랑, 공격성, 권리 등의 이름을 붙일 수 있지만, 아기에게는 이 모든 것이 자연의 힘처럼 한꺼번에 아무 구분 없이 몰아친다. 위니컷은 초기에 쓴 논문에서 다음과 같이 언급했다. "정상적인 아기는 엄마와 무자비한 관계를 즐긴다. 이 관계의 양상은 대개 놀이에서 드러난다. 아기는 엄마만이 자기의 무자비한 대우를 참아준다고 기대하기 때문에, 놀 때 엄마를 원한다. 아기의 이런 행동에 엄마는 상처를 받고 지친다. 그러나 엄마와 이렇게 놀지 못하면 아기는 자신의 무자비한 자아를 숨길 수밖에 없고, 오직 해리 상태에서만 그 자아에 생명을 불어넣는다."[12]

『붓다차리타』의 두 번째 인용문은 바로 이와 유사한 정신의 움직임을 언뜻 보여준다. 아기 붓다는 마야 왕후가 죽었을 때 어떤 메시지를 받았을까? 어머니의 죽음을 존중하는 뜻에서 자신의 무자비한 자아를 숨겨야만 했을까? 그 때문에 붓다의 아버지가 아들에게 늙음, 질병, 죽음과 연관한 것을 보지 못하게 한 것일까? 그래서 붓다가 연약해진 것일까? 위니컷의 이론에 따라 생각했을 때, 붓다는 이후 어떤 해리 상태에서 자신의 무자비한 자아에 생명을 불어넣었을까? 붓다가 집을 떠나 숲에서 보낸 6년은 위니컷이 언급한 일종의 해리 상태에서 자신을 곰곰이 뒤돌아보는 시간이었음을 암시하는 증거가 있다.

그런데 나는 자신의 사랑을 받아줄 어머니를 잃은 어린 붓다와 출산의 기쁨을 맛볼 수 없던 붓다의 어머니를 떠올리면 마음이 아프다. 두 아이의 아버지로서, 나는 어렴풋하게나마 마야의 마음을 느낀다. 오늘날의 정신분석에는 아기의 정신 상황에만 초점을 맞추고 성인인 어머니의 감정 체험은 다소 소홀하게 다루는 경향이 있다. 그리고 정신분석에서는 두려움과 즐거움을 일으키는 일상의 극적인 감정보다, 공격성과 거기서 파생한 감정들 같은 부정 감정을 언급하는 것이 더 쉬운 듯하다. 하지만 부모의 기쁨은 주목받아야 할 멋진 감정이다.

사실, 『붓다차리타』는 붓다 부모의 기쁨에 관한 문헌이기도 하다. 특히 붓다의 출생에 따르는 부모의 반응을 묘사한 1장이 그렇다. 붓다의 부모는 희망과 두려움이 교차하는 복잡한 감정을 보인다. 마치 1주일 후에 닥칠 마야의 죽음을 암시하는 것 같다.

왕은 아들의 놀라운 탄생을 보았을 때,

마음은 평소처럼 침착했지만, 매우 불안했다.

그리고 아들에 대한 사랑으로 두 줄기 눈물이 터져 나왔다.

그것은 근심과 기쁨의 눈물이다.

왕비는 두려움과 기쁨에 완전히 압도당했다.

마치 뜨거운 물과 차가운 물이 뒤섞인 것 같았다.

그것은 아들의 권능이 다른 인간과 다르기 때문이고,

어머니의 타고난 약함 때문이다.[13]

붓다의 부모가 아이 때문에 괴로워했다는 표현이 내 마음을 움직였다. 지금껏 분명히 표현한 적은 없지만, 내 체험과 일치하는 진실을 건드렸기 때문이다. 사랑은, 흔들리거나 상대방이 알아주지 않을 때뿐 아니라 사랑이 시작되고 전개되는 열기 속에 우리가 녹아들어 갈 때도 우리에게 생동감과 두려움을 모두 준다. 그 열정 속에서 견디기 위해서는 정력과 믿음이 필요하다. 마야는 이런 상황에서 흠칫하고 물러서서 자기의 능력으로 아기에 대한 사랑의 강도를 유지할 수 있는지 의문스러워한다. 마야는 이런 사람의 첫 번째도 마지막도 아니었다.

정신분석의 역사에서 엄마와 아기 관계를 이런 시각으로 처음 주목한 사람이 바로 위니컷이다. 그는 모유 수유를 통해 이것을 보았다. 그 당시 모유 수유는 양육의 의료화, 기계화 흐름 속에서 공격받고 있었다. 위니컷은 어떻게 하는 것이 엄마에게 의미 있는 양육인지에 대해 치료사와 부모 모두에게 일러주었다. 모유 수유가 모든 사람, 모든 상황에서 옳다는 속단을 조심스럽게 피하고, 엄마들이 무조건 모유 수유를 '해야' 한다고 주장하는 사람들에 대한 두려움을 숨기지 않으며, 위니컷은 의학계에서 모유 수유를 반대하는 충고를 하던 1960년대 초에 모유 수유의 원초적 힘을 다음과 같이 반복해서 강조했다.

우유병보다 엄마의 젖가슴을 통해 젖을 먹는 아기의 체험이 훨씬 더 풍부하다는 것을 관찰함과 아울러, 우리는 엄마가 느끼고 체험하는 것에도 관심을 가져야 한다. 나는 이 문제를 당신의 상상에 맡긴다. 그러나 다음 사실에는 주목해야 한다. 아기에게 젖을 먹이는 동안 매우 만족스러운 경험을 한다 해도, 수유를 마치고 느끼는 만족감에서는 자기의 몸 일부를 사용해서 아기를 먹인 여성의 만족감이 그렇지 않은 여성의 만족감과 확연히 다르다는 사실 말이다. 그 만족감은 엄마가 아기였을 때의 체험과 연결되며, 이를 둘러싼 모든 것은 인간이 포유류 짐승의 삶에서 갓 벗어난 시기로까지 거슬러 올라간다.[14]

수유 체험에는, 아기와 엄마를 이어줄 뿐 아니라 엄마를 자신의 이기심 없는 자아와 이어주는 그 무엇이 있다. 『붓다차리타』에서 인용한 두 번째 구절은 바로 그것에 대해 말한다. 마야는 자기 아이와의 만남에서 큰 영광을 느끼지만, 아이가 준 지복의 황홀감을 견딜 수 있다고 생각하지 않았다. 그 감정을 긍정하지만 감당할 수 없었다. 마야의 유일한 해결책은 자신에게서 그 감정을 해리하는 것이었다. 자신의 육체를 뒤로하고, 아기가 준 지복의 황홀감을 견디기에 충분할 정도로 안전하다고 느껴지는 유일한 곳으로 물러섰다. 바로 불교의 우주론에서 말하는 천상으로. 천상의 존재는 고기와 피의 몸이 아니라, 축복의 몸을 가진다. 반면 마야의 아들은 자신을 위해 해야 할 일을 하려고 집을 떠난다.

트라우마의 관점에서 마야의 죽음은 아기에게 틀림없이 충격이다. 설사 마야의 대리자가 아기를 사랑과 따뜻함으로 보살펴더라도 마찬가지다. 상처를 완전히 감쌀 방법은 없다. 위니컷이 언급한 바와 같이, 어떤 이의 생애 초기에 대해 말할 때는 그의 엄마를 언급하지 않을 수 없다.[15] 엄마와의 분리가 아기에게 이미 잠재되어 있다 하더라도, 아기가 엄마에게 전적으로 의존하는 상태에서는 엄마와 아기의 관계를 아기의 자아와 구별할 수 없다. "진실로 엄마의 행동 하나하나가 아기를 이룬다. 여기에 바로 역설이 있다. 그 역설은 환경이 아기의 한 부분이면서, 동시에 부분이 아니라는 것이다. 아기는 어른으로 성장하기 위해, 결국 이것을 받아들여야 한다."[16]라고 위니컷은 추정한다.

만약 엄마의 행동 하나하나가 진정으로 아기의 한 부분이라면,

붓다가 될 운명인 그 어린아이는 아주 혼란스러운 그 무엇을 이해하지 않으면 안 된다. 그의 생애 초기에 이미 엄청난 단절이 일어났는데, 그 단절에 관해서는 아무런 언급도 없었다. 아시아 문화의 특징적 요소인 마야의 죽음에 대한 침묵이 붓다 시대에도 역시 있었다면, 아마 아이가 성장했을 때도 엄마의 죽음에 관해 아무 말 하지 않았을 것이다. 실망한 어린 붓다는 아주 어린 시절부터 순간적으로나마 고립감을 맛보았을 것이다. 어머니 상실은 그의 일부가 되었을 것이다. 그리고 붓다가 마야의 버림을 기분 나쁘게 받아들였으리라 추측하는 것은 섣부른 판단이겠지만(이렇게 받아들이는 사람은 거의 없기 때문이다.) 붓다의 인격이 어머니의 급작스러운 부재에 영향을 받았는지에 대해 의문을 품는 것은 적절하다고 본다. 아들이 준 황홀한 지복을 유지할 수 없는 마야의 능력 부재는 여러 형태로 붓다에게도 영향을 주었을 것이다.

마야가 내몰린 궁지는 붓다가 성인이 되어서도 계속 맞닥뜨린 세상의 어려움을 보여준다. 사람들은 자신에게 내재한 붓다의 본성을 못 믿는다. 심지어 붓다조차도 깨닫기 전에는 자기에게 내재한 완벽함을 믿을 수 없었다. 그는 초월을 발견하고서야 해탈을 할 수 있다고 생각했다. 그의 어머니는 유사한 믿음을 행동으로 옮겼다. 인간의 몸으로는 어린 붓다가 준 기쁨을 견뎌낼 수 있다고 믿지 못했다. 그래서 마야는 아들이 준 황홀한 지복을 담을 유일한 그릇인 천상의 축복받은 몸에서 피난처를 구하는 쪽으로 이끌렸다. 그렇게 함으로써 붓다의 어머니는 많은 어머니와 연인들이 빠지기 쉬운 부적절한 선택을 했다. 자신감을 좀먹고 관계를 부식시키는 의심과 두려움을 먹고 자라난 것을 집어 들었다. 모성의 황홀함을 유지하는 신체 능력에 의심을 품은 마야는 자신을 아기와 분리하는 자기-성(self-state)을 추구하도록 내몰렸다. 엄마가 받아들여주지 않아 자신의 무자비한 자아와 단절되도록 내몰린 아이처럼, 마야는 단지 해리라는 방어기제를 통해서만 견딜 수 있었다. 자기 몸과 아기를 저버리고, 자기 몸을 떠나서 살아남은 것이다.

행복과 함께할 순 없을까

주요 불교 해설서들에서는 마야가 고타마를 낳고 예정된 때에 죽음으로써 미래 붓다의 어머니가 해야 할 임무를 다했다며 마야의 이타주의를 강조한다. 하지만 마야가 해리를 통해 살아남음으로써 붓다의 깨달음과 마야의 연관성이 더욱 깊어진다. 6년간의 고행과 세상에서 가장 위대한 자기 분석을 수행하고 수년이 흐른 뒤, 붓다는 자신의 깨달음을 성취한다. 붓다가 고통의 보편성을 선포한 것으로 유명하지만, 붓다의 가장 혁명적인 선언은 결코 고통에 대한 것이 아니다. 그가 기쁨에 대해 말한 것이야말로 가장 혁명적인 것이었다. 인생의 진정한 본질은 축복이라고 붓다는 말했다. 그러나 우리는 습관적으로 세계를 잘못 지각하는 바람에 이 축복을 너무나 자주 못 본다. 자아 중심적 삶이 바로 고통임을 붓다는 실감했다. 자만심에 가득 찬 삶이 유지되려면, 나머지 우주 전체로부터 단절된 자기만의 해리 상태 속에서 자아가 세워지고, 보호받고, 분리되어야 한다. 붓다의 발견은 고통이 아니라 자유다. 그는 고통을 발견할 필요가 없었다. 고통의 존재는 이미 모든 사람이 다 알기 때문이다. 붓다는 고통이 돌이킬 수 없는 것이 아님을 발견했다. 고통은 사물의 존재 방식에 달려 있는 게 아니라 우리가 생각하고 반응하는 방식에 달려 있다. 해리라는 방어기제의 작동 과정을 밝혀내면서 붓다는 마야 왕후의 딜레마, 즉 자신의 출생으로 감당할 수 없는 난제와 갈등을 떠안게 된 어머니에 대해 말했다. 붓다는 엄마와 아기가 자연스럽게 이어지듯 우리를 맺어주는 자비로운 연결의 표현으로 이 황홀한 축복이 이해되기만 한다면, 그것이 인간의 몸에서도 유지될 수 있다고 주장했다.

오늘날의 정신분석가 가운데 그 누구도 어머니의 고통을 의심하지 않는다. 그러나 부모는 아기를 자신과 동일하게 보기 때문에, 대개 자신의 고통을 우선으로 생각하지 않는다. 사랑은 어머니를 자기 집착에서 빠져나오게 북돋우고, 자기중심적인 욕망의 만족보다 더 큰 기쁨과 연결해준다. 붓다의 어머니는 이런 진리를 어렴풋하게 보았지만, 미래 붓다의 어머니로서 자신이 임무를 부족함 없이 지속해서 수행할 수 있을지를 우려했다. 깨달음을 성취한 붓다는 모든 사람에게 내재한 무한한 자비의 능력을 보았고, 그 능력을 두려워할 필요가 없음을 실감했다. 붓다가 처음 가르침을 펼칠 당시, 인도는 3개월 동안의 여름 장마 기간이었다. 전설에 의하면, 그때 붓다는 천계를 여행했다고 한다. 그곳은 마야 왕후가 붓다의 출생 시 느낀 지복의 진실을 인정하고 떠난 바로 그 피난처였다. 붓다는 어머니에게 진정한 본성을 깨우쳐주기 위해서 붓다 심리학의 기본을 가르쳤다. 자신을 낳아준 어머니에게 의무를 다하고, 어머니와 단절되어 생긴 균열을 치유해야만 했다. 자신이 지닌 몸이 축복임을 깨달은 붓다이기에, 어머니의 몸 역시 축복임을 잊지 않았다며 어머니를 안심시킬 필요가 있었다.

아버지의 벨소리

—

내가 사는 뉴욕에서 열린 불교와 정신치료에 관한 주말 동안의 워크숍이 끝난 지 얼마 되지 않아, 나는 이 점에 대해 생각했다. 그 워크숍에서 나는 대화하는 사이사이에 고요한 명상 시간을 균형감 있게 배치하여, 마음챙김 수행이 실제로 어떻게 해리에 대항하여 치료 효과를 발휘하는지를 참석자들이 어렴풋하게나마 알 수 있도록 했다. 나는 소리 명상으로 아침 세션을 시작했다. 모든 참석자에게 휴대전화를 꺼내서 전원을 켠 후 자신이 좋아하는 벨소리로 설정하라고 했다. 참석자들이 벨소리 설정을 시작하면 소음이 날 거였다. 나의 의도는 명상 수행이 고요한 침묵에서 이루어진다는 기존 관념을 뒤엎고, 벨소리처럼 견디기 어려운 모든 경험에까지 열린 태도를 취하도록 격려하는 데 있었다. 나는 명상 수행이 정신치료에 도움이 되고 사고와 감정을 비판단적으로 대할 수 있도록 가르치며, 소리를 듣는 훈련이 감정을 듣는 훈련이 된다는 것을 눈으로 보여주고 싶었다.

나는 그룹 명상 수행 중 전화가 걸려 오거나 문자 메시지, 이메일 등이 도착해서 신호음이 느닷없이 울리는 상황을 좋아한다. 그런 소리가 일으키는 불협화음이 일상의 트라우마와 그에 동반한 정서 충격과 유사하다는 점에서 소리들을 일종의 은유로 받아들인다. 그런 트라우마와 충격은 예측할 수 없고 혼란스럽고 불편하며, 또 자기 마음대로 일어난다는 특성이 있다. 영화를 볼 때나 대화할 때 벨소리의 방해를 받지 않기 위해 휴대전화를 끄는 것처럼, 명상이 사고를 줄이거나 감정을 차단한다고 사람들은 생각한다. 나는 소리를 원치 않는 방해물로 보기보다 여기저기 널려 있는 소리를 명상의 대상으로 활용하고 싶다. 나는 위에서 설명한 기본 인식을 바탕으로 우리의 정서적 삶은 명상 체험의 일부가 될 수 있다고 생각한다. 정서적 삶은 우리의 일기장, 파트너, 치료를 위해 간직해두어야 하는 것이 아니고, 부끄러워해야 하는 것도 아니며, 더욱 '영적인' 체험을 바라며 억눌러야 하는 그 무엇도 아니다. 나는 워크숍에서 처음 소리 명상을 제안했을 때 사람들이 놀라는 것을 보고 오히려 즐거운 마음이 들었다. 약간은 우려하는 듯한 그들의 웃음은 치료사인 내 마음을 기쁘게 했다.

　나는 격려하듯이 말했다. "당신들은 스스로 생각하는 것보다 그렇게 인기가 좋은 사람이 아니라는 사실을 알게 될 것입니다. 토요일 아침에 누가 전화를 걸겠어요? 우리는 이 방에서 대단히 고요한 시간을 보낼 것입니다." 나는 참가자들에게 주의를 환기하는 역할을 벨소리에 맡기라고 권했다. 벨소리는 참선 지도자가 수행자의 정신을 차리게 할 목적으로 어깨에 내리치는 죽비와 같다. 나는 모든 사람에게 소리 명상을 하라고 했다. 그리고 정신분석 훈련을 하는 의사에게 프로이트가 충고한 말을 들려주었다. 프로이트는 치료사에게 필요한 중요한 비결을 하나 알고 있었다. 프로이트는 제안했다. "그저 들으십시오. 어떤 것을 마음에 간직하려고 애쓰지 마십시오." 프로이트의 딸인 안나 프로이트가 언급한 것, 즉 치료사는 정삼각형의 중심에 앉아서 이드, 자아, 초자아와 동일한 거리를 유지하고 환자 마음의 어떠한 요소에도 동조하지 않는 태도를 보여야 한다는 것을 참가자들에게 말해 주었다. 명상 수행에서 우리는 이와 유사하게 아무 판단을 하지 말고 본능, 자아, 자기비판에서 동일한 거리를 유지해야 한다.

명상은 별문제 없이 진행되었다. 통풍 장치에서 간간이 '휘익' 하는 낮은 소리가 들려왔는데, 그 소리들은 조용히 가라앉아서 흘려보내기가 수월했다. 거리에서 들려오는 소리도 있고, 의자에서 꼼지락거리는 소리가 나기도 하고, 때로는 기침 소리가 들리기도 했다. 그러던 중 한 번쯤은 누군가의 휴대전화 벨소리가 갑자기 불꽃놀이의 불꽃처럼 터져 나온다. 비트 있는 모타운 사운드(Motown, 1960~1970년대에 디트로이트 시의 한 흑인 음반 회사가 유행시킨 음악 장르─역주)든 휘몰아치는 살사든 작은 음악 소리가 폭발하여 명상 공간의 상대적인 고요함을 갈랐다. 또 갑자기 울리는 '삐리리' 소리는 마치 명상에 전기충격을 주는 것 같았다. 함께 앉아 명상을 하는 우리들 위에 드리워진 고요함 속에서 반짝이는 은백색의 별과 같았다.

명상을 끝낸 다음에 질문 시간이 이어졌다. 세 번째인가 네 번째 손을 든 사람은 젊은 히스패닉계 여성이었다. 그녀는 자신의 차례를 기다렸음에도 말하기를 꺼려했는데, 일단 말을 시작하자 모든 사람의 이목을 붙들었다. "제 아버지는 수개월 전에 돌아가셨습니다." 목소리는 떨렸지만, 계속 말을 이어가면서 소리가 더욱 선명해졌다. "아버지는 가시기 전에 1년간 병을 앓았습니다. 제가 아버지를 간호했기 때문에, 그때 아버지를 위한 특별한 벨소리를 정했습니다. 그 벨소리가 울리면 아버지가 거신 전화임을 잘 알 수 있었습니다. 그러나 아버지가 돌아가신 다음에는 아버지를 떠올리는 그 어떤 것도 보거나 들을 수 없었습니다. 자동응답전화기에서 들려오는 아버지의 목소리조차도요. 아버지임을 알아채게 해주는 휴대전화 벨소리도 지워버렸습니다. 다시는 그 신호음을 벨소리로 설정하지 않았습니다. 그 벨소리를 견딜 수 없었으니까요. 그런데 이 그룹에서 누군가가 그 휴대전화 벨소리를 사용하나 봅니다. 아버지를 위해서 제가 항상 사용하던 바로 그 벨소리 말입니다. 우리가 모두 앉아서 명상하는 동안 그 소리가 울렸습니다. 마치 아버지가 제게 전화를 건 것 같았습니다. 그 벨소리는 아버지를 돌아오게 했습니다. 아버지가 가신 후 처음으로 여기 모든 분과 함께 그 벨소리를 듣게 되어서 참으로 행운이라 느낍니다. 사실 저는 그 소리를 직면하기 두려웠습니다. 그런데 그 소리를 듣는 동안 모든 사람이 저를 지지하는 것처럼 느꼈습니다. 그 벨소리를 듣는 것이 무서웠지만, 좋았습니다."

나는 그녀를 다시 볼 수는 없었지만, 그녀의 반응 및 그 반응의 배경에 있던 정신은 여전히 나에게 머물러 있다. 그것은 여기에서 내가 글로 전하는 것보다 훨씬 감동적이다. 아버지에 대한 딸의 사랑은 함께 있던 모든 사람의 가슴속에서 반짝거렸다. 의도하지는 않았지만 명상은 돌아가신 아버지를 불러냈고, 딸의 마음 깊은 곳에 도달하여 그 달콤한 향을 발산했다. 우연히 아버지는 돌아왔고, 아버지를 연상시키는 그 소리에 딸은 다시금 마음의 문을 열게 되었다.

　나는 명상 수행이 이토록 간단하게 사람들을 연결하여 공명하게 한다는 사실에 감동했다. 명상의 대상을 소리에 맞추면서, 나는 명상 수행이란 그저 내적 평화만 추구하는 것이 아니라 모든 것과 함께 현존하는 것이라는 사실을 참가자들이 알게 되기를 바랐다. 소리 명상 수행에서 해리의 방어기제가 풀리는 장면을 목격한 것은 아주 강력한 체험이다. 우리는 딸이 아버지에 대한 사랑을 일깨우고 마음을 연 것을 여실히 느낄 수 있었다. 파타차라가 붓다를 만나고 난 다음 발을 씻으면서 본 개울물처럼, 감정의 흐름은 그 방에 앉아 있는 모든 사람의 마음속에 흘렀다.

　그날의 일은 이례적인 사건이 아니다. 팔리 경전을 더듬어 올라가면 이를 지지해주는 내용이 나온다. 붓다가 어머니의 죽음에 대해 설법한 것을 모아놓은 경전이 있다. 바로 『우다나(Udana)』라는 경전인데, 그 제목은 마음의 '울음'이나 '한숨'을 의미한다. 그 문헌은 목 차크라 또는 고대 인도의 영혼 해부학에서 사람이 기쁨이나 환희로 넘칠 때 노래가 터져 나오는 중심부로 보는 부위에 대한 것이다. 붓다의 초기 상실에 대해 참고할 수 있는 유일한 고대 문헌이 이 특별한 경전과 관련 있다는 점이 흥미롭다.

　"보살들의 어머니는 단명한다." 붓다는 자신을 보살이나 깨어난 존재라고 명명하면서 이렇게 말했다. "보살들이 태어난 지 7일째 되었을 때, 보살의 어머니들은 죽어서 도솔천에서 다시 태어난다."[17]

붓다는 계속 말하며 약간의 영감을 주었다. 붓다가 말하길, 모든 사람은 사라짐에 맞닥뜨린다. 태어나는 모든 것은 언젠가는 떠난다. 절대적인 안전은 없다. 이런 사실을 보고, 현명한 사람은 해방을 추구한다. 여기까지는 우리가 붓다가 말하리라 이미 예상했던 바이다. 그런데 붓다의 설법에는 또 다른 층의 의미가 있다. 그것은 휴대전화 명상에서 그 젊은 여성의 반응이 우리에게 전해준 것이다. 트라우마에 대한 해리 반응이 이완되고, 이전에는 참을 수 없었을 것에 자아가 자기를 열어 보일 때, 울음이나 한숨이 흘러나온다. 『우다나』경에서 유일하게 어머니의 죽음을 인정하는 것으로, 붓다는 중요한 심리적 진실을 지적한다. 해리는 삶의 트라우마로부터 잠시 동안 우리를 보호해줄 수 있지만, 해리에서 풀려나면 우리는 진정으로 마음에서 해방감을 느끼면서 우리 자신과 연결된다. 휴대전화의 우연한 울림이 워크숍에서 뜻밖에도 이런 기능을 수행한 것에 대해 붓다는 놀라지 않을 것이다. 붓다가 만들어낸 방법, 즉 모든 소리를 있는 그대로 듣는 것은 해리라는 방어기제의 침묵을 정확히 노리고 있었다. 이런 일이 일어나면 붓다의 어머니를 마비시킨 황홀한 지복을 다시 한 번 느낄 수 있다.

6

호기심이
희망이다

"명상을 할 때 무슨 일이 일어났는가?" 스승이 거듭 질문했다. 샤론은 약간 흐느꼈다고 시인했다. "크게 울었는가?" 스승이 물었다. "그렇게 많이는 아닙니다." 샤론은 태연한 표정을 지으면서 답했다. 스승은 돌연 친절한 말투로 말했다. "명상 중에 울음이 나오면 온 마음을 다해서 울어야 한다."

6

chapter

붓다는 아주 예리하고 영민하게 마
음을 탐구했다. 오늘날 정신과 의사와 뇌 과학자들은 이제야 겨우 붓다
에 근접했다. 붓다는 마음이 독립해 있는 단일 결정체가 아니고, 한 모
습으로 고정되어 있지 않으며, 놀라울 정도로 변할 수 있음을 알았다.
마음이 여러 상황에 반응하여 능숙하게 대처하고, 생각하고, 동시에 스
스로 생각하고 있다는 것을 알아차릴 수 있다는 점도 알았다. 또한 자아
성찰이라는 마음의 능력이 트라우마에서 빠져나오는 길을 발견하는 데
핵심적이라는 것도 이해했다. 붓다는 기적 같은 정신 능력과 힘을 가끔
발휘하기도 했지만, 신앙으로 병을 치유하는 사람도, 자신의 손아귀로
누구를 장악하여 해방시켜주는 사람도 아니었다. 그러나 붓다는 스승
이다. 깨달음을 얻은 이후 그것을 자유롭게 베풀었고, 깨달음을 전할 때

도 도움이 필요한 사람의 형편에 맞게 다양한 방식을 적용했다.

　나는 내가 주재하는 주말 워크숍 참석자들에게 소리 명상을 가르친다. 참석자에게 자신의 전화 벨소리에 마음의 문을 열라고 말할 때, 붓다의 방법을 사용하려고 노력한다. 명상 수행을 통해 벨소리를 듣게 되면 우리가 평소에 소리를 듣는 방식에 변화가 생기고, 좋고 싫음에 바탕을 두고 세상을 대하는 평소의 경향성에서 빠져나오게 된다. 주위에서 무슨 일이 일어나고 있는가에 예민하게 신경을 쓰는 대신, 불쾌한 소리를 싫어하고 달콤한 소리에만 귀를 기울이는 대신, 우리는 단순하고 보다 개방적으로 소리를 듣게 된다. 우리는 소리를 듣는 다른 관점을 발견하고 확립해야 한다. 이것이 자아가 평소에 지배하고 있는 영역 저 너머로 가는 길이다. 그것은 '그저 듣기만 하는 것'이라고 볼 수도 있는데, 생각보다 훨씬 복잡한 일이다. 소리를 듣는 동안 우리는 듣는 자신을 인식한다. 동시에 그 '들음'이 우리 내면을 자극하고 일깨우는 것도 의식한다. 평소의 선입견에 사로잡히지 않게 되면 중립적인 입장에서 들을 수 있다. 앞 장에서 이야기한 (아버지를 보내드린 지 얼마 지나지 않은) 그 여성은 이렇게 다르게 듣는 훈련으로 치유 효과를 보았다.

자아는 어디로?

―

마음챙김 수행을 하면 평소에 강하게 작동하던 자아통제 기능과 안전에 대한 욕구가 서서히 조금씩 줄어든다. 이는 자아의 중심점이 사고

하는 마음에서 호흡이나 우연히 들리는 소리처럼 중립적인 대상으로 지속적으로 옮겨가기 때문에 가능하다. 해리 현상을 치료하는 전문가가 증언하길, 트라우마에 반응하는 자아는 트라우마가 주는 상처나 혼란에서 자신을 보호하는 데 최우선으로 관심을 보인다고 한다. 통합성을 유지하고 파편화와 고통을 피하려는 노력이 자아의 사고하는 마음에 집중된다. 자아는 이런 임무에 책임을 지고 위협적인 것을 몰아내고자 한다. 그러나 이런 기능은 자아의 제한적이고 협소한 범위 내에서 긴장된 상태로 수행된다. 이렇게 되면 트라우마가 일으킨 참을 수 없는 감정을 포함한 불편한 자아의 내용물은 종종 주변으로 내쫓기고, 가끔은 의식 영역 밖으로 내몰린다. 우리는 이런 대응을 합리적인 과정으로 생각한다. 거기엔 분명히 합리적인 사고 과정이 동원된다. 그러나 치료 전문가들은 자아를 너무 심하게 통제하고자 하는 것은 한계가 분명할뿐더러 결국엔 합리적이지도 못한 노력이라는 붓다의 주장에 동의한다. 왜냐하면 그 방식은 감정을 배제시키기 때문이다.

마음챙김 명상에서는 보호가 필요한 자아가 중립지대에 놓인다. 관찰하는 자아는, 통제하는 자아와 인격의 해리된 부분 사이의 공간으로 미끄러져 들어가 관찰을 한다. 사고를 하는 대신 호흡이나 소리를 중심으로 주의를 집중한다. 사고는 의식의 장에서 관찰되는 또 하나의 대상이 됨과 동시에 우월한 지위를 박탈당한다. 붓다가 가르친 대로, 즐거운 것에 매달리지도 불쾌한 것을 밀어내지도 않고, 의식의 장으로 들어오는 모든 것에 똑같은 주의를 기울인다. 이런 과정은 처음에는 어렵지만, 일단 경지에 도달하면 그다음부터는 놀랄 정도로 쉬워진다. 처음에는 중립적인 대상에 주의를 집중하는 법을 배우고, 그다음에는 무엇인가 조절하려고 애쓰기보다 아무것도 선택하지 않는 인식 상태로 편안하게 이완하는 상태를 배운다. 자아의 지위가 줄어들면서 각성한 의식은 예상 밖의 놀랍고 새로운 내용으로 채워진다. 그러면 의식은 각성되어 있지만 마치 꿈의 세계에 사는 느낌이 든다. 휴대전화 벨소리 명상을 소개한 부분〔5장 말미〕에서 언급한 여성은 개인적인 의미를 떠올리는 아버지의 벨소리에 놀랐다. 그런데 소리 명상에서는 이 외에도 놀라운 일들이 많이 일어난다.

불교의 고유 언어에서 명상을 표현하는 단 하나의 단어는 없다. '명상'에 가장 가까운 표현을 번역하면 '정신 발달'이 된다. 붓다가 가르친 바와 같이 명상 수행은 사고, 감정, 신체감각의 모든 것을 인식이라는 관찰의 장으로 가져와 잘 들여다보는 수단이다. 이것은 우리가 오늘날 '무의식'이라고 부르는 것을 의식화시키는 것일 뿐 아니라, 의식적인 것을 더욱 의식적으로 만드는 것이다. 붓다의 시대에 이미 여러 종류의 명상법들이 널리 수행되고 있었지만, 당시의 명상은 오로지 집중만을 강조하는 기술이었다. 붓다는 깨달음을 얻기 전에 이런 명상기법을 모두 완전하게 익혔지만, 마음에 여전히 불편한 구석이 남아 있었다. 만트라 같은 소리, 촛불 같은 이미지, 사랑과 자비 같은 감정이나 어떤 생각에 집중하는 것처럼 하나의 대상에 마음을 안착하는 것은 좋다. 이것은 마음에 힘을, 감정에 안정과 평화와 평정을 준다. 이것은 동양철학을 조금 아는 프로이트가 "대양감(oceanic feeling)"이라고 부른 것이다. 하지만 이런 방법으로 마음이 이완될 수는 있겠지만, 이전에 받은 트라우마에서 마음을 자유롭게 할 수는 없다. 붓다는 이후 이런 차원을 넘어섰고, 더 많은 것을 성취했다.

한 발짝 물러서서 예리하게 바라보기

—

붓다가 가장 도움이 된다고 본 명상은 연속해서 일어나는 실제의 지각을 매순간 알아차리는 것이다. 이는 하나의 대상에 그저 마음을 안착하는 것이 아니라, 마음에 일어나는 것을 중립적인 입장에서 관찰하는 것이다. 인간이라는 존재는 자신을 성찰하면서 동시에 무엇이 일어나는지 스스로 관찰할 수 있는 특수한 능력을 갖고 있다. 붓다의 수행 방법은 인간의 이런 능력을 발휘하고 계발하는 것이다. 티베트 불교도들은 이런 명상을 마음의 한구석에서 '스파이 의식'을 형성하여 무엇이 일어나는지 도청하는 것이라고 말한다. 프로이트도 이와 유사하게 정신분석은 "그곳에서 일어나는 모든 것을 관찰하면서, 모든 판단을 중지하고, 그 모든 것에 중립적인 주의를 기울이는 것"이라고 말했다. 사람들은 이런 종류의 '자기 인식'에 도달하면 마음이 모든 비밀을 드러낸다는 것을 알고 깜짝 놀란다. 붓다는 이러한 정신적 발달을 '마음챙김'이라고 부르고, 호흡을 마음챙김 명상 수행의 출발점으로 삼았다. 호흡을 바라보면 마음을 바라보는 연습이 된다. 그러면 마음에서 일어나는 것에 반응하지 않고 마음의 흐름을 자연스레 관찰할 수 있게 된다. 그것이 모든 가족이 죽고 나서 처참해진 파타차라에게 입혀

준 나이 든 승려의 외투고, 붓다가 모든 사람에게 제공한 안식처다. 많은 정신치료 임상가들이 마음챙김에서 중요한 시사점을 얻고, 스트레스 감소 기법의 하나이자 정신치료 보조기법으로 마음챙김을 가르치기 시작했다. 그리고 뇌 과학자들은 마음챙김 수행으로 이룩한 '자기인식' 및 자비와 연관된 뇌 영역을 발견하여 알려왔다.

이런 수행의 맛을 체험하려면, 상체를 바르게 펴고 조용히 앉기 바란다. 앉는 자리가 의자든 소파든 상관없다. 바닥에 다리를 꼬고 앉아도 된다. 등을 바로 세우라. 원한다면 편안하게 누워도 된다. 눈을 부드럽게 감아라. 그리고 그저 듣는다. 주위에서 나는 소리와 고요함을 듣는다. 그 어떤 소리에도 집중하지 말고, 소리가 왔다 갔다 하면서 흘러가게 두라. 자동차 경적 소리든, 냉장고 소리든, 보일러 소리든, 아이들 목소리든, 개 짖는 소리든, 아무 소리도 없는 것이든, 들려오는 것이 무엇인지 마음이 알아차리는 순간을 관찰하며 모든 소리를 통으로 듣는 노력을 하라. 소리를 알아차릴 때 '듣기'가 멈춰지지 않도록 주의하라. 그저 그 소리가 무엇인지 알아차리고 나서, 순수한 소리와 듣는 행위로 돌아가라. 마음이 흔들릴 수 있다. 흔들리면 다시 주의를 소리로 돌려라. 짧은 순간 후에 돌아가든, 여러 생각이 흘러간 다음에 돌아가든 상관없다. 어떤 지점에서 당신은 '아, 듣지 않고 있구나. 생각하고 있구나.' 하고 알게 될 텐데, 그때도 다시 소리로 돌아올 수 있다. 당신의 마음을 아무것도 모르는 어린아이의 마음처럼 대하라. 부드럽지만 단호해지라. 명상은 마음이 흔들린다는 것을 알아차릴 때 그 마음을 되돌리는 것이지, 처음부터 마음이 흔들리지 못하게 하는 것이 아니다. 당신은 본능적으로 어떤 소리보다 다른 소리를 더 선호한다는 것을 알게 될 것이다. 그렇더라도 흔들리지 말고 계속 들어라. 좋아하는 것과 좋아하지 않는 것을 관찰하되, 취향이 당신을 지배하지 못하게 하라. 음악을 듣듯이 모든 것을 들어라.

5분 후든, 10분 후든, 15분 후든, 원하는 순간 다시 눈을 뜨고 일상으로 돌아가라. 그러면 잠시 동안 사물이 더 생생하게 느껴질 것이다.

지금까지 소개한 것은 명상의 첫 단계에 지나지 않는다. 마음챙김이 완전히 꽃을 피운 상태에서는 정신의 두 가지 명백한 특징인 이완과 관찰이 진실로 균형을 이룬다. 위에서 언급한 명상에서는 마음이 먼저 이완된 다음에 탐색하고자 하는 가능성이 형성된다. 마음을 가라앉히고 가만히 소리를 듣다 보면, 우리의 사고 기능과 마음에서 해리된 모든 것 사이에 존재하는 틈 속으로 들어가게 된다. 자아는 중립 상태에 머무는데, 그게 멍한 백지상태를 일컫지는 않는다. 우리는 여전히 그 자리에 있되, 두서없는 마음보다는 호흡이나 소리에 보조를 맞추면서 새로운 지점에서 관찰할 수 있게 된다. 수행을 통해 성취한 이러한 "한 걸음 물러선 마음" 또는 "편안히 안착한 마음"은 종종 놀랍게 느껴진다. 나는 내 머릿속에서 생각하는 그 누군가가 바로 나의 진정한 실체라고 항상 생각해왔다. 그러나 명상 수행을 하면서 인식에 이런 변화가 생기자, 생각에 끌려다니는 대신 생각을 관찰할 수 있게 됐다. 그것은 혁명과도 같은 일이었다.

붓다는 마음챙김을 높은 곳에서 전체를 바라보는 이의 공평무사함과 환자를 진찰하는 의사의 예리함에 비유하여, 마음챙김의 두 가지

상반된 특징을 부각시켰다. 마음챙김은 한 발짝 물러섬과 예리한 탐색을 동시에 격려한다. 우리를 중립 공간에 풀어놓고, 거기에서 비판적인 질문을 던지도록 해준다. 마음챙김은 수동적이면서 동시에 능동적인 성질도 갖고 있다. 마음챙김은 자업자득이라고 생각하면서 괴로워하거나, 무엇을 단순히 받아들이는 것이 아니다. 최근 사망한 미국의 참선 지도자 존 다이도 루리(John Daido Loori)는, 불교를 그저 고요함에 대한 것이라고만 여기는 사람은 가만히 앉아 있다가 똥이 목에 차오르는 꼴을 당하고 말 것이라고 경고했다. 마음챙김의 능동적이고 탐색적인 차원은 이런 경향에 반대한다. 마음챙김은 중립적인 관점에서 우리 내면 풍경의 이상한 점을 감지하도록 우리를 독려한다. 체계를 세우고 안정을 추구하려는 자아의 요구에 더 이상 일방적으로 끌려다니지 않으며, 세상이나 자기 자신을 대할 때 쓰곤 했던 '가면'을 더 이상 쓸 필요가 없게 되면, 우리의 인격에 심겨진 오랜 습관에서 해방될 수 있는 가능성이 생겨난다.

명상과 호기심

얼마 전 매사추세츠 주의 시골 마을에서 일주일간 조용히 안거하던 도중, 나는 이 점을 상기했다. 안거는 일상생활에 방해받지 않고 마음챙김을 할 기회다. 일상의 혼잡함과 의무에서 해방되어 수행을 하면 마음챙김의 힘이 더욱 강해진다. 일상에서 해방된 중립적인 공간에서 생활을 하는 건, 더 오랜 시간 동안 마음챙김을 수행하며 수행을 통해 무슨 일이 일어나는지 볼 수 있는 좋은 기회다. 나는 예전에 이런 안거 수행을 자주 했는데, 항상 희망과 두려움을 안고 안거에 임하곤 했다. 그 체험은 참으로 즐거웠지만 지루하기도 하고 통렬하기도 했으며, 종종 이 세 가지 감정이 함께 뒤섞여 나타나기도 했다. 무엇보다도 수행 기간에 무슨 일이 일어날지 전혀 예측할 수 없는 시간이기도 했다.

이번 안거에 들어가기 전에 이웃에 사는 조셉 골드스타인의 집에 잠깐 들렀다. 조셉은 오랫동안 나와 함께 공부한 법사이며, 깊은 명상 상태에 들어가고 나가는 데 능숙한 진정한 명상 전문가다. 스무 살 때 나는 그를 알았고, 그는 나를 명상으로 이끌어주었다. 나는 조셉을 멘토로 여긴다.

내가 조셉에게 말했다. "아는 사람마다 내게 안거에 들어가는 것이 흥미로운 일이냐고 묻습니다." 그러고서 "'흥미롭다'는 단어는 적절해 보이지 않습니다."라고 말했는데, 그때 나는 고요하게 앉거나 걸으면서 명상을 했던 과거의 시간들을 떠올리고 있었다. 그러고는 덧붙여 말했다. "그렇다고 딱 맞는 단어가 생각나지는 않습니다. '편안하다'라는 표현도 그렇게 적합하지 않습니다."

"'호기심 나는(curious)'이라는 단어는 어때요?" 조셉이 답했다.

나는 그 대답에 충격을 받았다. 안거 수행을 하며 여러 해를 보냈었지만, 나는 '호기심 나는'이라는 단어를 전혀 생각하지 못했었다. 아마도 불교 세계에 몰두한 다른 사람들처럼 나 역시 명상이 주는 이완 효과에만 너무 집착했는지도 모른다. 또 안거 수행에서 경험할지도 모르는 초월 체험을 은연중 진지하게 바랐는지도 모른다. 안거 수행이 단순한 이완이나 초월이 아니라 투쟁 이상의 투쟁임을 알았을 때, 나는 때로 속임을 당하거나 맥이 빠진 기분이 들기도 했었다. 왜냐하면 안거 수행은 오로지 천국에서 보내는 휴가 같아야 한다고 생각했기 때문이다. 이번에 특별한 안거에 들어가기 전, 조셉과 짧은 대화를 나눌 수 있어서 좋았다. 그와 나눈 대화 덕분에, 이번 안거에서 마주치게 될 그 무언가에 대비할 수 있었다.

부서진 꿈

—

안거 둘째 날 새벽, 갑자기 불안이 밀려와서 잠에서 깼다. 새벽 3시 반이었다. 잠을 충분히 자지 못하고 이른 시간에 깨버려 화가 잔뜩 났다. 나는 왜 잠에서 깼는지 몰랐다. 아마 자면서도 긴장을 하고, 기억나지 않는 꿈도 꾼 것 같다. 갑자기 거기에 내가 있었고, 잠에서 깼다. 하루나 이틀 정도 명상을 하면 마음이 편안해져 밤에 깨지 않고 충분히 잠을 자고 스트레스도 받지 않을 거라 기대했었다. 그런데 잠을 자다가 한밤중에 깨다니. 수면제의 일종인 앰비엔(Ambien)을 안거 동안 먹는 것은 말도 안 되는 일이라는 생각이 들어 하는 수 없이 자리에서 일어났다. 그리고 명상 자세로 앉으려고 몸을 추슬렀다. 차가운 2월 한밤중에 나는 담요를 뒤집어쓰고 두 눈을 크게 뜬 채 방석 위에 앉아 마음을 집중하는 데 최선을 다했다. 1시간 정도 명상을 한 다음 다시 자리에 누웠다. 그리고 다음과 같은 꿈을 꾸었다.

　차에 새 컴퓨터, 아이패드, 가방 몇 개, 유모차, 미술용품 상자 등 등 짐을 잔뜩 싣고 아내와 함께 집으로 돌아오는 길이었다. 아내는 차에서 내려서, 넘어졌다가, 일어나서, 집 쪽으로 걸어갔다. 나는 길 한쪽에 차를 대고, 차에서 짐을 내렸다. 유모차를 꺼내고, 머리 위로 스웨터를 벗고, 뒤를 돌아다보았다. 그사이에 내 차가 가버렸다. 차가 사라지는 지평선을 보는 사이 머릿속에선 익숙한 어느 구절이 떠올랐다. "거기 있다고 확신하던 것을 찾지 못할 것이다." 꿈속에서 나 자신을 향해 빙그레 웃은 것을 기억한다. 마치 내가 꿈꾸는 것을 알고 있기나 한 것처럼. 그러나 실은 차와 물건을 잃어버릴까 봐 안절부절못했다. 사실 그때 머리에 떠오른 구절은 불교에서 따온 것이다. 그 구절은 이전에 있다고 확신하던 자아가 실제로는 아무 데도 존재하지 않는다는 의미로, 명상 체험에 대한 것이다. 분명히 있을 거라고 간주했던 자아를 발견할 수 없을 때, 아찔한 느낌을 받는다고 한다. 내가 꿈에서 느낀 감정이 바로 그러했다. 그것은 혼란스러운 감정이었다. 아내를 불렀지만 아무 대답이 없었다. 경찰을 불렀다. 경찰은 나에게 잠시 기다리라 했고, 나는 집으로 걸어갔다. 아내에게 차를 잃었다고 말하기가 두려웠다. "준비하고 나가자." 나는 아내에게 말했다. 아내는 화내지 않았다. 나는 안심하고 아내와 함께 운동장을 가로질렀다. 사람들이 잔디밭에서 불 게임(boule game, 큰 금속 공을 굴리거나 던져 작은 목표물 공 가까이에 붙이는 게임—역주)을 하고 있었다. 내 머리로 공이 하나 날아왔다. 나는 그 공을 피하려고 머리를 숙였다. 가슴이 두방망이질을 쳤다.

그리고 잠에서 깼다. 또 잠에서 깬 것이다. 아침 6시였다.

꿈에서 깨자, 조셉과 나눈 대화가 생각났다. 조금 전에 가까스로 모면한 상황 때문에 가슴이 쿵쾅거렸다. 이는 내가 안거에 참가하려고 서명을 할 때 기대한 것이 아니었다. 적어도 잠은 푹 잘 거라고 생각했다. 여전히 안거 동안 마음이 이완되는 편안한 느낌이 재빨리 주입되기를 내 마음 깊숙한 곳에서 희망하고 있었다. 나는 내가 당한 이 괴로움에 원통했지만 조셉의 말을 되새겨보았다. 그 주 내내 계속 여러 가지 꿈을 꾸었다. 그 꿈들은 모두 너무 생생해서 잠에서 깨도 전부 다 기억났다. 조셉의 말에 담겨 있는 지혜가 점점 분명해졌다. 마음챙김은 평소와는 다른 방식으로 내가 꿈속의 자아를 관찰할 수 있게 해주었다. 평소 나는 이와 유사하게 해리적인 요소로 가득 찬 꿈을 꾸었을지 모르지만, 잠에서 깨어나 일상으로 돌아가면 즉시 잊어버렸다. 그러나 안거 기간에는 바깥 환경이 그다지 혼잡하지 않기 때문에 내면세계를 충분히 탐색할 수 있었다. 안거 동안 낮에는 상대적으로 조용하고 평화로웠다. 반면 밤의 꿈속에서는 브레이크도 없는 차를 시속 100킬로미터로 몰며 유럽의 교외를 다니다가 급정거해서 차를 180도 회전하면서 끼익 하는 소리를 내야 할 지경이었다. 나는 낮의 명상 수행에서는 나름대로 무엇을 했을지 모르지만, 그것과 상관없이 내 무의식은 불안과 바로 직면해 있었다.

정신분석가 마이클 아이젠(Michael Eigen)은 꿈 분석에 탁월하다. 안거가 끝난 후 몇 개월이 지났을 때 그가 꿈에 대해 통찰한 글을 읽었는데, 안거 동안 마음챙김이 강해지고 정신적 방어기제가 풀리면서 내게 어떤 일이 일어났는지 이해하는 데 많은 도움을 받았다. 그는 다음과 같이 썼다. "탈무드에서 말하기를 모든 꿈은 하나님에게서 온 뜯지 않은 편지라고 한다. 우리는 너무나 많은 편지를 열지 않거나 열어 볼 엄두조차 내지 못한다. 그러나 어떤 편지는 우리의 뇌리에서 떠나지 않는다."[01] 꿈은 정서 체험을 드러내고 심화하는 방법이자, 정서 체험을 소화하는 수단이라고 그는 생각한다. "꿈의 핵심은 드러난 내용이 아니라 정서 체험이다." 꿈은 잊어버리고 싶은 우리 자신의 모습을 보여주는 동시에 우리가 회상하지 않을 수 없는 것을 잊게끔 도와준다. 꿈은 트라우마 체험을 붙들고, 때로는 그 체험을 처리하고, 심지어는 해소하는 수단이다. 아이젠은 다음과 같이 언급한다.

우리는 꿈을 대부분 완결하지 못한다. 완결하지 못한 꿈의 체험. 꿈을 방해하고 좌절하게 하는 무엇인가가 일어난다. 체험의 둥근 원은 미처 완결되지 못하고, 완성 직전에 부서진다. 꿈은 부서지고, 중단되고, 부족하고, 파편화된 무엇인가를 묘사하고 있는 것 같다. 완결되지 못하고 중단된 바로 그 체험이 극화되어 우리에게 주어지는가 보다. 끝을 맺지 못한 무엇인가에 대한 감정이 우리 내면을 이루는 조각이라는 듯. 완결되지 못한 삶과 감정에 대해 넌지시 일러준다. 갈 데까지 가지 못하고, 완전히 충족한 상태에 이르지 못한 무언가가 일어난다. 꿈은 조각이 나고, 우리는 도중에 중단된 체험에 대해 지각한다. 부서진 꿈들은 우리 존재의 부서진 측면을 표현한다.[02]

부서진 꿈들이 우리 존재의 부서진 부분을 표현한다는 발상은 아주 적절하다. 이는 일상의 트라우마와, 해리된 재앙이지만 여전히 우리의 일부를 이루고 있는 조각 및 파편에 관해 이야기하는 또 다른 방식이다. 이런 트라우마 체험은 우리의 인식 바깥에 매달려 있다. 무의식화된 트라우마 체험은 꿈에서 엿보인다. 또 홀로 있을 때, ('정상(normal)'이 되고자 하는 시도들 아래 깔려 있는) 드러나지 않는 슬픔이나 불안의 느낌으로 우리를 성가시게 한다. 그러나 이런 트라우마가 자기 목소리를 충분히 내도록 허락할 만큼 우리가 안정감을 느끼는 경우는 드물다. 즐거운 감정으로 가득 찬 안거를 보냈다면 나야 더 좋았겠지만, 그것은 붓다가 가르침을 펼칠 때 마음에 두고 있던 그런 길은 아니다. 앞에서 언급한 호기심이라는 취지 아래 안거 동안 내가 한 일은, 내가 체험하는 모든 감정들이 머물 공간을 마련하고, 어떤 꿈이라도 상관없이 꾸어지게 두고, 어떤 감정이라도 느껴지게 두며, 내 자만심에 상처를 주는 것이었다.

마이클 아이젠은 부서진 꿈에 대해 설명하면서, 그가 "지속적 결합"이라 이름 붙인 것 안에 우리가 원치 않는 내면의 요소들이 우리가 받아들일 수 있는 요소들과 함께 있으며, 우리 안에서는 "성난 신"과 "자비로운 신"이 동시에 활동하고 있다고 계속 주장한다. 편안한 감정은 부분적으로는, 불쾌한 감정을 피하지 않고 그것을 체험의 동등한 일부로 받아들일 때 온다. "환자나 자기 자신을 대할 때 우리가 하는 일은 이런 연속적인 과정, 내면의 변화, '지속적 결합'의 탈바꿈에 필요한 공간적 여유를 마련하는 것이다. 제거하려고 하지 마라. 우리는 그것을 제거할 수 없다. 심지어 열반에 들어서도 당신은 그것을 제거할 수 없다. 그것을 제거하는 건 우리 자신을 제거하는 것이다. 따라서 그것과 함께 사는 법을 배우고, 평가의 틀을 더욱 넓히고, 마음의 운동장을 개방하고, 더 많은 공간을 만들어주어야 한다."[03] 나는 이 내용을 이론으로도 체험으로도 이미 안다고 생각했지만, 안거 동안 꾼 꿈에서 강한 불안을 느끼고 당혹해했다. "지친 자에게 휴식은 없다."고 나는 안거 셋째 혹은 넷째 날 맞은 불안한 밤에 잠에서 깨어 중얼거렸다. 그날 밤 나는 마지막 꿈 장면에서 신발을 찾지 못하다가 갑자기 잠에서 깨어났었다.

"거기 있다고 확신하던 것을 찾지 못할 것이다."라는 불교 경전의 구절을 떠올리던 장면이 나온 내 첫 번째 꿈은 붓다의 특별한 발견에 대해 말해주고 있다. 그 발견은 붓다의 호기심에서 나왔고, 붓다의 트라우마를 치료하는 데 도움을 주었다. 불교 관점에서 보면 마음챙김 수행의 최종 대상은 자아 감각이다. 자아의 존재를 믿는 우리에게 자아가 어디에 있느냐고 도전적으로 질문하고 정서 체험을 자아를 탐색하는 훈련 기회로 활용하는 것이 명상의 능동적인 면이다. 짜증나고 불안하고 좌절하고 화났을 때, 감정을 탐색하면서 '누가' 이런 감정을 느끼는지 찾는 노력을 한다. 이런 조사 과정을 때로는 "내적 정체성 습관" 또는 "내적 정체성 본능"이라고 부른다. 이는 우리가 무의식적으로 자신이 '절대적으로' 실재한다고, 다시 말해 절대적으로, 변함없이, 지속해서, 완전히 홀로, 이 순간 실제로 우리 자신이 존재한다고 여긴다는 뜻이다. 그리고 불교심리학에서는 이를 일컬어 "자아 절대화의 감옥"이라 한다. 컬럼비아 대학의 종교학 교수인 로버트 서먼(Robert Thurman)은 자신이 만난 몽골 라마승의 이야기를 인용한다. 그가 1960년대 뉴저지 교외에서 만난 라마승은 말했다. "당신이 실재하지 않는다는 것이 아닙니다. 우리는 모두 우리가 실재한다고 생각하며, 그것은 틀린 것이 아닙니다. 당신은 실재합니다. 그러나 당신이 정말로 실재한다고 생각한다면, 당신은 자아를 과장한 것입니다." 우리가 당연히 그래야만 한다고 생각하는 우리 자신의 모습이 우리가 정말로 누구인지 아는 것을 방해한다.

첫 번째 꿈을 꾸고 나는 이 원리를 떠올렸다. 꿈에서 내 차도 없이, 나를 이동시켜줄 운송 수단도 없이, 모든 것을 함께 묶어주는 자아도 없이, 나는 해체됐다. 그러나 명상 수행과 마음챙김이 주는 안정감 덕분에 나는 자아의 걸출함이 축출되는 장면을 흥미롭게 볼 수 있었다. 안거 수행의 전 과정을 통해서 나는 더 풍부하고 깊이 나를 탐구했다. 부서지고, 중단되고, 파편화된 꿈들은 스스로를 표현할 수 있는 공간을 확보했다. 그리고 '정말로' 내가 실재해야 한다는 욕구에 덜 매달리면서 나는 진정으로 꿈들의 목소리에 귀를 기울일 수 있게 되었다. 내가 발견한 것은 내 워크숍에서 돌아가신 아버지의 전화벨 소리를 들은 딸의 체험과 궤를 같이한다. 나는 잃어버리고 부서진 나 자신의 요소들과 더 연결되면서 스스로 더 개방되고 있음을 느꼈다.

온 마음을 다해서 울어라

내 친구이자 법사이고, 내가 묵은 수행 센터의 장인 샤론 샐즈버그 (Sharon Salzberg)는 나와 비슷한 체험을 한 자신의 집중명상 수행담을 들려주었다. 샤론의 문제는 불안이 아니라 슬픔이었다. 샤론은 아주 뛰어나고 엄격한 미얀마 스님의 지도 아래서 명상을 했다. 하루에도 몇 번씩 스님을 찾아가 명상 중에 체험한 것을 보고하면서, 마음속에서 순간순간 실제로 일어나는 것을 말했다. 이런 만남은 의례적인 분위기에서 진행되었다. 자주 만났지만 한 번에 만나는 시간은 그렇게 길지 않았으며, 스승은 목소리가 걸걸하고 말이 적고 무서웠다. 그 집중명상 수행에서 샤론은 명상을 하면서 약간 흐느껴 울었다. 그러나 샤론은 스님에게 자신의 슬픔이 어느 정도인지 말하기를 주저했고, 자신이 느낀 강한 감정을 다소 부끄러워했다. 이 경험은 샤론의 기대에 어긋났으며, 수행에서 으레 달성되어야 하는 것과도 별로 어울리지 않는 듯이 보였다. 안거 동안 꾼 꿈이 내 기대에 맞지 않았던 것처럼 말이다.

샤론은 집중수행 체험으로 딜레마에 빠졌다. 그 딜레마는 조용한 환경과 스승의 인정을 받고 싶은 욕심 때문에 더욱 깊어졌다. 그녀가 집착한 자아, 그녀가 정해두었던 이상적인 스승의 모습과 자신에 대한 이미지 때문에 샤론은 감정을 적절하게 조절하지 못했다. 면담시간에 자신의 감정에 저항하며 그 감정들을 폄하했다.

스승이 "명상을 할 때 무슨 일이 일어났는가?"라고 거듭 질문하자, 샤론은 결국 약간 흐느꼈다고 시인했다. "크게 울었는가?" 스승이 물었다. "그렇게 많이는 아닙니다."라고 샤론은 태연한 표정을 지으면서 답했다. 스승은 돌연 샤론에게 아주 친절하게 대하면서 "명상 중에 울음이 나오면 온 마음을 다해서 울어야 한다."고 말했다.

샤론과 스승의 대화는 붓다가 깨달은 바의 핵심을 찔렀다. 마음챙김 중에 이완과 탐색 사이에서 균형이 잡히면, 우리는 정서 체험 속으로 완전히 들어가는 동시에 그 체험과 일정한 거리를 유지할 수 있다. 이렇게 기꺼이 불편함을 껴안고, 명상의 품속에서 불편함을 '유지'시키고, 불편함을 무력화시키는 대신 그것에 생명을 불어넣으면 치료 효과가 일어난다는 것이 밝혀졌다. 여기에 비밀스러운 의제가 있다. 그것은 붓다의 삶 이야기에 뿌리를 두고 있으며, 샤론에게 충고했을 때 미얀마 스승이 분명히 알고 있던 것이다. 자아는 그 자신의 목표들을 손쉽게 뛰어넘을 수 있다. 불편한 감정에서 우리를 보호하려는 노력은 원하지 않던 결과를 초래할 수 있다. 한 종류의 감정을 차단하는 것은 결국 모든 감정을 차단한다. 우리 자신을 트라우마의 참을 수 없는 감정에서 보호하려면 사랑, 기쁨, 공감에도 문을 닫아야 한다. 인간성은 감정에 기거한다. 그리고 피하고 싶은 것에 직접 호기심을 기울일 때 우리는 인간성을 되찾는다. 이것이 붓다가 아내와 갓난아기를 뒤로하고 출가를 해서 자신의 트라우마와 반복해서 부딪히며 6년을 보낸 끝에 우연히 발견한 깨달음이다.

샤론에게 온 마음을 다해서 울어보라고 격려했을 때, 스승은 마음챙김으로 함양된 호기심을 기울여 슬픔을 탐색하기를 권하며 샤론을 그녀 자신의 슬픔 속으로 초대한 것이다. 슬픔을 저지하려는 과정

에서 샤론은 자신도 모르게 슬픔에 힘을 부여하고 슬픔을 '진짜 실재'
로 만들어버렸다. 슬픔을 작게, 또 정말로 사라지도록 만들려다 말이
다. 스승은 샤론이 만든 분열이 치유되도록 도와주려고 노력했다. 한
쪽에는 샤론의 자아가 있고, 다른 한쪽에는 샤론의 슬픔이 있다. "온
마음을 다해서" 울게 되면, 샤론이 자신의 정서적 고통이 아니라 정서
적 현존을 회복할 수 있다는 것을 스승은 이해하고 있었다. 고통스런
감정에서 스스로를 보호하고자 하는 자아의 욕구를 약화시켜 자아의
정서적 기반을 회복시키는 것. 이것이 스승이 비밀스럽게 추진한 의제
이다. 마음챙김을 통해 샤론은 자아와 원치 않는 감정 사이의 공간 속
으로 들어갔다. 샤론은 스스로 만든 분열 속에서 마음챙김을 하며 가
만히 둘러보았다. 스승은 유사한 경험에서 얻은 지혜를 바탕으로 샤
론에게 화해의 열쇠를 주고, '자기 손상'을 극복하는 수단을 일러주고,
그녀가 스스로와 하나가 되는 기회를 주었다. 그것은 단순한 '자기 관
찰'도 아니고, 감정에 그저 굴복하는 것도 아니다. 마음챙김의 자질들
을 모두 기르고 온 마음을 다해서 울기를 주문하면서, 스승은 샤론이
모르던 그녀 자신의 마음에 대해서도 알려주었다. 샤론의 마음은 스스
로 성장하기 위해 샤론의 고통을 활용한 것이다.

7

기쁨의 발견

"왜 내가 그런 쾌락을 두려워하는가? 그 쾌락은 사실 감각적 욕망이나 유해한 것과 아무 상관이 없지 않은가. 그러고서 나는 생각했다. '나는 그런 쾌락을 두려워하지 않는다.' 왜냐하면 그것은 감각적 욕망이나 유해한 것과 아무 상관이 없기 때문이다."

그때에 비로소 붓다는 스스로 "자신의 등불"이 되었으며 자신의 "창조적이고 광대한 즐거움과 함께하는" 깨달음에 도달한다.

정서 체험을 이용하여 마음을 계발
하는 것은 불교심리학의 핵심이다. 그러나 붓다가 이를 곧바로 깨달은
것은 아니다. 이를 깨닫기 위해 붓다는 자신만의 영적 여행을 떠났다.
이런 깨달음의 과정은 수세기 동안 회자된 붓다의 이야기 속에 기록되
어 있다. 깨달음의 과정은 흥미롭다. 붓다의 여행은 어머니가 천상으
로 떠나갔을 때 경험했던 트라우마를 극적으로 마주하며 시작된다. 이
번에 급작스레 떠난 사람은 붓다였다. 아들이 태어난 직후 붓다는 영
적인 양식을 찾기 위해 아내와 가족을 버리고 거친 인도의 숲으로 떠
났다. "위대한 떠남"을 강행한 당시의 마음 상태는 깨달음의 여행이
끝날 때와는 완전히 달랐다. 고통을 축복과 연결해서 이해하는 미얀마
스승의 마음 상태보다는, 샤론이 자신과 자기 슬픔을 분리해서 이해하

거나 내가 스스로 불안을 해리하는 마음 상태와 오히려 더 가까웠다.

붓다가 이치를 이해하는 데는 시간이 오래 걸렸다. 출가 이전에 붓다는 분명히 쾌락을 충족하는 삶을 살았다. 죽음, 질병, 늙음을 알지 못하도록 왕궁 안에서 보호받았고, 타인의 고통을 보지 못했다. 어머니의 죽음처럼 즐겁지 않은 것은 생각조차 못하도록 보살핌을 받았다. 인간의 능력이 미치는 범위 안에서 인생의 근본적인 트라우마로부터 보호받았다. 붓다는 오랫동안 이런 상황을 원래 그런 것이라고 당연하게 받아들였다. 백합 연못, 백단향, 바라나시산 비단, 하얀 차양을 좋아했다. 그러나 어느 시점부터 모든 물질적인 위안을 믿을 수 없었다. 붓다의 인생에 죽음, 늙음, 병듦이 침투했다. 성장하면서 품은 자부심과 자만심에 어울리지 않는 증거도 속속 발견되었다. 고타마는 이에 아주 격렬하고 극적으로 반응해 모든 것을 버렸다. 출가를 통해 자신의 소유물을 모두 버리고, 매여 있던 것을 모두 풀어버렸다.

팔리 경전의 유명한 야사(Yasa) 이야기는 바로 이 주제를 다룬다. 야사는 바라나시에서 온 부유한 상인의 아들로, 붓다의 초기 제자 가운데 한 명이다. 야사 이야기는 붓다가 성 밖에서 네 가지 광경을 목격한 이야기와 마찬가지로 시간이 흐르면서 붓다의 이야기 속으로 녹아들었다. 그래서 사람들은 대부분 야사에게 일어난 일을 붓다에게 일어난 일이라고 생각한다. 그러나 팔리 경전에서는 야사에게 일어난 일과 붓다에게 일어난 일을 명확하게 구분한다. 붓다가 야사를 만난 때는 붓다가 깨달음을 성취하고 사성제를 처음으로 설법한 직후이자 유명한 '불의 설법'을 하기 직전이다. 두 사람의 대화는 불교의 핵심을 다룬다. 이 만남은 자발적으로 이뤄졌으며, 붓다와 상인 계층 출신 사이에 이뤄진 첫 만남이다. 만남의 성격은, 요즘으로 치면 치료사가 공황 발작이나 공포증 환자와 만나는 상황과 유사하다. 그 만남은 야사의 마음에 불어닥친 갑작스러운 위기 상황에서 비롯되었다. 야사는 마음의 불안과 발작 때문에 결국 붓다를 직접 대면했다. 야사와 만나 나눈 대화는 붓다 자신의 생각이 혁명적으로 바뀌는 데 엄청난 영향을 주었다. 왜냐하면 야사가 처절하게 고민하던 문제가 붓다가 오랫동안 씨름한 끝에 해결한 것이었기 때문이다.

야사 이야기

―

야사는 붓다처럼 특별한 보호를 받으면서 연약하게 성장했다. 또한 붓다처럼 여름, 겨울, 우기를 대비하여 집을 세 채 갖고 있었다. 야사는 비가 오는 4개월 동안 마을에 내려가지 않았다. 우기 별장에 머물면서 밤새도록 여성 악사들과 함께 즐기기만 했다. 더 바랄 것이 없는 삶이었다. 어느 날 야사와 시종들은 일찍 잠이 들었다. 밖은 완전히 캄캄했다. 방 안에서는 희미한 등불만이 밤새 타올랐다. 새벽이 오기 전, 야사는 잠에서 깨어 일어나 주위에 흐트러진 모습으로 잠들어 있는 여성 악사들을 보았다. 등불이 드리운 그림자 때문에 조금은 뒤틀려 보였다. 한 여자는 팔 아래 피리를 깔고 자고, 다른 여자는 턱 밑에 탬버린을 두고 자며, 또 다른 여자는 작은 북을 안고 잠들어 있었다. "한 여자는 머리카락이 흐트러지고, 다른 여자는 침을 흘리고, 또 다른 여자는 잠꼬대를 했다. 마치 무덤을 보는 것 같았다. 그 광경의 추함이 야사를 정면으로 내리쳤다. 야사는 마음이 아팠고, '무서워. 끔찍해.'라고 외쳤다."[01]

야사는 집 밖으로 달려 나왔다. 사랑스럽던 여성 악사들의 모습이 끔찍하고 역겨웠다. 아직 사치스럽고 화려한 것을 모두 버릴 준비가 되지 않았기에, 야사는 금으로 만든 신발을 신고 밖으로 나가면서 잠시 주춤했다. 그러고서는 마을 가장자리로 걸어갔다. 그가 당도한 곳은 이시파타나(Isipatana)에 있는 사슴 공원이었는데, 그곳에는 붓다의 첫 설법을 듣고 새로운 깨달음을 얻은 다섯 제자와 붓다가 함께 머무르고 있었다. 붓다는 동이 트기 전에 일어나 공원을 산책하며 걷기 명상으로 몸을 풀고 있었다. 멀리서 야사가 이른 아침 햇살에 반짝이는 금신을 신고 다가왔다. 붓다는 조용히 앉아서 야사가 도착하기를 기다렸다. 붓다에게 도착할 때쯤, 야사는 다시 한 번 "무서워! 끔찍해!"라고 외쳤다. 잠에서 깨어나 목격한 장면이 마음에 뿌리를 내리고서 강박적으로 계속 떠올랐기 때문이다.

수년간, 나는 야사 이야기를 다룬 여러 문헌을 살펴보았다. 수많은 예술 작품에서 이 이야기를 그려냈고, 여러 판본의 붓다 일대기에서 다양하게 윤색해 싣고 있었다. 그중 고타마가 자신의 왕궁에서 이런 끔찍한 장면을 새벽녘에 본 것으로 기록하는 경우가 가장 흔하다. 이 사건으로 붓다는 곧바로 아내와 아이를 버리고 출가했다. 또 붓다가 세속적 욕망의 밑바닥을 처음 맛본 사건으로 야사 이야기를 다루는 문헌도 많다. 이 이야기를 읽을 때마다 나는 항상 불편했다. 이 이야기는 감각적 욕망을 암묵적으로 비난하고, 여성을 비하해서 묘사하고 경멸하기 때문이다. 나는 이 이야기가 주는 표면적인 교훈을 다음과 같이 이해했다. 욕망은 실망을 주고, 아름다움은 사라지며, 성적 유희에의 중독은 재앙이다. 그런데 이 이야기를 다양한 글들에서 수차례 읽으면서 나는 정신적으로 힘들었다. 이야기의 주인공이 침 흘리며 자는 여성을 보고 느끼는 역겨움 때문이었다. 이런 묘사는 여성의 섹슈얼리티(성교에 대한 지향, 성향, 취향 등을 일컫는 말—역주)에 대한 남성의 만연한 두려움, 또는 섹슈얼리티에 대한 남성의 일반적인 경멸과 너무 유사해서 받아들이기가 굉장히 불편했다. 예술가들은 이 이야기를 다양하게 변용하면서 그 여성들을 창녀로 표현하거나 덕스런 남성 주인공에게 치근대는 음탕한 여자로 묘사했다. 나는 이런 가치 판단이 들어간 묘사가 불교 우화에 별로 어울리지 않는다고 늘 생각해왔다.

붓다의 방어 전략

—

내 나름의 시각으로 경전을 읽기 시작하면서, 나는 이 이야기를 윤색한 여러 글들에서 공통으로 묘사하는 것이 팔리 경전이 말하는 본래 취지에서 어긋나 있음을 비로소 알게 되었다. 원전에 담긴 미묘함은 훨씬 더 풍부했다. 붓다는 야사가 극도로 불안해서 외치는 소리를 듣고, 무조건 야사를 다독이지 않았다. 고행 수행을 하던 시기의 붓다라면 야사와 비슷하게 반응했을지도 모르지만, 붓다는 야사에게 다른 방향으로 나아가도록 권유했다. 붓다는 큰 불안에 사로잡힌 야사와 친밀하게 대화하며 호기심의 중요성에 관한 자기의 독특한 이해와 깨달음을 전했다. 어떤 상황에도 호기심의 중요성은 변하지 않는다.

"이것은 무섭지 않다. 이것은 끔찍하지 않다. 야사여, 이리 와 앉아라. 너에게 법을 설하겠다."라고 붓다는 말했다.

곧바로 안도한 야사는 붓다를 따라서 "이것은 무섭지 않다. 이것은 끔찍하지 않다."라고 말했다. "야사에게 행복과 희망이 가득 찼다. 야사는 금신을 벗고, 여래께 갔다."[02] 경전에 의하면 붓다는 계속 가르침을 전하여 야사를 불교의 핵심으로 데려갔다. 붓다가 이때 설법한 내용이 후일 불교 교리의 틀을 형성했다. 그 핵심에는 야사를 다시 세우려는 노력이 있었다. 세상을 무서워하거나 자신의 판단에 따라 보는 대신, 있는 그대로 세상을 바라보며 희망을 유지하는 태도를 붓다는 야사에게 가르치고자 했다. 이런 태도는 붓다가 자기 변화를 추구하는 영적 여행에서 뿌린 씨앗들이다. 그 여정에서 붓다의 태도가 야사와 비슷하던 해리라는 심리방어에서 이완과 탐색, 그리고 호기심으로 변했다. 그 결과 붓다는 탐닉과 아집과 고행이라는 극단의 자세를 버리고, 인간 본성의 핵심인 유쾌한 자비심을 가슴에 품게 되었다. 경전의 서술처럼 야사는 붓다 옆에 앉았다.

"야사가 붓다 옆에 앉자, 축복받은 자 붓다는 야사에게 힘을 주는 설법을 계속했다. 보시, 덕, 천상에 대해 설법하고, 감각적 쾌락의 위험성, 덧없음, 추함과 금욕의 축복을 설명했다. 야사의 마음이 준비되고, 수용적이고, 장애에서 벗어나고, 간절히 바라고, 믿을 만해졌다고 본 붓다는 자신의 특별한 가르침인 사성제를 설법했다. 티끌 하나 없는 깨끗한 천에 물감이 고루 배듯이 야사는 부처님의 설법을 받아들였다. 붓다 옆에 앉아 설법을 들으면서 흠 없고 순결한 진리(Dharma)의 영상을 마음속에 떠올렸다. '태어난 모든 것은 결국 사라진다.'"03 야사를 '물감이 고루 잘 배는 천'의 이미지에 비유한 대목을 눈여겨봐야 한다. 이 이미지는 야사가 더는 자신에게서 해리되지 않는다는 것을 잘 표현한다. 자아와 원치 않는 감정 사이의 균열은 이제 야사에게 존재하지 않는다. 붓다가 통찰하고 깨달은 것이 자연스럽게 그에게 흘러 들어갔다. 이것을 막는 아무런 구김살도 얽힘도 없다. 그리하여 야사는 붓다의 가르침을 진리의 근본으로 삼고, 태어나는 모든 것은 사라진다는 삶의 피할 수 없는 트라우마를 견딜 수 있게 되었다.

야사의 최초 반응, 즉 두려움과 끔찍함에 대한 표현은 그가 보고 느낀 트라우마가 어떤 성질인지 잘 말해준다. 야사는 자기 삶의 핵심인 "일상의 삶을 절대시하는 경향"을 뚫고 나오는 그 무엇을 보고서 마음이 매우 아팠다. 아마도 그는 자신의 자아를 떠받치기 위해 의존하고 있던 감각적 쾌락이 원래 실체가 없다는 것을 별안간 이해했을 것이다. 아니면 자신의 중독적인 갈망이 일으킨 고통과 직면했는지도 모른다. 경전을 자세히 읽어보면, 야사가 마주한 위기가 인간 존재에 관한 것임을 짐작할 수 있다. 그 위기란, 야사가 삶의 밑바닥에 깔려 있는 트라우마들을 피하고자 진짜 세상 대신 무대 장치들을 바라봐 왔다는 사실이다. 야사는 여성 악사들의 흐트러진 모습을 보고 현실의 불안정한 본질을 잠시 볼 수 있었지만, 그 통찰을 유지하지는 못했다. 그는 두려웠고, 다른 사람이나 대상을 비난함으로써 그 두려움에서 벗어나려 했다.

불교문화에서는 의식하지 못하는 사이에 이런 방어 전략을 반복 구사했다. 여성을 비난하면 해결되는가? 아니면 섹슈얼리티를? 아니면 두 가지를 모두 비난하면? 야사의 이런 반응은 사실 붓다가 초기에 보여준 모습과 거의 유사하다. 이런 이유로 야사의 이야기와 붓다의 이야기는 의심할 여지없이 뒤섞여버렸다. 야사는 붓다가 처음 한 실수를 그대로 저질렀다. 붓다는 그것을 바로잡기 위해서 6년의 세월을 보냈다. 붓다 역시 처음에는 극단적인 방법을 사용하여 일상의 트라우마를 해결하려 했다. 모든 것이 두렵고 끔찍하게 느껴졌으며, 그 역시 안전하지 못했다. 붓다는 이러한 느낌들을 없애고자 할 수 있는 모든 시도를 했다. 그러나 야사가 붓다에게 왔을 때, 붓다는 이미 다른 해결책을 확립해두고 있었다. 어디에도 기댈 데 없는 인간 존재의 본질에 대한 통렬한 체험을 통해, 붓다는 불안이나 두려움과 싸우기보다는 그것들을 잘 보살피는 방법을 깨달았던 것이다.

누가 내 토스트를 먹었는가

—

최근 나는 포레스트 레퓨지(Forest Refuge)에서 안거를 보냈다. 불안한 꿈으로 가득했던 안거 이후 1년 만이다. 거기서 나는 야사를 떠올리는 경험을 했다. 야사와 내 경험을 비교하는 것은 무리가 있을지 모른다. 야사가 여성 악사의 흐트러진 모습에서 한밤중에 두려움을 느꼈다면, 나는 나의 모든 근거가 빠져나가 아주 무기력해지는 체험을 했기 때문이다. 포레스트 레퓨지에서 보낸 일주일의 마지막 날 아침 식사 중이었다. 수행 기간에 내가 먹은 음식은 정말 훌륭했지만, 나는 며칠 내내 토스트를 먹고 싶어 미칠 지경이었다. 갓 구운 빵이 머릿속에서 떠나지 않았다. 빵을 그렇게까지 염원할 필요는 없어 보이는 식단이었지만, 빵만 살짝 더해진다면 그 채식 식단은 완벽해질 것이었다. 그런데 그날 아침에 드디어 빵이 나왔다. 물론 글루텐이 없는 병아리콩 분말로 만든 빵이었다. 그래도 훌륭했다. 빵 한 조각을 잘라서 살짝 구운 후 버터를 바르고 살구 잼도 조금 발랐다. 차도 한 잔 준비해 조용히 내 자리로 돌아왔다. 마음이 잘 집중되었다. 토스트를 들고 한 입 베어 물었다. 아주 맛있었다. 씹고 맛보고 삼켰다. 입안에 있는 걸 다 삼키기도 전에 벌써 또 한 입 먹고 싶었다. 달콤함이 가시고 토스트가 입안에서 거의 사라져, 한 입 더 먹을 준비가 되었다. 나는 기다렸다. 마음챙김을 하면서 먹어야 한다는 수행 지침을 상기했다. 다음 한 입을 베어 물기 전에 먼저 입속에 있던 것을 다 먹어야 했다.

그다음에 무슨 일이 일어났는지는 기억이 희미하다. 아마도 다음 날 아침 해야 하는 빨래 생각에 마음이 이리저리 흔들린 것 같다. 특별히 더 생각할 일은 아니었지만 생각은 멈추지 않았다. 빨래를 한 번에 다할까, 아니면 두 번에 나누어서 할까? 세탁기에 한꺼번에 다 넣을 수 있을까? 내 옷가지를 다 빨아서 집에 가면 아마도 아내가 기뻐하겠지? 그다음 기억은 누군가가 토스트를 다 먹어버려서 토스트가 이제 없다는 사실이었다. '누가 내 토스트를 먹어버렸단 말인가?' 나는 빈 접시를 노려보면서 마음속으로 울부짖었다. 그 상황이 다소 우습게 느껴지기 바로 전 아주 잠깐 동안, 토스트를 둘러싸고 벌어진 일은 그때까지 살아온 내 삶을 은유적으로 드러내 보여줬다. 맛볼 준비가 되었지만 사라져버린 것이다. 나는 크고 텅 빈 게걸스러운 구멍을 응시했다. 그 구멍에는 내 토스트와 내 삶이, 늘 그렇듯 놓여 있었다. '누가 내 토스트를 먹었는가?' 나는 접시에 남아 있는 빵 부스러기를 손가락으로 쓸어내리면서 다시 한 번 되뇌었다.

바로 이 점에서 나는 야사와 닮아 있었다. '그것은 무섭고, 끔찍했다!' 나는 야사의 고통이 어느 지점에서 왔는지 이해했다. 야사는 여성 악사들의 어두운 면을 보았고, 나는 내 토스트가 사라진 것을 목격했다. 죽음이 아가리를 벌리고 나를 집어삼키려 했고, 나는 선택을 해야 했다. 나는 불안 발작을 일으킬 수도 있었고, 마음챙김으로 돌아갈 수도 있었다. 나는 잠시 산책하기로 마음먹었다.

1980년대 초 요한 바렌드렉트(Johan Barendregt)라는 네덜란드의 심리학자는 공포증의 기원에 대한 논문을 발표했다. 그 논문의 내용은 붓다와 야사의 대화 그리고 내가 잃어버린 아침 시간과 연관이 있다. 바렌드렉트는 공포증과 그에 연관된 두려움은 무근거성(groundlessness)을 느끼는 것에 기원을 둔다고 말했다. 삶의 바탕에 트라우마가 있다는 것을 얼핏 본 야사처럼, 또 토스트가 있던 그 자리를 응시한 나처럼, 사물의 무상함과 무차별성을 느끼면 우리가 근거하는 일상적인 삶의 절대주의는 완전히 그 힘을 잃어버린다. 이런 얼핏 봄은 예기치 않게, 다양한 모습으로 다가온다. 외국여행을 하고 있을 때, 음악을 들을 때, 교회에 앉아 있을 때 찾아오기도 한다. 대부분의 사람들은 '그것'을 제대로 다룰 수가 없어서 자신이 다룰 수 있는 무언가로 대체하고자 허둥댄다. 그렇게 대처한 결과 때로 강박적 두려움이나 불안이 나타나기도 한다. 우리가 아는 야수가 우리가 모르는 야수보다 낫다. 바렌드렉트는 릴케를 인용하면서 릴케가 '그것'에 직면하는 "빛나는 용기"를 지닌 사람으로 평가받길 원했다.

바렌드렉트는 자신에게 익숙한 행동주의(의식이 아닌 겉으로 드러나는 행동을 심리 탐구의 대상으로 하는 심리학의 조류 — 역주) 심리학자의 용어를 사용하여, 자신이 치료하던 불안장애 환자들이 '그것'을 어떻게 표현하고 있는지에 대해 계속 언급한다. '그것'이 의미하는 것은 애매하고 간접적으로 서술되었다. 왜냐하면 '그것'의 본질적인 핵심은 당혹스러움이기 때문이다. '그것'은 기존의 지각, 사고, 감정의 범주로는 더 이상 충분하게 감당할 수 없는 체험이다. 더는 의미를 포착할 수 없고, 연관성도 볼 수 없고, 기능적으로 대응할 수도 없는 그런 체험이다. 더 극단적으로 표현하면, '그것'은 구조의 붕괴 또는 합리성으로부터의 일탈 체험이다.[04]

바렌드렉트의 결론은 다음과 같다. 강박 불안과 공포는 대부분 자기 자신의 무실체성(insubstantiality)을 상기하는 끔찍함에 대한 반응이다. 혼란스러움을 바라보는 그 상황이 바라봄 그 자체보다도 오히려 더 공포의 초점이 된다. 그리하여 야사와 같은 사람은 여성의 섹슈얼리티에 불안 발작을 일으키게 된다. 왜냐하면 그의 깊지 않은 통찰이 바로 그 상황에서 이루어졌기 때문이다. 토스트 한 조각을 먹는 맥락에서 끔찍한 불안을 경험한 걸 보면, 나는 음식에 대한 강박사고 또는 강박행동적 의식(儀式)을 발전시켜왔는지도 모른다. 우리는 스스로 견디기 힘든 것에 대해 해리를 일으킨 다음, 감이 잡히는 무언가의 주위에 우리 자신을 재정립한다. 바렌드렉트가 자신이 치료하던 환자의 근심과 걱정을 서술한 바와 같이 "이 '그것'의 상황은 아주 비현실적이고 아주 터무니없기 때문에, 환자는 자신이 견딜 수 있는 방향으로 회복하려고 필사적으로 애를 쓰고, 공포 속에서 자신의 방향을 찾으려고 한다. 이것이 '그것'의 공허함보다 견디기 수월하다. 공포 그 자체는 부정적인 체험이기 때문에, 이에 대처하는 방어기제는 그것을 견디고 합리화하는 방향으로 발달한다."05

　야사와 마주 앉은 붓다는 누구나 빠지기 쉬운 이 함정을 피할 수 있도록 그를 도와주었다. 야사의 강박적 불안을 논파하고 이인화 현상(자기 몸의 감각, 느낌, 정서, 행동 등이 자기 것이 아닌 것으로 느껴지는 현상—역주)을 통합할 수 있는 수단을 제공했다. 샤론이 미얀마 스승과 자신을 자기의 깊은 슬픔으로부터 멀리 떨어뜨려 놓고자 한 것처럼, 야사는 자신이 우연히 발견한 충격적인 사실이 자신에게 가까이 오지 못하도록 최선을 다해 막았다. 혼란스러운 광경에서 도망쳐서는 자신의 멍든 자아를 앞세우고 단호하게 붓다에게 왔다. "무서워! 끔찍해!"라고 반복되는 외침에서 우리는 공포증의 숨길 수 없는 단초를 볼 수 있다. 그런데 붓다는 야사의 두려움을 지지해준 것이 아니라, 무상함을 볼 수 있도록 야사를 도우면서 그에게 새로운 방향을 설정해주었다. 많은 불교도가 믿는 바와는 달리 붓다가 야사에게 감각적 쾌락은 불결한 것이라 말하지 않는 것에 주목해야 한다. 붓다는 야사에게 감각적 쾌락에 내포한 불결함과 공허함, 즉 사람들이 자신의 실체가 없다는 진실을 피하기 위해 감각적 쾌락을 어떻게 이용하는지를 알려주었다. 감각적 쾌락이 불결하다고 말하는 것과 사람들이 불안을 달래기 위해 감각적 쾌락을 이용한다고 알려주는 것 사이에는 중요한 차이가 있다. 그리고 그 차이야말로 붓다 가르침의 핵심이다. 쾌락이 문제가 아니라고 붓다는 가르쳤다. 문제는 집착이다. 현재 마음챙김 수행에서 잘 보존되고 있는 이 통찰을 붓다가 쉽게 성취한 것은 아니다. 붓다는 이것을 발견하기 위해서 많은 것을 해내지 않으면 안 되었다.

착한 고타마는 왜 불행했을까

출가 초기에 붓다는 가족과 함께했던 이전의 삶에 완전히 등을 돌렸다. 자기가 목격한 끔찍함을 여성 악사들의 탓으로 돌린 야사처럼, 붓다도 처음에는 가족에 사로잡힌 삶이 문제라고 생각했다. 늙음, 질병, 죽음의 현실을 피할 수 없다는 것을 알았을 때, 붓다도 야사처럼 실존적 두려움을 느꼈을 것이다. 아내와 갓 태어난 아들을 떠나 숲 속으로 간 붓다는, 당대에 가장 위대하고 뛰어났던 수행자들과 함께 정진했다. 당시 북인도의 숲에는 요가, 명상, 금욕의 전통이 체계적으로 정립되어 있었다. 거기서 고타마는 최고의 경지에 도달한 스승에게서 배웠다. 그들은 물질적 획득과 감각적 쾌락에 중점을 두는 일상생활을 거부하고 경멸했다. 거기에서 붓다가 할 수 있는 수행은 두 종류였다. 하나는 최고로 숭고한 경지에 도달하기 위해 요가와 명상을 하는 것이었고, 다른 하나는 흔들리지 않는 부동의 상태를 얻기 위해서 고행에 의존하는 방법이었다. 요가와 명상은 초월적 영혼의 무한한 하늘에 도달하기 위한 것이고, 고행은 안정되지 못하고 격렬하게 흔들리는 육체와 욕망의 바다를 길들이기 위한 것이다. 영적 갈망을 해소하기 위한 이두 가지 수행법은 남아시아에서 오랜 역사를 지닌다. 붓다 이전에도 수천 년 동안 전해져왔고 오늘날에도 여전히 남아 있다. 불교는 천 년 전 이슬람의 침입으로 인도에서 사라졌지만 말이다.

고타마는 초월 수행을 아주 빨리 정복했다. 두 명의 위대한 스승을 발견하고 그 밑에서 수행했지만, 스승의 이룬 경지에 실망하고 떠났다. 마음을 가라앉히고 신비한 합일을 지속시키는 것을 배웠지만, 붓다는 이런 바다 같은 명상 상태에서 지속적인 평안함을 발견할 수 없었다. 어떤 면에서 붓다는 저 높은 신들의 거처로 가기 위해 땅 위의 집착을 뒤로하고 천상 세계로 올라간 자기 어머니를 흉내내고 있었다. 이런 체험은 몸과 마음에서 붓다 자신을 더욱 세차게 분리해서 오히려 해리 경향을 더욱 강하게 했다. 그리해서는 삶의 밑바닥에 깔려 있는 트라우마에 대한 집착이 무엇 하나 해결되지 않았다. 명상의 숭고한 경지에서 다시 현실로 돌아오면, 여전히 이전 그 자리에 있었다. 자기를 계속해서 괴롭히는 그 불편함이 여전히 지속되었다. 스승에게 질문을 던졌지만, 스승 역시 이런 가장 근본적인 두려움을 정복하는 방법은 몰랐다. 그들도 일종의 최면 상태와 같은 어정쩡한 상태에서 근본적인 문제로부터 뒤로 물러나 있었다. 이런 상태에서 벗어나서 더는 깨달음의 상태로 나아가지 않았다. 두 스승은 모두 붓다에게 함께 머물지 않겠느냐고 제안했지만, 붓다는 거절했다. 자기 분석이 잘되어 자신의 신경증이 어린 시절의 무엇에서 기원했는지 명확히 알지만 여전히 남편과 아이들에게 분노를 터뜨리는 오늘날의 환자처럼, 고타마는 자신이 활용할 수 있는 전통적인 접근 방법에 대해 환상을 모두 버렸다. 절망에 가득 찬 붓다는 당시의 또 다른 경쟁적인 이데올로기인 '자기 학대'와 '자기 고행'의 길에 들어섰다.

만약 정신치료사가 붓다의 출가에 대해 한마디 한다면, 붓다 스스로 인정한 자신의 연약함과 아내와 자식을 버리고 고행의 길로 들어선 지독한 난폭성, 이 두 가지의 극명한 대조를 언급하지 않을 수 없을 것이다. 좋은 아들이 되어 아버지와 계모의 요구를 만족시키기 위해 애쓰면서, 붓다는 '보살피는' 자아를 형성했다. 우리는 그것을 '거짓' 자아라고 부른다. 그런 거짓 자아는 부모가 제공하는 혜택과 보호를 받기 위해 만들어진 자아이자 거짓된 자아이기 때문에 '연약'하다. 1969년에 위니컷은 바로 이런 환자의 사례연구를 발표한 적이 있다. 그 환자는 마음속의 비명에 지배당하고 있었지만 밖으로 표현할 수 없었다. 또한 자신의 어릴 적 감정을 해리했고, 부서진 자기 꿈 때문에 고통받았다. "이 환자와 면담한 내용 중 하나를 다시 살펴보았다. 분명한 사실 하나는, 그가 비명을 지를 수 있었다면 편안해졌을 거라는 점이다. 모든 면담에서 결코 일어나지 않는 대단한 사건은 비명 지르기다."[06]라고 위니컷은 기록했다. 샤론을 지도한 미얀마 스승도 바로 이 점을 지적하고 있었다. 샤론이 마음에 있는 것을 그대로 울음으로 토해내도록 격려한 의도는, 명상을 할 때마다 울음을 "결코 일어나지 않는 대단한 사건"으로 만드는 샤론의 성향을 깨뜨리려는 데 있었다. 미얀마 스승처럼 위니컷은 환자가 깊은 속내를 털어놓으며 흐느껴 울면, 환자의 정신이 성장한다는 것을 절감했다.

지금의 관점에서 보면 그리 새로운 이야기는 아니지만, 위니컷은 사례연구를 다룬 아름다운 글에서 임상치료 작업의 배경에 깔려 있는 이론을 보여주고 있다. "아이 엄마가 무엇인가 다른 활동, 예를 들어 바느질을 하는 동안 아이가 그 주위에서 노는 상황은 아이의 성장을 도와주는 좋은 환경이다. 어느 순간이라도 아이가 어떤 행동을 보이면 엄마는 바느질에서 아이에게로 관심을 돌린다. 만약에 엄마가 일에 몰두하여 아이의 처음 요구를 알아채지 못하는 상황이 온다면, 아이는 울기만 하면 된다. 엄마가 곁에 있어 울음에 반응할 수 있기 때문이다. 이 환자의 질병이 뿌리내리고 있는 나쁜 성장 환경에서는 아이가 울어도 엄마는 나타나지 않았다. 다른 말로 하면 이 환자가 갈망하는 울부짖음은 희망을 버리기 바로 전 최후의 울부짖음이다. 왜 그런가 하면, 그 울부짖음은 목적한 바를 달성하는 데 실패한 쓸모없는 울부짖음이기 때문이다."[07]

위니컷은 자신의 사례연구를 통해 치료에서 무엇이 중요한지를 보여주었다. 위니컷의 말처럼, 치료사가 이런 환자와 함께할 수 있는 최선의 작업은 "이해해주는 것"이다. 야사와 함께한 붓다와 마찬가지로, 위니컷은 그 상황이 두렵고 끔찍한 것이라는 입장을 지지하지 않고 그 대신 수년에 걸쳐 해리해온 감정에 공간을 만들어주었다. 나쁜 심리 패턴에 공감하며 자비로운 태도를 보이는 동시에, 오랫동안 잊혀진 좋은 심리 패턴을 "향하여 나아가게" 해준 것이다. "깊은 이해와 공감으로 환자는 울부짖게 된다. 말하자면 이때의 울부짖음은 희망과 함께하는 울부짖음이다."[08]

위니컷은 한 여성 환자를 치료하면서, 그 여인이 꿈속에서 어떻게 울부짖었는지 기술한다. 그리고 꿈을 꾸고 난 다음 여인의 상태는 놀라우리 만치 호전되었다. 내가 안겨 동안 꿈꾸기 시작한 것과 마찬가지로, 그 여인은 치료사와의 편안하고 안전한 관계 속에서 자신의 꿈을 기억하고 이용할 수 있게 되었다. 그리고 치료 과정이 진행되면서 지역 모임에서 노래를 부를 수 있게 되었다고 위니컷에게 전했다. 울부짖는 꿈이 노래 부르기로 이어진 것이다. 그리고 위니컷이 환자의 치료 시간에 늦게 나타나자, 치료사에게 얼마나 강력하고 또록또록하게 항의했는지도 기술했다. 여인의 분노는 이제 무력한 것으로 느껴지지 않고, 치료적 관계에서 더 잘 활용될 수 있었다. "우리는 생생하게 살아 있는 느낌을 체험하기 위해서 울부짖는 꿈을 꿀 필요가 있다. 그리고 올바르게 자신을 실현하는 한 과정으로 우리의 꿈을 생생하게 체험할 필요가 있다."[09]고 마이클 아이젠은 이후에 이 사례에 대해서 언급했다.

위니컷의 사례연구는 붓다의 수행 과정에서 대단히 중요한 지점을 조명한다. 트라우마를 겪은 자아에 대해 꿈꿀 준비가 아직 되지 않았던 동안에, 붓다는 처음에 그것을 제대로 인식조차 못한 채 '자기 처벌'과 '자기 고행'을 통해 트라우마를 표현했다. 섹슈얼리티의 충격적인 모습을 보고서 도망친 야사처럼, 붓다는 인간의 욕망이 다다를 수 있는 무시무시함과 끔찍함에 사로잡히고 말았다. 위니컷의 사례연구는 치료사가 이런 수치심의 변화 과정을 어떻게 이해하는지 잘 보여준다. 자신의 울음에도 나타나지 않은 어머니로 인해 아기가 절망을 느낀 사례에서 볼 수 있듯, 한 인간의 무력감과 의존성 및 거짓 자아의 원래 모습은 너무나 크고 끔찍하여 도저히 견뎌지지도 않고, 너무 원초적인 체험이라서 상징화되지도 않는다. 그것은 마음에 담아둘 수 없다. 무엇인가가 그 자리를 대신해야만 한다. 그것은 때로는 신경증이나 두려움, 공포증, 자신의 몸 또는 마음을 강박적으로 조절해야 한다는 사고와 행동으로 나타난다. 설사 고통스럽다고 할지라도 나 자신 또는 이 세상에 무엇인가 잘못이 있다고 먼저 생각하는 것이 공허함을 응시하는 것보다 더 견딜 만하다.

자기를 파괴한 사나이

고타마는 6년 세월의 대부분을 다섯 동료와 함께 금욕 수행을 하면서 유행했다. 그 다섯 수행자는, 후일 붓다가 깨달음을 얻은 뒤 네 개의 성스러운 진리(사성제)를 전하여 첫 제자로 삼은 이들이며, 또 붓다가 야사와 함께 있으면서 희망을 주는 것을 본 당사자들이다. 금욕주의란, 쾌락이 집착을 일으키기 때문에 쾌락을 제거해야만 이 환영적인 세계에 대한 집착을 부수고 순수한 영적 세계로 들어갈 수 있다는 발상이다. 일상적으로 필요한 것들을 육체에서 박탈함으로써 일종의 영적 힘 또는 '열(heat)'을 만들어내어 그것을 통해 신성함에 접촉할 수 있다고 보는 것이다. 편안함, 음식, 안전, 성(性)의 기본적 욕구에 젖어들면 예속의 길로 가는 반면, 그런 욕구에 굴복하는 것을 거부하면 자유의 길로 간다는 입장이다. 금욕 수행자는 붓다의 시대에 인도의 숲 속에 널리 분포했고, 현재도 인도 주변에 여전히 많다. 앨런 긴즈버그가 자신의 첫 인도 여행에서 목격한 장면이 바로 이들의 생활 모습이다.

붓다의 고행에 대한 전통적인 설명에서 읽을 수 있는 가장 흥미로운 견해는 붓다가 고행을 매우 격렬하게 했다는 점이다. 이는 한때 값비싼 바라나시산 비단에 싸여 있던 연약한 붓다의 모습과 완전히 다르다. 당시의 붓다는 당대의 머리를 빗지 않는 수행자, 불 숭배자, 뱀을 목에 두른 수행자만큼이나 맹렬했다. 붓다는 고통이 존재하지 않는 것과 같은 환경에서 자랐다. 전설에 의하면 붓다에게는 죽음, 파괴, 상실을 암시하는 모든 것을 막는 높은 벽이 세워져 있었다. 그러나 붓다는 스스로 고행하면서 이전의 이런 환경과 완전히 결별했다. 어린 시절에는 불행을 막는 방어벽이 완전하게 둘러쳐져 있었다면, 출가 이후 붓다는 고행하는 숲 속에서 그 불행 속으로 과감하게 뛰어들었다. 위니컷과 같은 치료사 입장에서는 붓다에 대해 다음과 같이 말할 수 있을 것이다. "자신의 여성적 요소를 가차 없이 거부하고, 거칠고 불쾌한 남성적 요소로 인격 전체를 뒤덮은 사람."[10]

금욕 수행을 통해 붓다는 자신의 공격성을 공개적으로 표출했다. 다시 말해 금욕 수행은 붓다에게 일종의 표현 수단이었다. 자기 몸과 마음을 공격 대상으로 삼음으로써 마음 놓고 공격할 대상을 발견한 것이다. 물론 그렇게 하는 사이 붓다의 몸과 마음은 붕괴할 위험에 계속 노출되었다. 붓다는 자기를 파괴함으로써 안정을 추구하려는 영적 행로를 걸으며 자기 고통의 벽에 머리를 찧고 있었다. 팔리 경전에서 거듭 언급하는 바와 같이, 당시 금욕 수행자가 이상으로 삼은 모습은 불이 닿기만 하면 금방 타버릴 "마른 땅 위에 놓인 마르고 시든 나뭇조각"처럼 되는 것이었다. 산스크리트어 '라사(rasa)'가 일컫는 것들, 말하자면 향긋한 액체, 향기, 맛, 진액, 욕망[11] 등이 자신에게서 완전히 빠져나간 상태를 붓다는 희망했다. 그리하여 인간적인 단점에서 완전히 자유로워지고 싶었다. 말 그대로 그의 혈관에 흐르는 수액을 다 빼버려서, 유랑하는 숲 속 금욕주의자들 사이에서 일반적으로 행해지던 불 희생제의에 쓰일 불쏘시개가 되고자 한 것이다.

고타마는 자기 욕망을 굴복시키고, 모든 유혹에서 자신을 격리하고, 의도적으로 자기 몸을 학대해서, 본능적 욕망을 완전히 제거하고 신의 경지로 도약하기를 원했다. 고타마는 수액을 완전히 빼버림으로써 지상의 독소를 완전히 제거하고 영적인 승화를 이룩할 수 있는 순수한 도구가 되고자 했다. 기록에 따르면 고타마는 다른 수행자에 비해서 무려 네 배의 노력을 기울였다고 한다. 그래서 마하쉬라마나(Mahashramana), 즉 "위대한 유행 수행자"[12]라고 불리게 되었다. 팔리 경전은 이런 헌신적인 '자기 학대'를 언급하는 데 인색하지 않다.

나는 생각했다. '이를 꽉 깨물고 혀는 입천장에 힘차게 붙이고 내 마음
으로 내 마음을 부수고, 옥죄고, 망가뜨린다면?' 그런 다음, 강자가 약
자의 머리나 어깨를 잡고 약자를 부수고, 옥죄고, 망가뜨리는 것처럼,
나는 이를 꽉 깨물고 혀는 입천장에 힘차게 붙이고 내 마음으로 내 마
음을 부수고, 옥죄고, 망가뜨렸다. 그렇게 하는 동안 겨드랑이에서 땀
이 뚝뚝 흘러내렸다.

나는 생각했다. '숨을 쉬지 않고 명상을 한다면?' 나는 입과 코로 쉬는
들숨과 날숨을 멈춰버렸다. 그렇게 하자 귓구멍에서 심하게 큰바람 소
리가 났다. 마치 대장장이가 풀무질을 할 때 나는 큰 소리 같았다.

나는 입과 코와 귀를 통한 들숨과 날숨을 멈춰버렸다. 그렇게 하자 격
렬한 바람이 내 머리를 잡아 찢었다. 그것은 마치 힘센 남자가 날카로
운 칼로 내 머리를 쪼개는 것 같았다. 그리고 내 머리에는 격렬한 고통
이 뒤따랐다. 마치 힘센 남자가 가죽 끈으로 내 머리를 강하게 잡아매
는 것 같았다. 그리고 격렬한 바람이 내 배를 도려냈다. 그것은 마치
능숙한 도살꾼 또는 그 하인이 날카로운 칼로 소의 배를 가르는 것 같
았다. 그리고 배 속에서 불길이 격심하게 타올랐다. 그것은 마치 힘센
두 남자가 약한 사람의 양쪽 팔을 붙잡고 석탄불 구덩이에 굽고 있는
것과 같았다.[13]

붓다는 계속해서 자신이 얼마나 야위었는지 설명한다. 하루에 한

주먹 정도의 곡식만 먹고, 눈은 마치 깊은 우물의 바닥처럼 움푹 파이고, 머리칼은 마치 비바람에 놓인 호박처럼 주름지고 시들고, 팔과 다리는 마치 빈 대나무처럼 되고, 갈비뼈는 "오래된 초가집의 낡아빠진 서까래"처럼 되고, 척추는 등으로 흘러내린 줄에 달린 구슬처럼 튀어나오고, 털은 그 뿌리에서 썩어가는 듯하고, 머리칼은 손으로 훑어 내리면 뭉텅이로 빠지고, 몸은 대소변을 볼 때 꼬꾸라졌다. 난파한 배였다. 같이 수행하던 다섯 동료는 그런 모습에 넋을 잃었다. 그들은 붓다처럼 자기 고행을 혹독하게 하는 이를 이전에 결코 본 적이 없었다. 고타마는 자신을 완전히 쥐어짜는 경지에 거의 다다랐다. 그는 자신을 점토 주전자를 깨는 돌 또는 돌에 맞아 깨진 점토 주전자에 비유했다. 깨뜨리는 것과 깨진 것이 하나나 다름없었다. 함께 수행한 다섯 동료들의 반응은 대단했지만, 다른 한편 황홀한 지복을 이끌어내는 그의 고유한 능력은 거의 고갈될 지경이었다.

어린 시절의 기억을 떠올리다

—

붓다 이야기의 이 지점에서 놀라운 일이 일어난다. 초자연적인 현상은 아니고 단지 순간적인 생각이 붓다를 스친다. 위니컷은 말년에 치료사로서 자기 역할을 얼마나 원숙하게 잘 수행했는지 언급하면서 다음과 같이 말했다. "우리가 그저 기다리기만 하면, 환자는 창조적으로 그리고 대단히 즐겁게 이해에 도달한다."[14] 이와 비슷한 일이 붓다에게도 일어났다. 어린 시절의 기억이 저절로 고타마 마음의 표면으로 부상했다. 난데없이 어디에서인지도 모르게, 잃어버린 기억이 떠올랐다. 고타마는 소변을 보기 위해 비틀거리면서 일어나 자신의 젊은 시절로 다시 돌아갔다. '자기 고문'으로 수년을 보내 두 발로 서지도 못할 지경에서 붓다는 소년 시절을 회상했다. 햇살이 눈부시고 부드러운 바람이 살랑살랑 부는 어느 날 어린 고타마는 잠부나무 아래에 행복하게 앉아 있었다. 조금 떨어진 곳에서 농부가 일을 하고 있었고 고타마의 마음은 평화로웠다. 쟁기질로 곤충, 알, 벌레 들이 찍혀 나가던 모습도 기억났다. "마치 자기 친지들이 죽는 것처럼 이상한 슬픔"[15]에 사로잡힌 어린 고타마의 마음 깊은 곳에서 그 불행한 생물에 대한 연민이 솟구쳐 올랐다. 어린 고타마는 곧 자비로운 마음을 가득 품고서 그 아름다운 하루 속으로 빠져들었다. "그리고 순수한 즐거움이 마음속에서 자연스럽게 일어났다."[16] 이런 기분이 온몸으로 번진 채 잠부나무 아래에 앉아 있으니, 자기가 수액으로 가득 찬 나무가 된 듯한 느낌이었다. 다른 경전에는 이때 해는 움직이고 있었지만 잠부나무의 그림자는 움직이지 않았다고 적혀 있다. 그림자가 그대로 있으면서 결가부좌를 한 어린 고타마를 보호해주었다.[17] 그 순간은 아주 특별했다.

'자기 고행'의 최고 지점에서 갑자기 이런 기억에 사로잡히는 것도 특이하지만, 더욱 기이한 사실은 이것이 붓다를 불안하고 두렵게 만들었다는 사실이었다. '이 불안은 무엇에 대한 불안일까?' 붓다는 의문에 사로잡혔다. 이 의문은 붓다의 호기심에 불을 댕겼다. '내가 잘 살펴봐야겠다.' 이런 호기심은 누구도 흉내낼 수 없는 붓다 수행의 특징이 되었다.

그 이후의 자기 분석에서, 붓다는 잠부나무 아래에서 맛보던 기쁨은 자신이 추구하던 깨달음의 핵심적인 그 무엇일 수 있다는 결론에 도달했다. 이것은 예상하지 못한 일이었다. 이런 기쁜 기억이 갑자기 떠오르기 전까지 붓다는 계속해서 모든 감정을 정화하여 자신보다 더 위대한 무언가와 연결되기 위해 인간의 신체를 떠나서 자신을 위로 끌어올려야 한다는 신념에 사로잡혀 있었다. 이때까지 해리의 방어기제가 무의식적으로 붓다의 수행 방법을 지배하고 있던 것이다. 내 분석으론, 출생의 지복을 견뎌내지 못한 어머니의 무능력을 내면화한 붓다는 어머니와 같은 [육체를 버리고 천상을 택하려는] 욕망에 휘둘리고 있었다. 그리고 자신의 무가치함을 부채질하면서 자기 자신을 적대적으로 대했다. 포기하려 했던 지복을 재발견할 수 있게 한 기억을 잘 살펴본 다음에 붓다는 마음을 바꾸었다.

"왜 내가 그런 쾌락을 두려워하는가? 그 쾌락은 사실 감각적 욕망이나 유해한 것과 아무 상관이 없지 않은가. 그러고서 나는 생각했다. '나는 그런 쾌락을 두려워하지 않는다.' 왜냐하면 그것은 감각적 욕망이나 유해한 것과 아무 상관이 없기 때문이다."[18]

이것이 붓다의 비판적 통찰이자 영적 여행의 핵심 포인트다. 그때에 비로소 붓다는 자기 자신을 신뢰하고, 성스럽다고 여겨지던 겉모습에 유혹되지 않았다. 붓다 자신의 용어를 빌려서 표현하면 스스로 "자신의 등불"이 되었다. 붓다의 기억은 중도(中道)의 기반이 되었다. 붓다의 중도는, 감각적 집착과 자기혐오라는 양극단의 사이에서 발견한 길이다. 중도는 새로운 발견이다. 그리고 위니컷이 임상 현장에서 직감적으로 발견한 것이다. 위니컷은 통상적으로 생각할 수 없는 것을 '이해함'으로써 환자에게 '자기 깨달음'을 위한 환경을 조성해주었다. 이때 비로소 붓다는 당대의 흐름을 거스르고 새로운 '자기 탐구법'을 개발하여 자기만의 성스러운 길을 가기 시작했다. 이때에 이르러 붓다에게서 해리 방어가 해체되고, 위니컷의 표현대로 붓다가 자신의 "창조적이고 광대한 즐거움과 함께하는" 깨달음에 도달한다.

자기를 증오하는 사람들

—

붓다의 발견은 심지어 오늘날에도 의미를 지닌다. 현대사회에도 자신을 자유롭게 한다는 명분으로 '자기 증오' 또는 '자기 부정'을 거듭 시도하면서 스스로를 고문하는 사람들이 있다. 예를 들어 거식증 환자는 붓다가 음식을 거부한 만큼의 강도로 먹는 것을 거부한다. 그들은 종종 자신의 감정마저도 거부하는데, 자신의 변덕스러운 감정을 강박적인 조절 욕구로 대체한다. 다소 뚜렷하지 않은 방식으로 이런 문제를 보여주는 경우도 있다. 최근의 내 환자가 그렇다. 이 환자는 40대 후반의 남자다. 연설원고를 작성하는 일을 하고 있으며, 남몰래 오랫동안 동양의 영성에 관심을 두고 있었다. 그는 불교를 배우고 싶다며 나를 찾아왔다. 나는 그에게 무언가 몸과 마음에서 일어나고 있다는 의식이 들 때 그것이 무엇이든 편안하게 대하라고 했다. 그는 대단히 놀라워하며, "저는 그런 의식을 없애는 것이 핵심이라고 생각하는데요." 라고 말했다. 어린 시절의 기억을 떠올리기 전의 붓다처럼 그 남자도 자기한테서 도망치기를 원했고, 명상이 주는 이완을 좋은 휴식과 비슷한 것이라고 상상했다. 내가 명상에서 가장 중요한 것이 또렷한 의식으로 세계를 인식하는 것이라고 하자, 그는 처음에는 혼란스러워했다. 하지만 자신의 어린 딸과 함께 숲 속을 걸으면서 모든 것이 얼마나 생생하게 살아 있는지를 느끼고서는 감동을 받았다. 그가 추구하던 휴식은 인식을 최고조로 올렸을 때 오는 것이지 인식을 줄여서 생기는 것은 아니었다.

극단을 거부하는 붓다의 이런 모습은 우리 문화의 또 다른 경향에 대해 말해준다. 우리는 일상에 내재한 근본적인 트라우마에서 도망치려는 경향 때문에, 중도를 지키고자 하는 붓다의 반대편에 서게 된다. 내가 안거 기간에 토스트에 집착하는 모습을 보인 것처럼, 우리는 자신의 삶에 의미를 부여하기 위해서 감각적 쾌락을 쌓는 데로 눈을 돌린다. 우리는 이제 원하는 것이라면 어떤 것이라도 소비할 수 있고, 실제로 필요한 것 이상을 획득할 수 있다. 원하는 것은 무엇이든 손가락 하나로 살 수 있는 시대에서는 거대해진 욕망이 마음을 지배한다. 우리는 자신의 소유물과 열망에 들러붙어 있다. 이는 '정상이 되고자 하는 몸부림(the rush to normal)'의 또 다른 표현 양상인데, 붓다는 그런 태도를 조심하라 일렀다. 우리는 다른 사람들이 되고 싶어 하는 그 모습이 되고자 한다. 우리는 '편치 않음'을 느끼고 싶어 하지 않는다. 심지어는 자기로부터 자유로워질 때 자연스럽게 일어나는 보다 미묘한 기쁨에 대해서도 조심스러워 한다. MIT의 셰리 터클(Sherry Turkle) 교수가 《뉴욕타임스》에 기고한 바와 같이 우리는 스마트폰이나 태블릿 컴퓨터 같은 디지털 기기를 통해 강박적으로 타인과 접촉하려 애쓰지만, 타인과의 더욱 깊은 "대화는 피하면서" 그런 행동을 한다. 터클 교수는 다음과 같이 썼다. "나는 코드 만에 있는 한 오두막에서 여름을 보냈다. 소로우가 걷던 그 모래 언덕을 수십 일 동안 걸었다. 그리 오래지 않은 과거에, 사람들은 고개를 들고 걸었고, 하늘이나 바다, 모래, 그리고 서로를 쳐다보면서 이야기를 나누었다. 그러나 이제 사람들은 고개를 숙이고 걷고, 걸으면서 문자를 보낸다. 이제 친구, 파트너, 아이들과 같이 있어도 모든 사람이 자신의 전자기기에 몰두한다. 그래서 나는 말한다. 고개를 들어 하늘을 보고 서로 얼굴을 쳐다보라고. 그리고 모두 대화를 시작하자고."[19]

깨달음 혹은 감정의 귀환

붓다는 아마도 셰리 터클의 말에 동의할 것이다. 어린 시절을 떠올리던 바로 그 순간, 붓다는 스마트폰에서 눈을 떼 위를 쳐다보고, 강박적 '자기 몰두'에서 스스로 벗어났다. 그 역시 평범한 사람이 되고자 노력하고 있었거나, 적어도 자기가 상상하는 최고의 성인이 되려 했다. 그런데 운이 좋게도 붓다는 깜짝 놀라는 체험을 자연스럽게 하게 되었다. 종종 공포 반응을 일으키는 두려움을 느꼈지만, 호기심이 그를 안전하게 보호해주었다. 붓다는 자기의 두려움을 직시했고, 그 두려움이 별것 아님을 알았다. 붓다는 수주 동안 자신과 대화를 나누었고, 그 대화는 깨우침으로 마무리되었다. 그리고 붓다는 초기 제자 가운데 한 사람인 야사와 그 대화를 수년 동안 계속했다.

붓다는 '자기 탐닉'이 아니라 '자기 부정'의 측면에서 오류를 범했지만, 붓다 깨달음의 핵심은 양쪽과 모두 연관이 있다. 어릴 적 기억이 올라올 때까지 붓다는 해방의 씨앗이 이미 자기 내면에 있다는 사실을 인식하지 못했다. 자연스럽게 떠오른 기억 덕분에 붓다는 마음을 재조정할 수 있었고, 그렇게 하여 자기 자신과 관계를 맺는 방식을 둘러싼 갈등을 해소했다. 잠부나무 아래에서 기억한 기쁨이 쾌락을 맹목적으로 추구한 결과가 아니라면, 또 그 기쁨이 감각적 쾌락과 아무 관계가 없다면, 그 기쁨은 붓다 자신의 본성에 내재한 것이다. 그게 사실이라면 수액이 모조리 말라버린 나뭇조각이나 돌이 될 필요도 없고, 육체와 정신의 기반을 해칠 필요도 없었다. 이런 기쁨이 깨달음의 열쇠가 되는 것이라면, 깨달음에 접근하는 방법이 변해야 했다. 그렇다면 붓다는 이런 기쁨의 기억을 해방의 길로 나아가는 안내자로 어떻게 활용했는가? 붓다는 그 기쁨을 없애려고 노력하지 않고 오히려 그 기쁨을 찬찬히 들여다보며 탐색했다. 그는 그 기쁨을 내적 대화의 대상으로 끌어들였다.

붓다가 결정한 제일 첫 번째 일은, 자신의 기쁨을 지속하길 원한다면 먹어야 한다는 것이었다. "그렇게 말라빠진 몸으로는 즐거움을 얻을 수 없다. 내가 약간의 딱딱한 음식을 먹는다면?"[20] 경전을 보면, 이때 수자타(Sujātā)라는 젊은 여성이 붓다에게 쿰마사(Kummāsa)라는 죽을 약간 가져왔다. 붓다를 대단한 수행자라고 격려하던 다섯 수행자는 붓다가 수자타와 함께 있는 것을 보고 구역질을 느꼈다. 그들은 붓다가 약해지고, 치열함을 잃어버리고, 다른 스승에게 전향했다고 생각했다. 존경을 받던 교수가 뜬금없이 엉뚱한 이야기를 늘어놓을 때 우리가 보일 만한 반응이었다. "수행자 고타마는 자기 탐닉에 빠져서 영적인 투쟁을 포기하고 이전의 화려한 생활로 돌아갔다."[21] 그들은 비통해하면서 고타마를 떠났다. 그리고 방황하며 새로운 영적 구원을 찾아 헤맸다.

오랫동안 불교문화권에서 형성된 전설 가운데 이 사건은 중요한 의미를 띤다. 붓다의 어릴 적 기억과 죽은 어머니의 귀환 사이의 관계를 납득시키려는 듯, 어느 경전에서는 수자타를 오백 전생에서의 붓다 어머니로 묘사한다.[22] 또 다른 경전에서는 아들을 얻게 해달라고 나무 신에게 기도한 마을 여인으로 묘사한다. 소원을 실현한 여인이 공양물을 가지고 왔다가 붓다를 보고 나무 신의 현현이라고 생각했다는 것이다. 이 경전에서 붓다는 마른 불쏘시개와 같은 나뭇조각에서 나무의 진수로 변한 사람으로 인식된다. 물론 이 이야기를 정신분석학 시각에서 읽으면 젖가슴 이미지에 초점을 맞추게 된다. 수자타가 붓다에게 먹인 쿰마사 죽은, 어린 시절 붓다가 느꼈던 기쁨의 조력을 받아 붓다의 어머니를 천상으로 이끈 모자 사이의 짧은 합일을 떠올리게 했다.

음식을 먹고 나서, 붓다는 이전의 화려한 생활로 돌아가지 않았다. 그는 정말로 문제를 해결했다. 붓다는 중도를 택하기로 결심했다. 붓다는 자기감정, 육체, 생각에 휘둘리지 않았을뿐더러 그것을 제거하지도 않았다. 이해가 깊어졌고 애매한 것을 폭넓게 관용했다. 명상에 대한 전체적인 접근 방식도 극적인 전환을 이루었다. 마음으로 마음을 부수는 것을 추구하는 대신, 어린 시절의 기쁨과 그 기쁨이 촉발한 호기심이 자신의 명상 기법에 스며들어 영향을 주게 했다. 붓다는 이미 시작된 '자기 질문'을 저버리지 않으면서도 자신에게 엄격한 태도를 완화했다. 조심스럽게 잘 관찰하기만 하면, 쾌락으로 추동된 사고와 감정도 자기를 충동질하지 않는다는 것을 알게 되었다. 그것들은 흐르는 물의 거품처럼 마음의 표면 위에 나타났다가 사라졌다. 붓다는 쾌락으로 추동된 사고와 감정을 자신과 동일시하지 않고 그 내용에 사로잡히지 않으면서 더 깊은 기쁨에 접근할 수 있었다. 그 기쁨은 잠부나무 아래에서 어린 시절 자신이 우연히 발견했다가 잊어버린 기쁨과 정말 유사했다. 또 자신이 태어났을 때 어머니에게 생겨난 황홀한 지복으로 가는 기쁨이었다. 깨달음 이후 시간이 흐른 뒤, 붓다는 이 새로운 방법을 '마음챙김'이라고 불렀다.

붓다의 발견은 그에게 권능을 주었다. 얼마 뒤 붓다는 현재의 부다가야로 가서 네란자라 강가의 큰 무화과나무 아래에 앉았다. 붓다는 밀려오는 진리들로 충만해졌다. 그중 제일은 스스로에게 접근하는 방법이 근본적으로 달라진 점이었다. 붓다의 전기 작가 중 한 사람인 카렌 암스트롱(Karen Armstrong)이 언급한 바와 같이, 더는 자신의 실패에 매달리지 않고, 자기 마음이 작동하는 방식에 익숙해지기 위해서 자신을 반성하여 인식했다. "마음의 가능성을 발굴하기"[23] 위함이었다. 해리의 날들은 지나갔다. 대신 그 자리에 새롭게 형성된 능력이 들어섰다. 그것은 위니컷이 환자에게 자신의 지적 능력을 드러내고자 하는 욕구를 부수고 환자가 '자기 발견'의 기쁨을 누리도록 기다려주는 것을 배운 것과 아주 유사하다. "나는 이제 나 자신이 현명해졌다고 느끼는 기쁨보다 환자가 스스로 발견하는 이 기쁨을 더 즐긴다."[24]고 위니컷은 썼다. 붓다는 이와 유사한 것을 발견했다. 기쁨을 즐기면서 마음이 펼쳐지도록 했다. 오랫동안 불교 전통에서 기쁜 마음으로 취해온 걱정 없는 자세로, 붓다는 자신이 받은 우유죽을 다 먹은 후에 그 그릇을 강물에 던졌다. 그 그릇은 강을 거슬러 올라갔는데, 이는 붓다가 추구하는 방향이 달라졌음을 보여주는 상징이다. 그리고 그릇은 강바닥에 가라앉아, 서로 다른 시대에서 온 세 명의 이전 붓다들의 그릇 위에 편안히 자리를 잡았다. 이 붓다들은 모두 같은 지점에서 유사한 깨달음을 이룬 분이다. 그 그릇이 다른 그릇들과 부딪치며 난 쩽그랑하는 소리가, 강의 왕인 큰 뱀 나가(Naga)를 깨우며 또 다른 붓다가 곧 탄생할 것임을 알렸다고 전해진다. 강바닥에 사는 뱀을 깨우는 식으로 형상화된 이러한 무의식의 각성은 해리되어 있던 붓다의 감정이 귀환했다는 것을 서술하는 또 다른 방법이다. 이제 더는 어쩔 수 없는 감정에 사로잡히지 않고, 자신이 본래 악하다는 믿음에 고문을 받지 않고, '장래의 붓다'는 어머니를 불안하게 만든 황홀한 지복의 순간을 포용한다. 이 기쁨으로 스스로를 지지하고 인간성을 회복함으로써, 깨달음에 이르는 붓다의 여행은 더욱더 탄력을 받는다.

8

감정과 관계를
맺는 법

범천들이 돌 조각에 발이 찔려 심한 통증이 있는데도 불굴의 정신으로 고통을 참는 붓다를 높이 기리면서 칭송한다. 경전에서는 말한다. "아무 불평도 하지 않고, 붓다는 마음챙김과 깊이 이해하는 마음으로 고통을 참고 있다." 나는 붓다가 고통스러운 상처를 잘 참는 이미지를 떠올리고는 놀랐다. 붓다인데도 여전히 고통으로 괴로움을 받는다는 사실이 의외였다.

붓다는 한때 제자들의 거듭된 요청
으로 우주의 신비에 대해 설법한 적이 있다. 무엇이든 꿰뚫어 볼 수 있
다고 알려진 붓다는 이 세상의 모든 것이 어떻게 돌아가는지 말해달
라는 요청을 수없이 받았다. "알았다." 붓다는 마침내 큰 소리로 말했
다. "내가 졌다. 세상에 대해 알고 싶단 말이지? 너희들에게 설명하겠
다. 이 세상은 너희가 경험하는 것이다. 이 세상은 너희의 눈, 귀, 코,
입, 신체, 마음이다. 너희가 보고, 듣고, 냄새 맡고, 맛보고, 느끼고, 생
각하는 그것이다. 즉 시각, 청각, 후각, 미각, 촉각, 의식이다." 현대의
신경생물학자처럼 붓다는 제자들에게 각자가 자신의 감각기관을 통
해서 어떻게 세상을 끊임없이 다시 만들고 있는지 찬찬히 설명했다.
각자는 자신의 감각기관에 들어온 것을 분해한 다음, 다시 자신만의

정신 과정을 통해서 재구성한다. 붓다는 세상과 우리가 따로 떨어진 것처럼 보일지라도 실제로는 따로 떨어진 것이 아니라고 설명했다. 사실 모든 사람, 모든 유기체는 이 세상이라는 천의 씨줄과 날줄이라는 불가분의 관계를 맺고 감각에 기반을 둔 상호 작용을 하여, 새로운 세계를 계속 재생산하고 있다. 자아는 이런 과정 속의 어떤 것과도 같지 않고, 이 과정과 동떨어져 존재하지도 않는다고 붓다는 단언했다. 자아는 신비다. 그것을 제 나름으로 규명하거나 확실하게 표현하려고 애를 쓰면 쓸수록, 우리는 체험 그 자체의 완전함에서 해리된다. 다른 종교에서는 사후의 삶을 구하기 위해 신, 영혼, 본질과 연결되려는 의도에서 육체를 부정하거나, 감정을 억압하거나, 인격을 제거할 것을 주장했다. 반면 붓다는 제자들에게 몸과 마음이 끊임없이 변하고 흘러가는 풍경에 그저 주의를 기울이라고 가르쳤다.

　이 가르침이 붓다의 가장 위대한 발견의 서막이며, 간단히 줄여 '무아(no-self)'론이라고 알려진 것이다. 그런데 '무아'라는 말은 약간의 문제를 야기한다. 왜냐하면 자아 문제에 대한 붓다의 가르침은 실제로 굉장히 함축적이고, 설명을 듣는 대상이 누구인가에 따라 내용이 항상 다양하게 변했기 때문이다. 청중이 혼, 자아, 영이 실재한다고 강하게 믿으면, 붓다는 그것들의 비실재성을 강조했다. 그러나 청중이 자아가 실재하지 않는다고 믿거나, 그들 자신이 텅 빈 존재이거나 무가치하거나 별 의미가 없다고 믿으면, 붓다는 그들에게 잘못되었다고, 비실재성에 집착하지 말라고, 모든 인간의 탄생은 너무나 소중한 것이라고 가르쳤다. 또 아주 뛰어난 사람에게는 자아도 없고 무아도 없다고 종종 가르쳤다. 그리고 이런 문제를 너무 번잡하게 생각하면 그 역시 잘못이라고 말하여 제자들을 더욱 혼란스럽게 만들기도 했다. 붓다는 우리는 누구이고 사물은 무엇인가에 대한 고정된 생각에서 사람을 해방하는 것, 그 개념이 무엇이든 간에 집착에서 자유로워지는 것, 태어나면서부터 공포에 사로잡힌 자아의 속박을 좀 더 느슨하게 해주는 것에 초점을 맞추었다. 붓다는 일상생활이 주는 트라우마를 잘 이해하고, 해리의 방어성질과 그 바닥에 존재하는 절망에 도전하기로 마음을 먹었다.

네 가지 마음챙김

이런 목적을 달성하기 위해서, 그리고 고통으로 자신을 찾아온 야사와 파타차라 같은 모든 사람을 위해서, 붓다는 네 가지 마음챙김(사염처, 四念處)을 설명했다. 팔리 경전 『염처경(Satipaṭṭhāna Sutta)』에 잘 보존된 그 가르침은 놀랄 정도로 명료하고 쉽다. 경전에 명문화된 붓다 가르침의 핵심은, 공포와 해리에서 벗어나는 길은 일상의 체험이 갖는 여러 측면과 성질을 잘 살펴보고 반성하며 인식하는 능력에 달려 있다는 것이다. 붓다가 보기에 이는 수준 높은 철학적 탐구의 대상이 아니었다. 바로 지금 여기에서 매 순간 실제로 일어나는 자아의 감정, 정신, 신체 현상을 구체적으로 들여다보고 살피는 행위의 문제였다. 그래서 붓다는 우주의 신비에 대한 제자들의 질문에 답을 하면서 다섯 가지 감각과 마음의 중요성을 강조했다. 붓다는 경전에서 마음챙김에 대해 이와 유사한 언급을 수없이 한다.

개인의 체험 영역인 사염처에서 우리는 마음챙김을 수행할 수 있다. 붓다는 사염처가 몸(身), 느낌(受), 마음(心), 현상(法)으로 되어 있다고 말했다. 우리는 사염처 수행을 통해 주관적 체험을 분해하여 명상 속에서 세심하게 살펴볼 수 있다. 이는 붓다가 우주의 본질에 대해 설명했을 때 사용한 방법과 같다. 자신의 신체와 감정을 억누르는 금욕 수행을 거부한 다음, 붓다는 자유가 진정 내면에서 오는 것을 보았다. 『염처경』에는 그 자유에 이르는 붓다의 길이 잘 기술되어 있다.

붓다는 마음챙김에 대한 가르침을 아주 세심하게 정립했다. 금욕에 강박적으로 몰입하여 수행했던 덕분에, 일상의 트라우마에 대한 가장 공통적인 반응이 신체 경험으로부터의 도피임을 알았던 붓다는, 신염처(身念處, mindfulness of the body)를 자기 가르침의 첫 번째 기반으로 삼았다. 이것이 오늘날 심리학에서 '이현실감(離現實感, 신체 경험에 대한 해리 방어—역주)'이라고 부르는 가장 심한 해리 증상에 대처하는 붓다의 방법이다. 강간, 전쟁, 학대, 끔찍한 사건과 같은 심각한 트라우마를 받은 후 일어나는 것으로 알려진 이현실감 상태에서는 아무것도 현실적으로 느껴지지 않는다. 내 몸이 내 것이 아닌 듯 낯설다. 신체적인 느낌은 그 실체감을 상실한다. 치료사들이 잘 알고 있듯이 이 종류의 해리는 다양한 양상으로 나타난다. 정서적 상처를 입지 않도록 당사자를 보호하는 일종의 갑옷인 성격 방어의 영향으로, 살아가고 사랑하고 남과 자신을 대하는 능력이 제한을 받기 때문이다. 위니컷이 항상 지적하는 바와 같이, 발달 트라우마를 겪은 아이들은 자신의 신체적 체험에서 도피하여 소위 "보호자 자아"라는 마음속의 천국으로 가버린다. 그리고 자신의 자아가 갖는 생동감이 축소되는 고통을 겪는다. 붓다는 6년간의 금욕 수행에서 신체로부터 벗어나려고 했다. 그러나 신염처에서는 이것과 완전히 반대되는 것을 중요하게 여겼다. 신체를 명상의 첫 초점으로 여기고서 몸에서 드러나는 것을 매 순간 차근차근 편안하게 잘 살펴본 것이다. 이렇게 하면 마음은 해리와는 다른 것을 배우기 시작한다.

신염처는 아주 구체적이다. 신염처에서는 호흡이 들고 나는 것을 관찰한다. 또는 오가는 소리를 관찰하기도 하고, 신체 감각이 일어났다 사라졌다 하는 것을 관찰하기도 한다. 신염처에서는 다섯 가지 감각의 문인 눈, 귀, 코, 입, 몸에 초점을 맞춘다. 그리고 각 감각이 외부 현실과 내면의 경계선에서 기록하는 순수한 사실 자체에 주의를 기울인다. 신염처는 걷거나 먹는 활동에도 같은 방식으로 적용되고, 좌선 수행법의 핵심을 이룬다. 그러나 이는 단지 시작에 불과하다. 네 가지 마음챙김은 무엇보다 마음을 훈련하는 데 중점을 두고 있다고 알려져 있기 때문이다. 두 번째 마음챙김인 수염처(受念處, mindfulness of feelings)는 몸과 마음을 이어주는 다리 역할을 한다. 수염처는 붓다의 어릴 적 기억이 그에게 각성시킨 것이자, 붓다를 집착과 금욕 수행에서 건져내 이 세상으로 돌아오게 한 것이다.

붓다가 발견한 새로운 즐거움

붓다의 심리학에 의하면, 감정은 항상 존재하고 항상 모든 인식에 수반된다. 감정은 즐겁거나, 즐겁지 않거나, 즐겁지도 즐겁지 않지도 않으며, 신체 또는 마음에 기반을 두고 있다. 감정은 쉼 없이 흘러간다. 그런데 우리는 괴로운 감정을 해리시키거나, 즐거운 감정에 집착하거나, 중립적인 감정을 무시하면서 감정에 종종 개입한다. 정상(normal)이 되고자 쉼 없이 몸부림치는 우리의 자아는, 괴로운 감정이 들면 그 감정에서 우리를 잡아 끌어내고, 유혹적이고 달콤한 감정이 들면 무조건 그 감정 속으로 우리를 밀어 넣는다. 마음챙김 수행에서는 감정과 관련한 마음의 이런 습관적인 경향에 도전한다. 불편한 감정에서 멀리 떨어지려 하지 않고 즐거운 감정에 매달리지도 않으며, 오로지 감정의 흐름과 같이 가는 것을 배운다. 그 결과 필연적으로 내면 경험이 깊어진다.

붓다는 어린 시절의 기억을 회복했을 때 감정의 중요성을 받아들였다. 그리고 자신이 어릴 때 느낀 즐거운 감정을 두려워한다는 걸 발견했다. 그 짧고 결정적인 순간에, 붓다는 즐거운 감정과 즐겁지 않은 감정, 두려움과 기쁨의 중요성을 보았다. 이런 정서 체험에 대해 호기심을 느낀 붓다는 정신적, 정서적 삶의 즐겁거나 즐겁지 않은 면에 모두 관심을 두고 아무런 판단 없이 자세히 들여다보는 새로운 수행 과정을 밟기 시작했다. 주관적 감정의 흐름에 마음을 열고 감정을 내쫓으려고 더 애쓰지 않았다. 붓다는 자기 자신이 중요하다는 것, 자기를 파괴하지 않아야 한다는 것을 실감했다. 이로써 붓다가 심오한 깨달음을 이루기 위한 무대가 마련되었다. 붓다는 이제 더 이상 예전의 작고 제한된 능력을 갖춘 그런 사람이 아니었다.

붓다는 어릴 적 기쁨을 되돌아보면서 '감각적인(sensual)' 감정과 '비감각적인' 감정의 결정적인 차이를 구별했다. 그리고 이것은 마음 챙김에 대한 붓다의 가르침에서 매우 중요한 부분을 차지한다. 감각적인 감정은 분명히 감각적인 사건에 의존하며, 즐겁거나 즐겁지 않거나 중립적이라서 이해가 쉽게 된다. 그러나 붓다가 어린 시절 기억에서 되찾은 것과 같은 '비감각적인' 또는 '출세간의' 감정은 좀 더 모호하다. 이 감정은 신체에서 체험하는 것과 같은 강도로 마음에서 체험하는 것이다. 또 현재의 마음을 가득 채우지만 과거의 흔적에서 전달되어 느껴지는 감정이기도 하다. 이렇게 감각적인 감정과 비감각적인 감정을 구별함으로써 붓다는 자유로워졌다. 또 그를 처음 숲으로 내몬 고통, 즉 둑카와 함께 살아가는 새로운 방법을 성취할 수 있었다. 그 새로운 방법은 신체적인 즐거움 외의 새로운 즐거움이 있다는 걸 보여주었다. 그 새로운 즐거움은 감각적 만족에 덜 의존했고 존재 그 자체와 더 많이 연관되어 있었다. 그리고 이 즐거움을 통해 붓다는 자신을 구도의 길로 이끈 공포가 무엇이며 어떤 배후에서 나온 것인지를 알 수 있었다. 붓다는 그 공포에서 도망가는 대신 그 공포를 탐구할 수 있게 되었다. 자신을 이런 식으로 재정립함으로써, 붓다는 우리 시대의 정신치료 전통과 같은 계보에 확고히 섰다. 붓다는 내적 감정의 중요성을 받아들임으로써 자아의 신비함에 자신을 개방했다. 심리 체험을 명징하게 증명하고, 신체와 마찬가지로 정신 또한 자신의 주관적 탐구의 대상으로 삼았다.

옥스퍼드 대학의 불교학자 리처드 곰브리치는 사람들은 '무아(no-self)' 또는 '무영혼(no-soul)'이라는 불교 개념을 "연속성 원리의 부정"[01]으로 생각하는 경향이 있다고 반복해서 지적한다. 곰브리치는 이런 오해를 바로잡기 위해서 주저하지 않고 맹렬하게 말한다. "무아를 연속성 원리의 부정으로 생각하는 견해는 완전히 잘못됐다. 불교가 개인의 연속성을 부정한다는 이론은 진리에서 너무나 동떨어져 있다."[02] 붓다는 인간이나 사물에서 변하지 않는 본질이란 존재하지 않으며, 우리가 보통 객관적 대상(object)으로 여기는 것들이 사실은 하나의 과정에 지나지 않는다는 것을 가르쳤다. 붓다는 개인의 주관성, 내면성, 연속성을 부정하지 않았다. 사실 붓다 가르침의 전체 요지는 개인의 연속성을 장려하는 것이다. 이를 사람들이 잘못 이해하여 마치 붓다가 개인의 연속성을 부정하는 것처럼 오해했다. 이 개인의 연속성이라는 것은 우리 삶의 저변에 흐르고 있는 감정의 흐름에서 상당 부분 비롯된다.

붓다가 발견한 중도에서는 즐거움과 즐겁지 않음에 대한 영적 접근 방식에서 심오하면서도 근본적인 방향 전환이 일어났다. 그 시대의 지배적인 영적 이데올로기는, 영혼의 정화를 위해서는 즐거운 감정은 피하고[03] 즐겁지 않은 감정을 키워야 한다는 것이었다. 이런 접근 방식을 배우고 모방하는 데 최선을 다해 노력한 붓다였지만 결국 이런 이데올로기에 반대하여 수행 방향을 바꾸었다. 그렇다고 고행의 정반대쪽 극단인 물질주의로 넘어가지는 않았다. 오늘날 지배적인 사조가 된

물질주의는 당시에도 넓게 퍼져 있었다. 물질주의자들은 즐겁지 않은 감정은 피해야 하고, 즐거운 감정은 그 효과를 배가하기 위해 축적해야 한다고 믿는다. 그러나 붓다는 어떤 종류의 감정이라도 차단하지 않고 명상을 통해 세밀하게 관찰하는 쪽을 선택했다. 이렇게 붓다는 마음챙김의 세 번째와 네 번째 기반, 즉 '마음의 잠재력'과 명상을 통한 탐구의 매개체인 '정신의 대상'으로 넘어갔다. 붓다는 가르치길, 우리 마음에 있는 어떤 것도 마음챙김의 예외가 될 수 없다고 했다. 마음챙김은 마음에 있는 모든 것을 받아들인다. 오늘날의 정신분석 용어로 말하자면 붓다는 무의식을 발견해서 그것을 영적 훈련의 유익하고 중요한 재료로 사용한 셈이다.

그러나 붓다는 그것을 무의식이라고 부르지 않았다. 단순히 '마음'이라고 불렀다. 붓다가 추론하기에 마음은 시각, 청각, 후각, 미각, 촉각이라는 다섯 가지 신체적 감각의 차원 너머에서 마음 그 자체를 느끼는 능력을 갖고 있었다. 이렇게 즐거움과 고통의 정신적 차원을 명상의 대상에 포함시킴으로써, 붓다는 마음속으로 들어가 기억, 꿈, 성찰, 시간의 흐름에 따른 자아의 연속성과 같은 것도 바라볼 수 있게 되었다. 그 결과 명상의 영역이 넓어졌다. 붓다는 최면 상태와 같은 평온함이 주는 평화스러운 정지 상태를 더는 이상적인 모습으로 간주하지 않았으며, 더 이상 자기 자신을 피하려 하지도 않았다. 그리고 마음이 갖는 감정의 즐거움과 고통스러운 측면을 포함해 개인이 체험하는 모든 것을 '깊이 이해'할 수 있다는 것을 알게 되었다. 마음 그 자체가 마음챙김의 대상이 될 수 있었다.

감정을 탐구하는 발판으로 마음챙김의 첫 번째 기반인 신염처를 수행한 것처럼, 붓다는 마음챙김의 두 번째 기반인 수염처를 방법 삼아 마음속으로 들어갔다. 마음챙김의 세 번째와 네 번째 기반인 심염처와 법염처에 대한 해석과 설명은 다양하지만, 붓다의 접근 방법이 지향하는 바는 분명하다. 해리에 대응하여 일차로 신체적 체험을 면밀히 관찰하고, 이차로 감정의 흐름을 받아들이게 되면 정신적, 정서적 생활이 좀 더 가능해진다. 예를 들면 법염처에 관한 많은 경전에서는 마음챙김에 막 입문한 사람이 마음챙김을 시도할 때 마음 혹은 무의식에서 흘러나와 마음챙김을 흩어놓는 정서적 '방해물', 즉 분노, 탐욕, 의심, 초조, 침울함 등에 면밀하게 주의를 기울이는 방법을 다루고 있다. 이런 감정 때문에 좌절, 공포, 수치심을 느끼기도 하지만, 이런 감정이 든다는 것은 사실 긍정적인 징조다. 왜냐하면 이러한 감정은 내면의 풍경이 열리고 있다는 첫 신호들 가운데 하나인 경우가 많기 때문이다. 명상 중 이 감정들을 또렷하게 알아차리며 '수용'할 수만 있다면, 이 감정들은 더는 명상의 방해물이 되지 않는다.

산책길에서 나를 만나다

—

사염처 수행에서 가장 신비로운 것은 심염처(心念處, mindfulness of mind)다. 심염처는 개인의 생각이나 정서를 관찰하는 것을 의미하지 않는다. 그것들은 법염처(法念處, mindfulness of mental objects)의 소관이다. 심염처는 스스로의 움직임을 알아차리는 마음의 능력과 더욱 밀접하게 연관한다. 심염처의 초기 단계에는, 마음이 두려움에 차 있거나 기쁨과 같은 감정으로 가득 차 있는 것을 단순히 알아차리는 것을 배운다. 수행자는 감정의 즐겁거나 즐겁지 않음뿐 아니라 심지어 감정의 무늬에조차 주의를 두지 않는다. 그보다는 특정한 감정으로 색이 입혀진 마음의 형태, 감각, 체험에 주의를 기울인다. 정서가 강하면, 시야를 돌려 그 강한 정서가 마음을 얼마나 진하게 물들이는지 느끼기 어렵다. 특히 의도적으로 아무것도 하지 않고 종일 좌선을 할 때 더욱 그렇다. 그러나 정서가 점차 안정되면 마음으로 마음을 관찰하는 것이 가능해진다. 아는 마음은 마음이 알고 있음을 안다. 이 말이 아주 이상하게 들리겠지만, 이는 완전한 사실이다. 몇몇 티베트 불교 전통에서는 이를 이해하기 쉽도록 심염처 대신 '공간 마음챙김'이라는 말로 부르기도 한다. 하늘을 덮고 있던 슬픔, 공포, 허망함의 구름이 또렷하게 깨어 있는 마음챙김의 태양빛에 증발되어 사라진 후 드러난 푸른 하늘에 비유한 말이다. 텅 비고 빛나고 아는 주체, 다시 말해 마음은 있는 그대로의 마음을 알아차린다.

심염처와 관련한 내 체험을 소개한다. 사라진 토스트 사건 직후 산책을 나갔을 때, 나는 마음 밑바닥에 불만이 깔려 있음을 알고 있었다. 아침 식사 때 마음챙김을 하지 못한 것에 대해 부끄러워하고 있음을 인식했다. 이 감정은 이전에 일어난 사건 하나를 연상시켰다. 언젠가 어느 객원 미술품 중개인이 내 아내의 조각품 사진을 찍기 위해 뒤로 물러나서 앉다가, 자기도 모르게 어느 깨지기 쉬운 도자기 위에 앉아버려 그 작품이 산산조각 난 일이 있었다. 도자기 깨지는 소리가 갤러리 전체에 울렸고, 넘어진 중개인은 실신할 지경으로 보였다. 그 중개인이 자책하는 모습을 보며 나는 그가 무슨 감정을 느끼는지 즉시 짐작할 수 있었다. '세상에! 내가 이런 짓을 하다니 믿을 수 없어!'라고 그는 분명 자신을 꾸짖었을 것이다.

아침 식사 후 산책길에서 나는 아침에 일어난 트라우마가 완전히 사라지지 않았음을 명확히 인식할 수 있었다. 명상은 이 감정을 사라지게 해주었어야 했지만 내 마음을 편안하게 만들어주지 못했다. 내 마음은 마치 붓다가 그러기를 원한 것처럼 더욱 집중되었지만, 생각은 명상을 하지 않을 때처럼 여전히 토스트 사건에 가 있었다. 나는 수행 중에는 생각해서는 안 된다고 종종 생각했지만, 생각은 마음이 하는 것이다. 그래서 나는 생각을 문제로 만들지 않는 방법을 찾아내야 했다. 그 결과 나는 생각에 대해 생각하거나 생각하지 않은 것에 대해 생각하는 마음을 관찰하게 되었다. 그리고 그렇게 하는 것이 시간을 낭비하는 일이 아니라고 여기려고 노력한다. 사염처에 대한 가르침 덕분에 명상을 할 때 이런 태도를 지닐 수 있었다.

그날 아침, 내 마음속 생각들은 두드러지게 분명했다. 나는 걸었다. 좌선과 좌선 사이 쉬는 시간에 걷듯이 발을 올리고 움직이고 내려놓는 것을 모두 알아차리며 굉장히 느리게 걷지는 않았고, 평상시 걸음걸이에 가깝게 걸었다. 나는 수행 센터를 둘러싼 외곽의 오래된 시골 길을 아침 식사 후 걸었다. 그 길은 울퉁불퉁했지만 운치가 없지 않았다. 나무가 빽빽했고, 산새가 길을 따라서 재빨리 날아갔다. 그래서 내가 백설공주나 일곱 난쟁이가 된 듯한 기분이 들었다.

걸으면서 마음속에서 몇 가지 일들이 떠올랐다. 아침의 마음챙김 시간, 부끄러운 감정, 삶이 내 밑에서 쑥 빠져나가 사라지는 감각, 그리고 '무아'라는 붓다의 가르침. 무아를 생각하지 않고 안거를 보내기가 불가능할 만큼 모든 강의에서 무아를 강조했다. 우리는 '자아는 무엇인가?'에 대해 생각할 것을 끊임없이 요구받았다. 그리고 금강경 같은 불교 경전들에는 언제나 무아에 대한 몇 가지 은유들이 실려 있다. 자아는 단지 "새벽녘의 별 하나, 물거품, 한순간의 번갯불, 깜빡이는 램프, 허깨비, 꿈"이라고 경전들은 전한다.

'그 수많은 은유들은 무아를 표현한다.' 나는 길을 따라 걸어가면서 생각했다. 늦가을의 하루가 시작되고 있었고, 마음은 아집에 붙들려 있었다. 나는 무아를 이해했는가? 확신할 수 없었다. 무아란 내면의 평화, 생각을 넘어선 장소, 만족감의 저장고 등 때때로 내가 일상적인 집착을 있는 그대로 잘 흘러가게 했을 때 발견되는 것을 의미했었다. 그런데 나는 이런 이해가 틀렸다는 불편한 느낌을 받았다. 아주 학식이 높고 깊은 진리를 성취한 한 티베트 스님이 있다. 이 스님은 마침내 깨달았을 때 그 깨달음이 본인의 상상과 정반대였다고 강조하여 말한 것으로 유명하다. 나는 내가 깨달음을 성취하지 못했음을 알았다. 그러므로 티베트 스님의 논리에 의하면 내가 생각하는 무아는 아마도 내가 생각하는 것과는 반대일 것이다. 무아가 내면의 평화가 아니라면 무아는 무엇이란 말인가? 나는 무아를 물거품, 깜박이는 불빛, 하나의 꿈처럼 느끼고자 노력했지만, 그것을 이미지로 떠올리는 데 별로 성공하지 못했다. 그래서 조금 노력하다가 포기했다. 나는 내가 환영이나 거품이라기보다 백설공주처럼 느껴졌고, 일곱 난쟁이의 이름을 기억해내려는 반복되는 시도 때문에 철학적 사고를 하는 데 방해받았다.

그날 아침 나는 무아의 개념을 붙들고서 해낸 게 별로 없었다. 한숨을 쉬면서 '지금 무아를 내 나름으로 이해할 수 없구나.'라고 생각했다. 토스트 사건으로 유발된 감정을 피하려고 내가 애쓰고 있음을 인식했다. 그때 갑자기 내 감각기관, 특히 귀와 눈이 얼마나 많은 정보를 인식하는지 알게 되었다. 다채로운 색깔과 이른 아침의 빛으로 가득 차 있는 주위 풍경, 나무와 수풀에서 들려오는 새들의 바스락거리는 소리가 내 의식을 가득 채웠다. 의과대학에서 배운 도형이 순간 떠올랐다. 두 역삼각형을 연결하는 점선. 그것은 눈이 세상을 뇌로 받아들이는 그림이다. 나는 눈이 카메라처럼 움직인다는 생각, 즉 눈이 마음의 극장에 외부 세계를 있는 그대로 충실하게 반영한다는 생각에 얼마나 익숙했었는지 기억했다. 그러나 그 도형을 본 순간 사실은 그렇지 않다는 것을 배웠다. 우리가 세계를 인식하는 방식은 세계를 단순히 반영하는 것보다 훨씬 더 신비로웠다. 뇌는 실제로 우리의 현실을 창조한다. 뇌는 단순히 외부 현실을 거울처럼 비추는 것이 아니다. 감각 정보들은 원재료로 뇌에 들어오지만 그대로 최종 이미지가 되지 않는다. 눈은 대상이나 배경이 아니라, 각과 끝 부분을 지각한다. 현실을 일관성 있게 만드는 것은 바로 뇌다. 뇌는 시각, 청각, 후각, 미각, 촉각, 기억이 제공하는 원정보로부터 현실을 재구성한다.

주위의 풍경과 소리에 흠뻑 빠져들어 시골 길을 어슬렁거리는 동안, 이 약간의 기초과학 지식은 더욱 깊은 의미로 다가왔다. '그곳'을 걸어가는 '나'는 평소의 내가 아니었다. 그 도형의 점선이 삼각형만큼이나 중요하게 여겨졌다. '여기 안'과 '저기 바깥', 내 마음의 눈으로 볼 수 있는 이 두 삼각형은 서로 다른 것이 아니라 서로 연결된 것이었다. 어렴풋이 밝은 아침의 공기 속에서 약간은 상기된 기분으로 걷고 있던 이 세상은 내 마음이었다. 그리고 내 마음은 이 세상이었다. 생각은 말할 것도 없고. 어느 불교 책에서 읽었는데 잘 이해가 되지 않았던 또 하나의 구절이 마음을 스쳤다. "세상과 분리된 자아는 없다." 이제 그 구절이 나와 공명했다. 아니 새롭게 울렸다. 세상과 분리된 자아는 없다. 나는 이 구절이 뜻하는 바를 이해했다고 생각했다. 여기 안과 저기 바깥. 둘이 아니다. 하나다.

내게 스며드는 그 구절을 음미하며 걷는 것은 즐거운 경험이었다. 이 일을 계기로 나는 무아를 새롭게 이해하게 되었다. 걷는 동안 앨버트 호프만(Albert Hoffman)의 말이 생각났다. 처음으로 LSD를 합성하여 "LSD의 아버지"로 불리던 호프만 박사는 2008년 102세 나이로 사망했다. 그는 죽기 3년 전에 《뉴욕타임스》와 가진 인터뷰에서 놀라운 이야기를 많이 했는데("100세에 다다른 LSD의 아버지가 자신의 '문제 아이'에 대해 숙고하다(Nearly 100, LSD's Father Ponders His 'Problem Child')" 2006년 1월 7일), 그중 특히 하나가 마음에 떠올랐다. "외부 세계는 순수한 에너지고 색채 없는 양태입니다. 그 밖의 모든 것은 인간의 감각기관의 작동을 통해 일어납니다. 눈은 세상 빛의 아주 작은 부분만을 볼 뿐입니다. 색채로 가득 찬 세계는 일종의 속임수입니다. 그것은 인간의 바깥에 존재하는 것이 아닙니다." 호프만 박사의 말은 내 경험과 일치했다. 나는 세계와 얽혀 있지, 분리되어 있지 않았다. 나는 불교 명상 수행의 핵심이 마음에 있는 그 무엇을 변하게 하고, 내면의 탈바꿈을 이끌어내고, 진정한 자아(무아)가 드러날 때까지 껍데기를 벗겨내는 것이라고 늘 생각했었다. 나에게는 고쳐야 할 잘못된 것이 있는데 나의 '자아'가 그 증거이며, 명상을 잘해나가면 그것을 깨끗하게 치울 수 있을 거라는 믿음이 은연중에 작동하고 있었다. 그러나 이제는 그 모든 것을 다르게 바라보는 방법을 어렴풋하게나마 안다. 무아는 성취돼야 하는 어떤 상태가 아니라 '나'라는 존재의 밑바닥에 자연스럽게 놓여 있는 것이었다. 세계와 분리된 자아는 없었다. 나 자신을 바꾸려면 내면 깊숙이 내려가야 한다는 발상 자체가 갑자기 우스워졌다. 나는 이미 제자리에 있다는 느낌이 들었다. 뉴잉글랜드의 시골 길을 걸으며 생각하는 나는 마음이 가볍고 행복했다. 의과대학 수업에서 본 도형의 점선이 나를 꽉 잡고 있었다.

다음 날 아침, 안거를 마치고 떠나는 내 마음속에 무엇인가가 남아 있었다. 일찍 차를 몰아 고속도로에 올랐을 때 아침 10시경이었다. 배가 고파 고속도로 휴게소에 멈추었다. 평소의 나 같았으면 이런 장소에서 음식을 먹지 않았다. 이탈리아풍의 패스트푸드점에는 손님이 아무도 없었다. 계산대 뒤에서 그 지역의 10대 남녀가 일하고 있었다. 평소 내 행동이 머리를 스치고 지나갔다. 다른 사람에게 공손하게 대하지만 눈맞춤도 별로 하지 않으며 거리를 두는 것이 나의 평소 행동이었다. 그러나 오늘은 일주일간의 침묵 수행 이후 처음 말할 수 있는 상대를 만난 것이었다.

"뭘 좀 먹을 수 있을까요? 방금 안거를 마치고 나오는 길입니다. 채식주의자 식단이면 좋겠는데요."

이렇게 말하며 나는 그들에게 미소를 보냈다. 그리고 그들의 반짝이는 눈과 여드름 난 얼굴을 똑바로 쳐다보았다. 그들은 사랑에 가득 차 있었다.

"예, 치즈가 들어간 볶음요리를 해드릴게요."라고 한 명이 말했다.

10분 후 음식이 종이 접시에 담겨서 나왔다. 맛있었다. 그리고 감사했다. 서로 주고받은 말과 요리는 한동안 우리를 모두 행복하게 만들었다. 안거에서 얻은 깨달음은 적어도 잠깐이라도 나를 변하게 했다. 이제 나는 스스로의 트라우마에 갇히지 않고 자신을 더 많이 개방했다. 내 마음은 장벽을 뛰어넘어 다른 사람과 소통하도록, 다른 사람과 이어진 삶을 살도록 나를 이끌었다.

붓다는 사염처를 천상으로 올라가는 사다리라고 가르치지 않았다. 천상의 사다리만을 쳐다보는 것은 해리로 나아가는 경향을 더욱 부추길 뿐이다. 붓다는 사염처를 통해 사람들이 그들 내면에 본래 있는 참된 인간성과 맺어질 수 있다고 보았다. 내가 고속도로 휴게소에서 느낀 것처럼 말이다. 붓다는 몸에서 시작하여 감정을 거쳐 마음으로 나아가는 쪽으로 사염처를 가르쳤지만, 이 네 가지 마음챙김이 모두 동시에 존재하며 그중 어느 한쪽으로 기울면 집착에 빠진다는 것도 가르쳤다. 그리고 붓다는 마음챙김을 지속해서 수행하면 인생에서 만나는 어려움을 극복하는 데 도움을 얻을 뿐 아니라, 삶 자체를 근본적으로 전환시킬 수 있다고도 말했다. 붓다는 여러 이야기에서 이 가르침을 아주 명료하게 전한다.

중요한 건 내용이 아니라 관계

『돌 조각 경(Sakalika Sutta)』에서 붓다는 무아를 신체적인 관점에서 설명한다. 나는 이 경전의 제목을 보자마자 좋아하게 되었다. 과연 돌 조각에 대해 붓다는 뭐라고 했을까? 이 경에서 붓다는 수백의 범천에 둘러싸여 있다. 붓다 주위에서 교화의 역할을 하는 신과 같은 존재인 범천들이, 돌 조각에 발이 찔려 심한 통증이 있는데도 불굴의 정신으로 고통을 참는 붓다를 높이 기리면서 칭송한다. 경전에서는 말한다. "아무 불평도 하지 않고, 붓다는 마음챙김과 깊이 이해하는 마음으로 고통을 참고 있다. 붓다는 가사를 네 겹으로 접어 자리를 만든 후 한 발을 다른 발에 포개고 오른쪽 옆구리로 누우셨다." 나는 붓다가 고통스러운 상처를 잘 참는 이미지를 떠올리고는 놀랐다. 붓다인데도 여전히 고통으로 괴로움을 받는다는 사실이 의외였다. 그 고통이 심리적인 고통이 아님을 알고 있었음에도 나는 심리적인 고통일지도 모른다고 생각했다. 이런 생각으로 나는 『돌 조각 경』의 결론 부분을 급한 마음으로 읽었다. 과연 붓다가 자신을 숭배하는 범천들에게 어떤 설법을 했을까 하는 호기심이 발동했다.

붓다는 말한다. "이 세계에서 자만하는 자는 '자기 조절'을 상실한 자다. 자만심을 버린 자, 마음이 평안한 자, 지혜 있는 자는 모든 것에서 자유롭다. 홀로 생활하는 숲 속 수행자도 마음챙김을 수행한다면 죽음이 지배하는 존재의 차원을 넘어서 피안에 도달할 수 있다." 붓다의 적절한 설법은 정서적, 신체적 고통을 겪는 사람들에게 확실히 희망을 준다. "홀로 생활하는" 어떤 사람도 "죽음이 지배하는 존재의 차원"에서 피안으로 건너갈 수 있다. 거기, 가사를 깔고 자리에 누운 채로 붓다는 아주 친절하게 말하고 있다.

나는 처음 이 구절을 읽었을 때 책을 덮고 잠깐 생각에 잠겼다. 여기에는 심리에 관한 가르침이 있는 듯했다. 붓다는 돌 조각에 맞아 입은 상처의 통증에도 자만심을 버리고 마음챙김 수행을 하는 것이 가능했다. 나는 조셉 골드스타인이 수년간 말해온 것을 떠올렸다. "중요한 것은 당신이 체험하고 있는 '내용'이 아닙니다. 핵심은 당신이 그것과 어떻게 '관계하는가'입니다." 나는 조셉에게서 이 말을 들을 때마다 늘 놀란다. 항상 처음 듣는 것 같은 느낌이다. 돌 조각 때문에 생긴 통증은 깨달음에 전혀 방해가 되지 않았다. 그 돌 조각은 '자만심'을 버릴 때 깨달음의 도구가 될 수 있었다.

마음에 박힌 돌 조각 하나

나는 또다시 아기 붓다가 경험한 어머니의 죽음을 생각했다. 아마 돌 조각은 단순히 돌 조각이 아니었을 것이다. 그것은 우리가 어찌할 수 없는 모든 고통을 대표하는 상징일 것이다. 이 견해가 옳든 그르든 간에, 나는 이 지점에서 다시 붓다와 위니컷이 만난다고 생각한다. 발달 트라우마는 어찌할 수 없는 감정, 밤에 은밀히 느끼는 감정, 어디에서 오는지 모르지만 마음을 물들이는 감정을 우리에게 남긴다. 그런 감정을 뒤에 남겨두고 떠나려고, 그런 감정이 없는 척하려고 애를 쓸수록 오히려 그런 감정의 포로가 될 뿐이다. 붓다는 이 짧은 경전에서 다른 접근법을 제시한다. 붓다는 거기에 누워 범천들에게 인간으로 존재하는 것이 무엇을 의미하는지에 대해 설명한다.

『돌 조각 경』은 마음이 불안하던 나를 도와주었다. 나는 불안한 감정을 붓다의 돌 조각처럼 여겼다. 어떤 식으로든 엄마 또는 아빠와 친밀한 관계를 상실한 아이는 그 상실감을 생각이나 기억이 아니라 감정으로 내면화한다. 위니컷은 이러한 '자기감정'을 "영원히 떨어지고, 조각나고, 새로 만날 작은 희망조차 상실해버린"[04] 것들의 목록에 포함시킨다. 이러한 상실을 경험한 아이의 '자기감정'은 형성되어가는 자아의 불안하고 불안정한 기반을 이루고, 자아 정체성의 불안전한 바탕을 형성한다. 위니컷은 이런 아이의 분투에 대해 언급하면서 "이것은 숨겨진 즐거움이다. 그러나 드러나지 않은 재난이다."[05]라고 썼다.

명상을 하면, 어린 시절 트라우마의 찌꺼기가 내면에 남아 형성된 돌 조각이 종종 깨어 있는 의식으로 불려나오곤 한다. 그러면 일상적인 생각들과 잡념들이 뒤로 물러나고, 숨어서 한 인간을 물들이는 감정들이 드러난다. 위니컷이 원초적 고통이라고 부른, 이 원초적이고 감정적인 트라우마의 잔재들은 마음의 표면 아래 잠복해 있다가 기회가 생기면 갖가지 방법으로 모습을 드러낸다. 치료사는 이 사실을 알고서, 내담자가 어린 시절 경험의 흔적을 드러내도록 돕는다.『돌 조각 경』은 이와 유사한 과정이 명상 수행에서 일어날 수 있음을 보여준다.

붓다가 비감각적 또는 출세간적 감정을 마음챙김의 핵심으로 삼으라고 말했을 때, 2,500년 후에 위니컷과 같은 정신분석가가 거론하는 것에 대한 문이 이미 열린 것이다. 우리 마음속에 담겨 있는 감정들 가운데는 감각으로 즉시 인지되는 환경에 대응하여 일어나는 감정이 아니라, 우리가 누구인지 생각하게 하고 우리 개개인의 정체성과 긴밀히 연결되어 있는 감정이 있다. 이 감정들은 대체로 아주 어린 시기에 형성되는데, 시기가 너무나 이른 나머지 우리의 정체성보다 먼저 자리를 잡거나, 우리가 그 감정들을 이해하거나 수용할 정도로 성장하기 전에 형성된다. 우리는 쉬고 있을 때에도 이런 감정에 주의를 기울인다. 붓다가 발견한 바와 같이 명상 수행은 이런 감정을 성장의 동력으로 전환하는 데 도움을 줄 수 있다.

나는 한때 이 점에 대해 조셉 골드스타인과 이야기한 적이 있다. 우리는 온종일 하는 워크숍을 함께 지도했다. 나는 아침에 붓다의 어머니 상실에 대한 내 견해를 개괄해서 설명했고, 조셉은 오후에 들어왔다. 내가 조셉에게 질문을 던지자, 조셉은 즐겁지 않은 감정을 마음챙김했던 경험을 들려주었다. 수년간 집중 수행을 하는 동안 조셉은 공포 감정을 다루지 않으면 안 되었다고 한다. 공포 감정을 마음챙김하기 위해 애를 썼음에도 그는 공포 감정이 사라지기를 바라는 걸 멈출 수 없었다고 한다. 조셉의 공포는 명상 수행으로 돌파할 성질의 것이 아닌 것처럼 보였다. 조셉이 좌선을 하는 동안에도 공포가 마음을 가득 채웠기 때문이다. 그 감정은 비감각적이고 즐겁지 않은 감정의 정의에 딱 맞는 듯 보였다. 조셉은 마음챙김을 하면서 그 감정과 함께 하려고 노력했지만 그 감정이 별로 마음에 들지는 않았다. 별로 즐겁지 않은 감정이라는 편견도 약간 있었다. 그리고 그 스스로 잘 알고 있었듯, 그 감정을 없애고 싶은 바람이 마음 한구석에 있었다. 그러나 그 공포는 계속 모습을 드러냈다. 이후 몇 년 동안 다른 방법들을 시도해 본 후, 조셉은 그 공포를 결코 사라지지 않을 것처럼 다룸으로써 비로소 그 문제를 해결하고 수행에서 진전을 맛보았다. 그때 조셉은 공포에 눌려 죽을 각오를 하고 그런 선택을 했다. 해리라는 교묘한 방식을 통해 공포 감정으로부터 살짝 떨어져 있는 대신, 그 감정을 적이 아닌 명상의 실제 대상으로 삼음으로써 공포가 주는 즐겁지 않은 감정에 머물 수 있었다. 그는 예전에 미얀마 스승과 명상에 대해 나눈 대화를 예로 들어 설명했다. 조셉은 당시 명상을 하면서 두통을 앓았다. 스승에게 두통 때문에 명상하는 것이 힘들다고 불평을 늘어놓자 스승은 그를 꾸짖었다. 스승은 말했다. "당신은 대단한 기회를 놓치고 있군요. 그런 고통은 집중 명상의 좋은 대상이 될 수 있습니다. 그것은 진정으로 마음을 가라앉혀줍니다."

"당신 어머니는 틀림없이 너무 일찍부터 당신을 엎어 재웠을 거예요." 나는 조셉이 느끼는 공포의 성질에 대해 들으면서 농담으로 말했다. 조셉의 이야기를 들으며 나는 위니컷이 '원초적 고통'이라고 말한 개념이 떠올랐다. 충분히 보살핌을 받지 못한 아기들이 영원히 추락하는 공포를 느낀다는 위니컷의 이론 말이다. 명상 중에 조셉이 느끼는 공포는 어린 시절에 해결되지 못한 그 무엇이 여전히 마음에 남아서 형성된 것이 틀림없다. 그 공포가 너무 어린 시기에 일어나서 조셉이 의식하지 못할 뿐이다. 붓다가 '출세간적인 즐겁지 않은 감정'이라 부르는 것은, 무의식에 담긴 어린 시절 트라우마의 잔재물을 지칭한다. 이런 감정은 다섯 가지 감각기관을 통한 체험만이 아니라 어린 시절 트라우마 체험을 버리는 동시에 보존하는 정신적 요소에도 근거를 두고 있다.

조셉은 다소 재미있다는 표정으로 나를 바라보며 말했다. "어머니는 늘 말씀하셨지. 태어나서 3년 내내 내가 울고 또 울었다고. 당신이 할 수 있는 거라곤 아무것도 없었다고 하시더군."

조셉과 이런 대화를 나누면서 나는 내 이론이 제대로 맞아 들어간다고 생각했다. 조셉은 명상 시 일어나는 공포와 자신의 어린 시절 체험을 특별히 연결하지 않았다. 아마 명상 수행을 꾸준히 했기 때문에 그렇게 연결시킬 필요를 느끼지 않았던 듯싶다. 하지만 나는 그의 이야기를 들으며 내 무의식의 떨림을 이해할 수 있었고, 그 덕분에 마음이 차분히 가라앉아서 내 초조한 감정을 마음챙김할 수 있었다. 이를 통해 나는 수치심 없이 불안을 다루었고, 감정의 흐름을 다시 관찰하기 시작하여 그 흐름 속에서 불안이 자연스럽게 오가도록 둘 수 있었다. 그렇게 그저 바라보면서 나는 어린 시절의 정서 체험으로 짐작되는 것을 잠시나마 들여다볼 수 있었는데, 그 체험들 가운데는 즐겁지 않은 것도 있었다. 내 불안이 붓다의 돌 조각과 같은 것이라면, 붓다가 "한 마디 불평도 없이 고통을 마음챙김하고 이해하며 견딘" 것처럼 나도 고통과 함께하는 법을 배울 수 있을 것이었다. 이것이 내가 정신치료사로서 하는 일이다.

사람들은 종종 유아기부터 지니고 있었을 법한 공포, 좌절감, 분노, 고통을 들고 내게 온다. 나는 환자가 이 감정들이 어린 시절의 잔재일 수 있음을 받아들이고, 침착한 마음으로 치료에 참여하고, 진정한 관심으로 그 감정을 들여다볼 수 있도록 도와준다. 그들은 그 감정에 사로잡히거나 수치심을 느끼지 않고 스스로 주인이 될 수 있다. 동시에 자신을 불편함을 기준으로 판단하지 않게 된다. 이런 태도는 치료에 아주 효과가 있는 것으로 증명되었다. 어린 시절의 감정으로 힘들어하는 많은 환자는 그 고통의 책임이 자신에게 있다고 자책한다. 그들은 말한다. "다른 사람은 더 끔찍할 거야. 이것이 걱정해야 할 전부라면 나는 운이 좋은 편이야." 그러나 그들이 '자기 판단'을 통해 불편함의 원인으로 보이는 잘못된 판단과 처치를 한다면 문제는 더 복잡해질 뿐이다. 대신 그들이 돌 조각과 같은 자신의 감정을 제대로 다룰 수 있게 되면 긍정적인 변화가 가능해진다.

이런 치료 원리를 격심한 트라우마에 비슷하게 적용하는 것도 가능하다. 믿을 수 없을 정도의 고난이나 상실을 겪은 사람은 자신에게만 그런 일이 생겼다고 생각한다. 그들은 자신만이 심하게 상처를 입었다 여기고, 스스로를 비난하며, 다른 사람에게 자신이 당한 트라우마에 대해 말을 하면 비난받을 거라고 걱정한다. 그들은 스스로 "그것을 극복하길" 기대하고, 최소한 자신이 당한 고통에서 다른 사람을 보호해야 한다고 생각한다. 아무런 판단 없이 그 아픔에 공감하고 관심을 보이며 감정을 보살피는 것을 때로는 너무 위협적으로 느끼기도 한다.『돌 조각 경』은 이런 사람들에게도 무엇인가 해줄 수 있다.

붓다가 중도를 가르쳤을 때 그가 바라본 것은 일종의 균형이다. 자신의 기쁨 능력 및 생명력과 다시 맺어졌을 때 붓다는 평정과 활력, 마음의 편안함, 용맹한 불굴의 정신을 얻어, 자기 마음의 즐겁지 않은 부분을 의식 속으로 수용할 수 있었다. 위니컷의 이론에 의하면, 이런 평정 상태는 치료 상황에서 일어난다. 왜냐하면 치료사가 충분히 좋은 엄마 역할을 하면서 푸근하고 편안한 환경을 재창조하여, 환자가 과거에는 들여다보지 않던 즐겁지 않은 감정에 천천히 잠겼다 빠져나왔다 할 수 있도록 해주기 때문이다. 다시 말해 치료사는 부모와 아이의 초기 유대관계를 닮은 수용 환경과 인식의 장을 환자에게 마련해준다. 이전의 상황을 그대로 재현할 수는 없지만, 이런 환경을 제공함으로써 환자가 안전하다는 감정을 재구축하고 방어 태도를 누그러뜨리게 하는 정도는 가능하다.

붓다의 경험에서 위니컷식 치료의 관계적 측면은 명상으로 수렴된다. 마음챙김 대상에 집중하고 마음이 아는 것을 알아차리는 능력을 바탕으로, 붓다는 감정의 전 범위를 아우를 수 있는 편안하고 푸근한 환경을 스스로 조성할 수 있었다. 불교 전통에서 즐겨 쓰는 하늘의 비유로 돌아가서 보면 맑은 하늘, 즉 빛나는 텅 빈 의식 공간이 배경에 존재하고 있음을 깨달음으로써 붓다는 정서적 삶에 박힌 돌 조각을 새로운 방식으로 수용할 수 있게 되었다. 돌 조각은 사라지지는 않았지만 이전처럼 마음에 특별히 거슬리지는 않는다. 구름이 하늘과 공존하듯이 그 돌 조각은 돌 조각을 아는 마음과 공존한다. 자신의 '아는 마음(knowing mind)'을 발견한 붓다는, 영아기의 부모-자식 관계로부터 인격이 형성되고서 오랜 시간이 흐른 뒤에도 여전히 개인 안에는 영아기에 맺은 친밀한 관계가 유지된다고 설명했다. 이런 관계는 양육자에게 온전히 의존하는 영아기에 시작되어 죽 유지된다. 우리는 자기의 주체이기도 하고 객체이기도 하다. 이런 자기 성찰 능력에는 우리를 깨달음으로 이끄는 동시에 우리가 진 짐을 덜어주는 잠재력이 숨어 있다.

붓다와 엄마의 포근한 비틀기

붓다의 '자기 분석'과 이후 마음챙김에 대한 가르침에서 우리는 붓다의 관계 자아가 활발히 작동하는 것을 볼 수 있다. 붓다는 '부모-아이의 역동적인 관계'를 내면에서 한 차원 더 높은 수준으로 다시 만들어내는 듯 보인다. 엄마와 아기의 관계 맺음이 얼마나 친근하게 이루어지는지에 대해서는 그 분야에서 가장 앞선 연구자인 피터 포나기(Peter Fonagy)의 말을 들어보자. 그는 저서에서 '정서적(emotional)'이라는 단어 대신 '정동적(affective)'이라는 말을 사용했지만, 아기가 자기감정의 무차별 공격에 맞닥뜨렸을 때 얼마나 속수무책으로 당하는지에 대해서는 다른 학자와 동일한 내용을 말한다.

아기는 자기의 감정과 사고를 오직 점차적으로만 인식하고, 서서히 이 것들을 구분하게 되는 것 같다. 이는 아기의 내면 경험들이 부모의 표현과 반응을 통해서 학습과 의미 있게 연결됨으로써 가능해진다. 아기의 정서 표현에 대한 부모의 습관적인 반응으로 말미암아 아기는 자기의 내면 경험에 주의를 집중하게 된다. 이로써 아기의 내면 경험은 모양을 갖춰나가고, 그에 따라 의미를 띠는 동시에 점차 관리 가능해진다. …… 아기의 정신 체험에 신경을 쓰지 않는 부모는 아기에게서 자아 감각을 구축할 기반을 빼앗는 셈이 된다. ……

안전하고 포근한 관계 속에서 부모는 아기의 정동적 신호들을 해석하고, 아기가 경험하는 불편함 아래에 깔려 있는 정신 상태에 대해 심사숙고한다. 이런 깊은 생각이 아기에게 도움이 되려면, 서로 충돌하는 아기의 강렬한 감정들과의 미묘한 거울 작용(mirroring, 상대의 심리나 경험을 내 것처럼 경험하는 것—역주)과 소통이 필요하다. 거울 작용의 본질이 뭔지는 아기와 가상 놀이(pretend play, 소꿉놀이처럼 가상의 상황을 설정하여 하는 놀이—역주)를 하는 부모를 묘사하는 우리의 글을 보면 쉽게 이해할 수 있다. 그리하여 아기의 불안을 잠재우기 위해서 엄마의 거울 작용 표현은 복잡하게 날뛰는 감정들을 드러낼 것이다. 예를 들면 공포감을 그것과 양립할 수 없는 감정과 결합하는 식의 역설이 일어난다. …… 우리 연구진은 아기가 바로 이 과정을 거치며 진정되거나 감정을 자제하게 된다고 믿는다.[06]

포나기는 아기가 자신의 감정을 견뎌나갈 수 있도록 부모가 어떻게 도와주는지 잘 설명한다. 그가 알려주는 건, 사려 깊은 부모가 아기의 감정이 드러나는 장을 만드는 방식이다. 그가 보기에 부모는 아기에게 어떤 일이 일어나고 있는지를 잘 살펴보고, 그 일에 대해 깊이 생각한 후, 아기에 맞도록 해석해주는(적절하게 반응해주는—역주) 일련의 과정을 지속한다. 어린아이나 영아는 자기의 감정이 무엇인지 모른다. 그 감정에 따라 움직이고 그 감정에 사로잡히지만, 마음은 아직 그것을 담아내거나 상징화하거나 이름 붙이거나 이해하지 못한다. 그래서 그들은 자신을 보호해주는 어른에게 온전히 의존한다. 포나기는 연구실에서 자신과 동료들이 부모와 아기를 관찰하고 발견한 것을 설명한다. 좋은 부모는 자기 아이에게 무엇이 일어나는지 감지한 후, 그것을 거울처럼 약간 비틀어서 되돌려준다. 엄마는 자신이 알게 된 것을 아기가 알도록 하되, 역설적으로 거리를 좀 두면서도 기민하게 조율하여 아기가 부담을 덜 느끼도록 한다. 부모는 어떤 일이 일어나더라도 그것이 세상의 끝이 아니라는 것을 알고 있다. 아기가 배고프면 먹여주고, 기저귀가 젖으면 갈아준다. 아기가 피곤해하면 잠을 재우고, 아기가 불안해하면 안고 달래준다. 그래도 아기가 징징거리고 불편해하면 부모는 말과 행동으로 아기를 달래준다. 위니컷이 부모의 "수용적 환경"이라고 쓴 것은 바로 이런 경이로운 현상을 일컫는다. 아기의 불편함에 이렇게 적절하게 반응하며 시간을 보내는 사이, 부모는 아기의 감정이 무엇이고 그 감정을 어떻게 다루어야 하는지를 아는 능력을 계발한다. 포나기는 이를 "정신화 과정(mentalization)"이라고 불렀다.

사염처에서 볼 수 있는 붓다의 치료법은 위에서 언급한 과정과 아주 유사하다. 적절한 순간에 적절한 방식으로 가르침을 전하는 붓다의 모습은 조화롭게 반응하는 엄마의 태도와 같다. 거울처럼, 사태를 명징하게 보되 그것을 과도하게 실재로 여기지 마라. 본 것에 조금의 역설과 조금의 뒤틀림을 담아서 되돌려주라. 태국의 아잔 차 스님은 자기 옆에 있는 유리잔을 가리키면서 말한다. "나에게 이 유리잔은 이미 부서진 것입니다. 그러나 내가 이 사실을 알았을 때, 그 유리잔과 함께하는 일분일초는 소중해집니다." 유리잔이 이미 부서졌다고 말할 때 아잔 차는 불교적 관점의 역설을 언급했다. 실재에 대한 우리의 지각을 무력하게 하면서, 무상함과 비실재성에 담긴 트라우마적 진실이 드러날 수 있는 공간을 창출한 것이다. 그의 말은 어떻게 무언가가 부서졌으면서도 온전하고, 생생하게 살아 있으면서도 '불의 설법'에서의 표현대로 무상함이라는 트라우마로 불탈 수 있는지 우리 스스로 이해할 수 있도록 해주는 푸근하고 편안한 환경을 만들어냈다. 이런 관점으로 대상을 바라보면 마음을 가라앉혀주는 무언가가 반드시 생겨난다. 붓다가 말한 것은 진리다. 그리고 우리는 그의 가르침을 받아들일 수 있다.

붓다는 사념처라는 가르침을 통해 무아로 가는 길을 그려놓았다. 우리의 경험이 감각기관을 통해 들어온 원천 데이터 덩어리일 뿐임을 알면, 자아의 정체감에 대한 확신은 흔들린다. 우리의 의식이 나름의 생애를 가진다는 것, 즉 우리가 의식을 알거나, 의식이 우리를 알거나, 의식은 그냥 의식일 뿐임을 알게 되면, 우리가 누구인지 또 무엇인지에 대한 개념은 붕괴한다. 무아는 우리 자신을 다르게 보게 하는 가능성을 열어놓는다. 변한 것은 아무것도 없다. 단지 약간의 비틀기가 있을 뿐이다. 우리가 이전에 그토록 확고하게 실재라고 여기던 것들이 이제는 의문에 부쳐진다. 아잔 차가 말한 것처럼 이미 유리잔은 부서졌다. 이것을 단지 '공(空)'이라고 말하는 불교 스승도 있다. 뭐라고 표현하든 그것은, 아기와 공감하고 아기가 겪는 불편함을 조금씩 누그러뜨림으로써 아기를 달래는 품이 넓은 부모의 정서적 태도와 다름없다. 부모는 "너 자신을 잘 돌봐야지."라는 말과 함께 약간은 짓궂게 아기를 달래며 미소로 아기의 힘든 감정을 다독인다.

비감각적인 기쁨의 능력을 회복한 붓다는 이런 기쁨은 한이 없다는 것을 알았다. 붓다는 자아로부터 벗어나면 이런 기쁨이 자기의 깨어 있는 의식에 충만해지는 것을 알았다. 이 상태에서 붓다는 자신감과 안정감과 신뢰감을 느낄 수 있었고, 어떤 것이라도 명징하게 볼 수 있었다. 명상 수행을 통해 이르는 이 흥미로운 의식의 분기점에서, 우리는 관찰자이면서 동시에 관찰 대상이 된다. 바로 그 지점에서, 붓다가 회복한 기쁨은 단순한 마음의 대상으로 존재하지 않았다. 그것은 기억이나 감정 같은 관찰 대상인 동시에, 마음챙김을 하는 매 순간 동반하는 마음의 질적 상태다. 이런 감정이 일어날 때마다 더 많이 받아들이고, 또 주체와 대상의 경계를 넘나들수록 붓다는 자신의 진정한 본성에 더 가까이 다가갔다. 돌 조각이 있든 없든, 붓다는 자기의 본성과 이어지는 방법을 알아가고 있었다.

9

기억의 힘

호흡 마음챙김을 할 수 있게 됨으로써, 그녀는 '견딜 수 없는' 감정이 일어날 때 그것의 포로가 되는 대신 때로 그 감정과 마주할 수 있는 마음의 여유를 갖게 되었다. "명상이 나에게 그 감정과 함께 있을 것인지 그러지 않을 것인지 선택할 권리를 주었다. 그 감정을 견디기 힘들 때, 나는 호흡으로 다시 돌아와 편안함을 느낄 수 있다."

9

chapter

얼마 전에 책장을 정리하다가 선반 위의 소설책 묶음 뒤에 떨어져 있던 비디오테이프 하나를 우연히 발견했다. 그 비디오테이프를 보자마자 무슨 내용인지 궁금해졌다. 최근 나는 집에 있는 모든 비디오테이프를 DVD로 변환하는 작업을 했는데, 이번에 발견한 비디오테이프는 다른 것들과 크기도 브랜드도 달랐다. 나는 그 안에 담긴 영상을 보기 위해 재빨리 텔레비전으로 달려가 과거에 잊어버린 내 모습과 직면했다. 1986년의 그 비디오는 내 딸이 태어난 지 5주째일 때 뉴욕 북쪽에 사는 내 친구의 친구가 자기네 집을 방문한 우리 가족을 찍은 것이었다. 나는 이 비디오를 찍은 이후로 단 한 번도 그것의 존재 사실을 떠올려본 적이 없었다. 정말 책장에서 우연히 발견하지 못했다면 이 비디오테이프의 존재를 까맣게 잊었을 것이다. 그런데 화면이 돌아가자 그 당시의 상황이 모두 머리에 떠올라 전혀 낯설지 않았다.

아니면 내가 그렇다고 생각했는지도 모른다. 20분 정도 되는 분량의 영상에는 우리 가족이 딸을 보살피는 모습이 담겨 있었다. 그리고 전혀 기억나지 않는 이상한 모습으로 움직이고 있는 내 모습도 찍혀 있었다. 비디오를 계속 볼수록 이상하게 행동하는 젊은 내가 점점 거북하게 느껴졌다. 카메라는 아마도 내 행동을 꾸밈없이 찍었을 것이다. 비디오에 찍힌 나의 행동거지를 보고 나는 놀라지 않을 수 없었다. 마치 당시로 돌아가 저 멀리 떨어진 곳에서 내가 나를 관찰하는 듯한 느낌이 들었다. 비디오에는 내가 전혀 인식하지 못하는 내 부정적인 행동이 너무나 생생하게 찍혀 있었다. 그렇게 행동하는 과거의 내 모습을 보면서 충격을 받았다. 내가 느끼는 불편함이나 내가 주위 사람에게 전달하는 불편함은 놀랄 만한 수준이었다. 나는 분명 불안했거나, 화가 났거나, 불안하고 화도 난 상태였다. 또 나는 정말로 내 내면에서 일어나고 있는 것들을 까맣게 모르고 있었다. 나는 그 비디오를 보면서 그 어떤 모습도 나라고 느껴지지 않아 어색했다. 마치 다른 우주에 사는 전혀 다른 내 모습을 보는 것 같았다. 내 모습이라고 정말 인정하고 싶지 않았다.

그러나 그 화면에는 오류가 없었다. 아내는 평소와 다름없는 모습이었고, 딸을 돌볼 때는 엄마의 사랑스런 빛깔로 물들어 있었다. 화면에 비친 나는 분명 나였지만 뭔가 이상했다. 만약 이 비디오를 보지 못했다면 내게 이런 특별한 모습이 있었는지 의심했을 것이다. 그 비디오에는 내가 의식하지 못하는 나의 방어적 모습이 담겨 있었다. 나도 모르는 사이 스스로의 트라우마로 넘쳐흐르는 내 모습을 비디오를 통해 목격할 수 있었다. 그렇게 나는 엄마 노릇을 막 시작한 아내에게 상처를 주는 동시에, 어린 딸의 초기 인생에 개입하여 내 트라우마로 물들이고 있었다.

나도 모르는 내 행동

영상이 5분쯤 흘렀을 때, 딸을 이리저리 어르던 아내가 작은 장난감을 하나 가져왔다. 우리가 "꼼지락 벌레"라고 불렀던 그 장난감은 장차 우리에게 소중한 물건이 될 터였다. 꼼지락 벌레는 길이가 21센티미터 정도 되는 노란색 딸랑이로, 조그만 녹색 플라스틱 삼각형이 한쪽 면을 따라 줄지어 달려 있었다. 언젠가 한번은 그 꼼지락 벌레를 공항 가는 택시에 두고 내렸다가 역추적해서 간신히 찾아온 일도 있었는데, 이렇게 진땀나는 노력을 할 만큼 이 꼼지락 벌레는 우리 가족의 삶에서 매우 중요했다. 그 꼼지락 벌레가 이 비디오에서 처음으로 등장했다.

아내는 딸의 시선을 따라가며 아주 부드럽게 꼼지락 벌레를 움직였다. 아내는 딸아이를 금방 달랬다. 아내의 즉흥적인 놀이를 보며 나는 '엄마와 아기'의 유대관계를 떠올렸다. 아내는 꼼지락 벌레가 춤추고 노래하는 모습을 아주 우아하고 능숙하게 연출해냈다. 목소리도 아주 맑고 밝았다. 아내는 놀라울 정도로 아이에게 자기를 맞췄고, 딸아이는 완전히 몰입해서 엄마의 움직임을 하나하나 살펴보았다. 꼼지락 벌레는 딸아이가 볼 수 있는 지근거리에서 맴돌았다. 그런데 그다음 순간 어처구니없는 일이 일어났다. 갑자기 내가 꼼지락 벌레를 잡고서 딸아이의 얼굴 앞에서 서투른 솜씨로 마구 흔들어댔다. "꼼지락 벌레, 꼼지락 벌레!"라고 나는 외쳐댔다. 괴물처럼 펄쩍펄쩍 뛰어다니며, 무기를 흔들듯 꼼지락 벌레를 휘둘러댔다. 중학생 오빠가 여동생의 소중한 인형을 짓밟아대는 장면 같았다. 딸아이는 혼란스러워하며 무서워했다. 나는 무엇을 하고 있었단 말인가?

화면으로 그 모습을 보면서 나는 어안이 벙벙해졌다. 사진이나 동영상에서 내가 긴장하고 있는 모습을 볼 때 나는 종종 깊은 인상을 받곤 했다. 그때마다 나는 눈길을 돌리고 싶었다. 이번에도 비슷했다. 아니 평소보다 더했다. 내 행동에 내재한 폭력성을 받아들이기 어려웠다. 나는 그때 일어난 일을 전혀 기억하지 못하고 있었지만, 비디오를 보는 사이 내가 춤을 추기 시작했을 때 내게 무슨 일이 일어났었는지 감을 잡을 수 있었다. 나는 아내가 꼼지락 벌레를 아주 섬세하고 부드럽게 다루는 것을 보고 막연하게 당황했다. 아내는 그 인형을 살아 있는 것처럼 만들었다. 그것이 정말로 거슬렸다. 나는 친구들을 웃기고 싶은 동시에 어느 정도는 분명히 아내를 비웃고 싶었다. 이렇게 돌이켜보고서야 알 수 있었다. 아내가 딸아이에게만 관심을 기울이는 것에 대해 내가 얼마나 불편해했는지, 그래서 얼마나 질투심을 느끼고 아내를 함부로 다루길 원했는지, 또 나에게 관심을 기울여주길 얼마나 원했는지를. 그리고 그걸 알고서야 비로소 내 행동과 테이프의 표면상 주제인 아기 돌보기의 연관성을 찾을 수 있었다. 화면에 나타난 내 행동을 보자 안거 동안에 꾸었던 불안한 꿈이 생각났다. 이 두 장면에서 모두 내 지배를 벗어난 그 무엇에 내가 사로잡힌 것처럼 느껴졌다. 그중 하나는 꿈을 통해서 드러났고, 다른 하나는 화면에서 볼 수 있는 불편하고 생생한 장면을 통해서 드러났다. 나는 아내와 딸에게 미안했다. 둘 다 당황한 듯 보였고, 나를 부끄러워했다. 정신분석 용어로 말하자면 당시 나는 무엇인가를 행동화(enact)한 것이다. 그 무엇은 반성하는 자아의 인식 능력 밖에 있는 것이다.

정신분석가들은 사람들이 자신의 마음 상태라는 프리즘을 통해서 자기 체험에 색을 입힌다는 것을 오래전부터 잘 알고 있었다. 치료에서 이런 현상이 일어나는 걸 전이(transference)라고 부른다. 이때 치료자는 환자가 치료 관계에서 되살아난 초기 트라우마들에 대한 단서를 치료자가 갖고 있다고 오해하고 있음을 이해하도록 도와야 한다. 이런 전이 현상은 치료적 관계에서만 일어나는 게 아니다. 일터에서, 사랑하는 사람과 있을 때, 꽉 막힌 길에 갇혀 있을 때, 가게 앞에서 줄을 서 있을 때 같은 일상의 모든 상황에서도 사람들은 처리되지 않은 감정을 행동으로 드러낸다. 해결되지 못한 트라우마는 체험의 문 앞에 기다리고 서서 자신을 표현할 기회를 엿본다. 그런데 비디오에서 내 모습을 보고서 알 수 있었듯, 트라우마가 표현되는 방식에는 독특한 면이 있다. 바로 트라우마를 행동으로 드러내는 사람은 자신이 뭘 하고 있는지 모른다는 점이다. 다시 말해 트라우마의 '행동화'는 당사자가 거의 인식하지 못하는 사이에 일어난다. 심지어 행동이 끝난 뒤에도 무슨 행동을 했는지 거의 모른다.

불교 경전 읽기가 매력적인 이유는 위에서 언급한 이런 심리 특성을 2,500년 전에 어떻게 설명하고 있는지 볼 수 있다는 점이다. 금욕 수행을 하던 시절, 붓다는 자신의 해리된 공격성을 행동화했다. 하지만 일단 깨닫고 난 다음에는 타인의 이런 경향을 잘 인식하고 치료하는 전문가가 되었다. 그리하여 붓다는 오늘날 가장 뛰어난 트라우마 치료사보다 훨씬 앞선 업적을 이루었다. 붓다는 한 사람에서 다음 사람으로 트라우마가 전이되는 무의식적인 범죄를 단절하는 데 아주 능숙한 솜씨를 보여주었다.

두 가지 기억

마음챙김은 붓다가 쓰던 말로 하면 사티(sati)인데, 흥미롭게도 이 단어의 뜻은 '기억하다'이다. 이 단어를 선택한 것을 보면, 붓다는 마음과 몸에 트라우마가 심기는 방식에 대한 오늘날의 최신 이론을 이미 이해한 것처럼 보인다. 마음챙김에서 '기억하다.'라는 말은 대개 "순간순간 일어나는 것은 무엇이라도 알아차리는 걸 기억하다"라는 뜻으로 이해되는데, 트라우마가 우리 체험에 들러붙는 방식과 직접 연관하면 '기억하다'에 대한 다른 지평이 열린다. '기억하다(re-member)'라는 단어에는 이전에 해리한 것을 다시 자아로 불러들인다는 의미도 들어 있다. 이는 재결합을 의미할 수도 있고, 의식 바깥에 도사리고 있던 무엇인가를 의식 안으로 불러온다는 뜻에서 '의식화'를 의미할 수도 있다. 트라우마와 관련해서는 두 번째 의미가 연관성이 더 높다.

　트라우마는 보통의 기억 속에 담기지 않는다는 특징을 갖고 있다. 트라우마와 연관된 감정은 말 그대로 견딜 수 없는 감정이기 때문에, 정서 체험을 담당하는 뇌에서 결코 처리될 수 없는 것이다. 로버트 스톨로로우는 이를 다음과 같이 기술했다. 발달 트라우마는 "반성하는 '자아의식'이나 연속되는 체험 너머에 존재한다. 그렇게 존재하면서도 변함없이 계속 마음의 구성 체계에 영향을 끼치는 점에서 중요하다."[01] 이런 정서들이 흘러 다니는 신경 경로는 뇌의 깊숙한 곳에 있는 편도체에 기반을 두고 있으며, 의식적인 사고의 영향력 밖에서 작동한다. 이 신경 경로들이 마음을 완전히 장악하여 의식의 내용을 지워버리는 경우도 있는데, 그럴 때 당사자는 스스로 통제할 수 없는 무언가에 순간적으로 조종당한 기분을 느끼게 된다. 꼼지락 벌레 사건이 바로 이렇게 일어났다. 스톨로로우는 트라우마가 주는 충격에 대해 흥미로운 지적을 했는데, 붓다의 심리학에서도 그와 견해를 같이한다. 트라우마에서는 시간이 무시된다. 트라우마가 누군가를 덮친 순간은 과거 혹은 미래가 아니다. 그 사건은 바로 지금 일어나고 있다. 스톨로로우는 말했다. "트라우마 경험은 영원한 현재 속에 얼어붙어 틀을 형성한다. 그 속에서 트라우마 피해자는 트라우마 체험 속에 영원히 갇히거나, 살면서 어려운 일을 경험할 때마다 마법처럼 트라우마 체험으로 끊임없이 되돌아갈 수밖에 없는 운명에 빠진다."[02] "과거에서 미래로 쭉 뻗어 있는"[03] 삶의 계속성이 트라우마로 인해 붕괴한다. 트라우마를 받은 개인은 시간 밖에 있는 자기만의 동떨어진 현실에서 살기 때문에 타인과 관계하며 현실을 공유할 수 없다. 마음챙김의 기억하는 성질은 이런 경향을 깨뜨린다. 마음챙김은 트라우마 체험으로 얼어붙은 마음 상태에서 벗어나 시간의 따뜻함 속으로 다시 돌아갈 수 있게 해준다.

이것이 '부모와 아기' 관계에 대한 연구가 트라우마와 연관성을 갖는 이유다. 넉넉하고 편안한 양육 환경에서 부모는 아기가 자기 감정을 시간의 흐름에 따라서 잘 흘려보내도록 도와준다. 그렇게 아기가 상처를 받지 않도록 예방해준다. 세심하게 주의를 기울여 거울 작용과 역설적인 거리두기를 미묘하게 조합함으로써, 부모는 아기에게 편안함과 위안을 준다. 그 과정에서 아기는 상징을 통해 감정을 이해하게 된다. 엄마는 아기가 감정에 형태나 질감을 부여하여 감정을 안전한 것으로 만들 수 있도록 도와준다. 그리하여 결국 아기는 감정을 스스로 마음속에 받아들일 수 있게 된다. 트라우마에서는 이런 과정이 일어나지 않는다. 발달 트라우마는 주된 양육자가 아기에게 이런 기능을 제공할 수 없을 때 일어난다. 발달 트라우마 외의 다른 트라우마는 어떤 사람 또는 본인에게 중요한 사람이 이와 유사한 것을 해주지 못할 때 발생한다. 기억을 연구하는 뇌 과학자들은 기억에 대해 다음과 같이 적절한 설명을 한다.

기억에는 기본적으로 두 가지 종류가 있는데, 바로 암묵 기억과 외현 기억이다. 암묵 기억은 자전거 타기나 공 던지기를 배울 때 사용하는 기억이다. 암묵 기억을 사용할 때는 의식적으로 일정한 기억을 불러낼 필요가 없다. 우리 몸속에 대기하고 있던 암묵 기억이 때가 되면 튀어나오기 때문이다. 암묵 기억은 개념적 사고와 의식적 인식을 담당하는 고위 피질 중추에서 멀리 떨어진 뇌의 깊은 부위에서 이루어진다. 암묵 기억은 의식적으로 불러오지 않는 행동상의 지식이다. 그래서 '절차 기억' 또는 '감각운동 기억'이라 불리기도 한다. 암묵 기억은 보통 마음이라고 이해되는 것 바깥의 우리 몸에 거주하는 듯 보인다. 그리고 언어에 기반을 둔 기억보다 먼저 자연스럽게 발달한다. 암묵 기억은 출생 후 18개월 동안 사용할 수 있는 유일한 기억이고, 운동 기능뿐 아니라 타인과 관계 맺기를 배우는 데도 기반이 되는 기억이다.[04] 익살 떨기, 감정 표현, 친구 사귀기[05]와 같이 우리가 '관계적 지능 (relational knowing)'이라고 여기는 것은 대부분 암묵 기억에 바탕을 둔다. 우리는 생각하지 않고서도 암묵 기억을 어떻게 써야 하는지 안다. 암묵 기억은 세밀한 주의 집중이나 언어 처리 과정을 필요로 하지 않지만, 우리 안에 본래부터 있다.

한편, 외현 기억은 의식적인 회상을 요구한다. 또한 '서술 기억'이나 '선언적 기억'이라 불리기도 한다. 우리가 무엇을 기억한다고 말할 때 통상적으로 떠올리는 것이다. 이 기억은 한 종류 또는 다른 종류의 생각에 의해 매개되고 재구조화되는 성질이 있다. 마음은 감각기관을 통해 들어온 가공되지 않은 체험을 거르고 재조립하여 일관성을 부여한다. 이 과정에서 언어를 도구로 삼아 상징화가 진행된다. 부모는 아이가 불안을 조절할 수 있도록 도울 때, 무슨 일이 일어나고 있는지를 아이에게 다시 일러주면서 아이가 견딜 수 있을 정도로 상황을 정리한다. 이때 부모는 아이가 2차 상징화를 통해 암묵 기억과 서술 기억 사이에 연결다리를 놓을 수 있는 무대를 마련하는 것이다. 외현 기억은 반성하는 '자아의식'을 통해서 기능을 발휘한다. 외현 기억을 다룰 때, 우리는 의식하고 있음을 안다. 외현 기억은 몸을 통해 직접 매개되지 않고 사고를 통해서 다뤄진다.

트라우마 체험은 오로지 암묵 기억에서만 일어난다는 것이 이제 이해되었을 것이다. 외상 후 스트레스 장애 환자를 치료하는 치료사는 항상 이런 증례를 본다. 특정 트라우마와 연관된 싸움과 도망에 대한 정서적 반응은 트라우마를 받은 개인의 몸속에서 영원한 현재인 듯이 계속 살아 있다. 트라우마 반응은, 트라우마를 겪은 사람이 의식하지는 못하지만 [암묵 기억으로는] 이미 알고 있는 위협을 가할 태세를 하고 감금되어 있다. 해리 방어는 평소 암묵 기억을 저장하는 뇌의 부위와 기억들 사이의 연결을 강화한다. 트라우마는 뇌의 고위 중추에서는 절대 처리되지 않는다. 트라우마에 대한 기억은 자극이 가해지거나 마음의 방어 기능이 약해질 때 흘러나오며, 몸이나 무의식적인 기억에 트라우마가 남긴 흔적을 거쳐서만 접근할 수 있다. 필립 브롬버그가 언급한 바와 같이, "환자가 인지해서 파악하고 상징화할 수 있는 것과 환자가 상징화할 수 없는 상태로 떠안고서 행동화할 수밖에 없는 것, 이 두 가지가 존재한다는 것이 핵심 주제다. 거기에 있는 것은 어떤 형태로든지 인식되겠지만, 처리되지 않은 어떤 것은 이후 행동화될 것이다."[06]

존재하는 여성, 행동하는 남성

25년 전의 사실을 기록한 비디오테이프에서 내 모습을 보았을 때, 나는 해결되지 못한 어떤 것이 행동화되고 있음을 알았다. 그것은 나의 암묵 기억에 담겨 있다가 특정 상황의 무엇인가에 의해 끌려 나왔고, 의식적인 사고를 벗어났다. 근래 몇 년간 그것을 보면서 깊이 생각한 끝에, 나는 무엇이 일어났는지 알아낼 수 있었다. 아내는 출산 후 첫 몇 주 동안 딸에게 모유 수유를 했다. 그 상황에서 아내가 꼼지락 벌레와 노는 것이 나는 불편했다. 그 장면이 내가 참을 수 없는 무엇인가를 건드렸고, 그 결과 내가 공격적인 행동을 하게 된 것이었다. 왜 그랬을까? '엄마와 아이' 관계의 역동성에 대해 세심하고 절묘하게 기술한 위니컷은 그것이 무엇인지를 알고 있었다. 위니컷의 글을 읽으며 나는, 내가 겉으로는 칭송하지만 동시에 나를 안절부절못하게 만드는 무언가가 아내의 꼼지락 벌레 놀이에 들어 있음을 감지할 수 있었다. 아내는 아기가 트라우마를 겪지 않고 정서 체험을 할 수 있도록 도우려는 마음을 잘 표현했다. 아내의 그런 모습을 바라보는 사이 내 트라우마가 표면으로 떠올랐고, 나는 그것을 다시 행동화했다.

위니컷은 아기의 감정이 암묵 기억에 고착되지 않도록 하는 부모의 양육법을 설명하면서 "엄마(또는 엄마의 일부분)는 아기가 발견할 수 있는 범위와 (그게 안 될 때는) 엄마 자신이 발견되기를 기다릴 수 있는 범위 사이에서 '왔다 갔다' 한다."[07]고 했다. 엄마는 발견되기를 기다리는 독립한 자아임과 동시에 아기가 엄마를 발견할 수 있는 여지를 남기며 스스로의 자아를 유예시키는 가능성의 공간이다. 스스로 아기에게 발견될 수 있는 대상이 됨으로써, 엄마는 안심한다. 그렇게 엄마를 발견하는 환상 체험이 아기에게 허용되는데, 그 체험은 아기에게는 환상이 아니며 그 자체로 창조적이다. "엄마가 이 어려운 일을 잘 수행하면 (엄마가 그것을 할 수 없지 않은 한) 아기의 자신감은 커지고, 아기는 체험을 즐기게 된다. …… 자신감을 얻은 엄마는 이쯤에서 중간 단계의 놀이터를 마련하는데, 그 놀이터에서 마술적인 생각이 샘솟는다. 그리하여 아기는 어느 정도의 전지전능함을 체험한다."08

이것이 딸아이를 위해 아내가 준비하던 것이다. 아내는 꼼지락 벌레가 딸아이에게 이행기 대상이 될 수 있음을 보여주며, 꼼지락 벌레에게 젖가슴의 성질을 부여하고 있었다. 아내가 만든 놀이터에서는 아내의 연장물인 꼼지락 벌레가 발견되기를 기다리고 있었다. 아내의 의도를 감지하는 사이 내 안의 무엇인가가 반란을 일으켰다. 나의 반응은 아내의 행동과 정반대로 나타났는데, 위니컷은 그런 식의 반응에 반대하며 경고했었다. 나는 어떤 식으로든 체험했어야만 하는 것을 행동화하기 시작했다. 그것은 트라우마 반응에서 흔히 관찰되는 모습이었다. 나의 암묵 기억은 바로 행동으로 직행했다. 바로 이때 나는 더 많은 트라우마를 일으켜 그 트라우마를 이 세상에서 내가 가장 사랑하는 사람에게 끊임없이 전달하고 있었다. 붓다는 이를 윤회라고 불렀다.

위니컷은 부모가 자식에게 취할 수 있는 두 가지 접근법을 사회적으로 규정되는 성(性) 역할 기준에 따라 이렇게 기술했다. "(남녀에게 모두 있을 수 있는) 여성적 요소는 '존재하는 것'이지만, 남성적 요소는

'행동하는 것'이다."[09] 두 엄마가 모유 수유를 할 때 풍경은 같을지라도 아기들의 체험은 근본적으로 다를 수 있다. 한 아기는 스스로 젖가슴을 찾으며 그 젖가슴을 창조하는 감정을 느끼는 데 반해, 다른 아기는 젖가슴이 아기를 찾으며 아기는 그에 끌려간다. 아기에게 좋은 첫 번째 시나리오에서 아기는 젖을 먹거나 안겨 있는 동안 실제로 젖가슴이 된다. 반면 두 번째 시나리오에서 젖가슴은 어머니가 원하는 시간에 맞추어 주어지고 아기는 그에 적응해야만 한다. 아기가 젖가슴을 찾을 수 있는 공간이 창조되는 것이 아니다. 아기에게는 아무 권리도 선택권도 없다. 먹이는 시간이, 먹는 시간이다. "엄마의 젖가슴이 거기에 '있고' 아기 또한 거기에 '있어서' 아기의 덜 발달된 마음속에서 아기와 엄마가 아직 분리되지 않은 채로 있거나, 엄마가 이런 역할을 제대로 하지 못해서 아기가 '있을' 수 있는 능력이 없는 채로 혹은 그 능력의 일부가 손상된 채로 자랄 수밖에 없거나."[10]

위니컷은 초기 경험이 순조롭게 진행되면 안정된 자신감의 기반이 형성된다고 생각했다. "이 세상에는 창조적으로 살아가면서 삶은 살아갈 만한 가치가 있다고 생각하는 사람이 있는가 하면, 창조적으로 살지 못하고 삶의 가치를 늘 회의하는 사람도 있다."[11] "순응을 하면 자기가 가치 없는 존재라는 생각이 따라오고, 중요한 것은 하나도 없으며 삶은 살 만한 가치가 없다고 생각하게 된다."[12] "늘 거기에 젖가슴이 있다"는 인식에서 만들어진 신뢰는 계속 이어져 정서 발달을 가능하게 한다. 심지어 자아가 생겨나고, 자기를 형성한 다음에도 이런 "존재하는 능력"은 매우 중요하다. 그 능력이 있으면, 자아는 유동적인 상태가 되어 양분이 되는 체험 속으로 녹아들어가고, 창조적 충동에 길을 열어주며, 즐거움 속에서 자발적으로 일어선다. 하지만 그 능력이 없다면, 자아는 그 본질상 더 '남성적'으로 된다. 즉 '행동'에 의존하고, 경직된 자세로 일상생활에 임하고, 스스로와 더욱더 불편한 관계를 맺는다. "순수하게 정제된 오염되지 않은 여성적 요소는 우리를 '존재'로 이끈다. 그리고 이것은 '자기 발견'과 '존재감'의 유일한 기반을 형성한다. 그렇게 내면이 발달하여 '보듬는 자'가 된다. 거듭 말해서 좀 뭐하지만, 남아, 여아, 환자에게 있는 여성적 요소가 젖가슴을 발견했을 때 거기서 찾아지는 것은 다름 아닌 '자기'임을 다시 한번 언급하고 싶다."[13]

마음챙김과 엄마

마음챙김을 가르칠 때, 붓다는 위니컷과 같은 정신치료사가 말하려는 것을 대부분 파악한 것처럼 보인다. 특히 말로 할 수 없거나 느껴지지 않는 감정을 치료할 때, 붓다는 암묵 기억에 각인된 트라우마가 어떻게 명상의 주제가 될 수 있는지, '존재'라는 여성적 요소가 마음에 드러날 때 트라우마가 어떻게 표면에 부상하는지 설명했다. 마음챙김은, 엄마가 아기에게 줄 수 있는 가장 중요한 선물이라고 위니컷이 정의한 '보듬는 자'를 다른 형식으로 구현해낸다. 자아를 중립적인 관찰 장소로 옮기고, '남성적 요소'에게 무엇인가 할 것을 준 다음, 감각기관을 통해 들어온 가공되지 않은 체험에 초점을 맞춤으로써, 내면 환경은 '엄마와 아기'의 초기 관계를 닮은 모습으로 조성된다. 이런 식으로 주의를 기울이면, 암묵 기억은 자신을 표현할 기회를 얻는다. 책장 뒤에서 발견된 비디오테이프처럼 명상은 우리가 잊고 있을 법한 스스로의 모습을 재경험하도록 한다. 비디오에서 내 모습을 본 후 글쓰기가 그리했듯, 마음챙김의 '기억'이라는 요소는 암묵 기억과 서술 기억 사이에 다리를 놓아준다. 미발달된 감정에 이름과 형태를 부여하고, 해리된 요소를 그러모아서 당사자에게 되돌려준다. 이는 사람을 겸손하게 만드는 체험일 수도 있고, 사람을 안도하게 만드는 체험일 수도 있다. 자기의 힘든 면면을 스스로 알아차리면서 용서하고 안아주면, 에너지가 많이 누그러져 말썽을 적게 일으키게 된다.

꼼지락 벌레 사건에 대한 성찰을 거치면서 내게도 그러한 일이 일어났음을 나는 감지했다. 내 이상한 행동에 대해 글을 쓰고 명상을 함으로써 나는 나의 고통스러운 부분을 덜 부끄러워하고 더 많이 이해하면서 들여다볼 수 있게 되었다. 또한 이후 가족과 함께 있으면서 비슷한 행동을 했을 때, 그 행동을 책임질 수 있게 되었다. 비디오테이프에 담겨진 사건에서 나는 트라우마의 잔재를 행동화하고 있었다. 아내가 자기를 의식하지 않은 채 자신의 여성적 요소를 드러내는 모습을 직면한 나는 남성적 원형의 희극적인 장면을 연출했다. 나를 포함하여 나와 가까운 사람들이 마주칠 수밖에 없는 내 마음속 그 무엇을 드러낸 것이다. 그 생생한 장면에서 나는 오늘날 정신치료 연구자들 역시 다다른 결론을 표현했다. "마음의 구조는 어린 시절 소통 과정들의 구조를 부분적으로 반영하게 된다."14 부모와 아이의 초기 환경, 즉 존재와 행위 사이의 균형은 마음속에 살아남아 있다. 마음챙김은 이런 패턴을 명료하게 보는 기회를 제공한다. 그것을 보고, 반성하는 '자아의식'의 영역으로 불러옴으로써 그 얽매임에서 벗어날 가능성이 열린다. 선택은 맹목적이고 조건화된 행동으로 점철되기 이전의 지점에서 발생한다.

선택할 권리와 두 번째 체험

수년 동안 내 강의와 워크숍에 참석해온 에바라는 여성은, 위니컷의 치료와 마음챙김 수행을 같은 맥락에서 설명하는 내 강의를 들으며 자신의 트라우마를 극복하는 데 많은 도움을 받았다고 나에게 말했다. 에바는 후일 암묵 기억에 숨은 근본적인 고통이라고 이해한 것에 얼마나 반복적으로 "기습을 당해왔는지" 설명했다. 인간관계에서 일어나는 사건들, 예를 들면 남편과의 관계에서 일어나는 뜻밖의 거절이나 사소한 의견 마찰 혹은 원치 않는 요구들의 자극이 있을 때, 전혀 의식하지 못하는 사이에 별안간 공포나 불안이 터져 나와 에바를 완전히 흔들어놓았던 것이다. 명상 수행에 익숙해진 에바는 호흡에서 몸으로, 호흡에서 감정으로, 호흡에서 마음으로 마음챙김을 진행해가면서 자기의 문제들을 다룰 수 있게 되었다고 이야기했다. "트라우마가 완전히 사라지는 것 같지는 않다."고 그녀는 말했다. 그러나 호흡을 마음챙김의 중심 대상으로 삼아 중립적으로 관찰할 수 있게 됨으로써, 그녀는 "견딜 수 없는" 감정이 일어날 때 그것의 포로가 되는 대신 때로 그 감정과 마주할 수 있는 마음의 여유를 갖게 되었다. 에바에게 '때로'라는 단어는 매우 중요하다. "명상이 나에게 그 감정과 함께 있을 것인지 그러지 않을 것인지 선택할 권리를 주었다. 그 감정을 견디기 힘들 때, 나는 호흡으로 다시 돌아와 편안함을 느낄 수 있다."고 그녀는 최근에 말했다.

에바의 경험은 내 경험과 일치한다. 에바는 '보조 자아'의 지지 속에서 보다 중립적인 '관찰 자아'의 입장을 취함으로써, 자신의 기억에 마음을 열었을 뿐 아니라 이전에는 단지 행동화로만 다룰 수 있던 감정에 의식적으로 접근할 수 있었다. 이 문제에서 선택권을 가질 수 있게 되었다는 것이 매우 중요하다. 간헐적이거나 예기치 않게 그런 어려운 감정이 발동했을 때, 명상 중이든 아니든 에바는 그러한 일어남을 바라보면서 감정과 호흡 사이를 왔다 갔다 할 수 있었다. 점차 시간이 흐르면서 에바는 자기의 감정을 조금씩 알게 되었고, 마침내 그 감정이 자신을 완전히 뒤흔들지 못하도록 조절할 수 있었다. 이를 통해 에바는 트라우마에서 발생된 감정이 일상에서 활동하기 시작하더라도 덜 흔들리게 되었다. 이제 트라우마 감정은 그렇게 많이 놀랍지 않아졌고, 트라우마에 대한 공포는 견딜 만한 것이 되었다.

붓다는 마음챙김을 받아들이면서 관용과 해리 사이의 중도를 발견했다. 어릴 적 기억에서 원동력을 얻은 붓다는, '자기 폄하'의 감정을 끊임없이 행동화하던 영원한 현재에서 스스로를 구출하여 자신의 기억들과 관계를 새로이 맺었다. 붓다는 기억을 치료 수단의 중심 기둥으로 삼았다. 네 가지 마음챙김을 신중하게 설명하면서 암묵 기억을 외현 기억으로 변화시키는 방법을 밝혔다. 그 과정은 엄마와 아기 사이에서 일어나는 것과 아주 유사하다. 감정의 기억은 몸에서 감지되고 마음에 알려진다. 2차 상징화가 가능해진다. 꼭 언어로 구성될 필요는 없지만, 인과 관계로 엮어진 이야기가 만들어진다. 그림이 그려지고, 표상이 확립되고, 느꼈던 감각이 인식된다. 감정은 몸에서 불려 나와 현실의 시공간 속에 놓인다. 자아가 마음챙김의 보조 자아 기능에 주도권을 넘기면서 감정들을 둘러싸고 있던 경계와 요새가 무너진다.

위니컷은 명상을 몰랐지만 정신분석을 알았다. 많은 치료적 상황이 '아이와 부모'의 초기 관계를 재생산하고 닮는다는 것을 느꼈다. 왜냐하면 치료적 상황은 성찰되지 못한 트라우마를 의식의 표면으로 불러내어 마치 처음인 것처럼 다시 체험할 수 있도록 하는 두 번째 기회를 제공하기 때문이다.

내 경험에 비추어 보면, 어떤 환자에게는 심리적 붕괴가 이미 일어났으며 그것에 대한 두려움이 그 혹은 그녀의 삶을 망가뜨린다고 말해줄 필요가 있다. 무의식으로 옮겨져서 깊숙이 감추어진 그런 일이 있기 마련이다. …… 이 특별한 맥락에서 무의식이 의미하는 바는 자아통합이 그 어떤 것을 아우르지 못한다는 사실이다. 자아는 너무 미성숙하여 자신에게 일어나는 모든 현상을 능수능란하게 거두어들일 수 없다. 이 지점에서 이런 질문을 던지지 않을 수 없다. 환자는 왜 과거에 일어난 이런 것을 걱정하는가? 그 답은 바로 이것이다. 원초적 고통을 일으킨 바로 그 체험은 자아에 의해 현재의 체험 속으로 통합되지 않는 한 결코 과거 사건으로 돌아갈 수 없다. ……

다르게 말하면 환자는 아직 체험하지 못한 과거의 세부 사항들을 계속해서 탐색하지 않으면 안 된다. 그 작업은 미래에서 과거의 세부 사항들을 탐색하는 형식으로 이뤄진다.[15]

위니컷이 말하는 바의 핵심은, '체험'이 '치유'이지만 어떤 중요한 사건은 여전히 체험되거나 기억되지 못한다는 점이다. 그가 틀을 잡은 시나리오에서는 엄마가 우선 아기의 자아를 보호해줄 필요가 있다. 그래야 아기가 어려운 감정이나 체험을 견뎌낼 수 있다. 만약 엄마가 없거나 다른 일을 하느라 이 역할을 수행하지 못하면, 아기는 갈 곳이 없다. 아기는 결핍과 맞닥뜨리지만 그 문제를 해결하는 데 필요한 도움을 얻을 수 없다. 이럴 때 아기는 견딜 수 있는 좌절에 대해 배우지 못한다. 그 대신 견딜 수도 받아들일 수도 없는 불안만이 아기에게 남는다. 아기는 이 상황을 혼자서 감당할 수 없으므로, 이때 생겨난 불안은 처리되지 않은 채 남아 있다. 이 불안은 그렇게 남아 있다가 종종 다시 떠오른다. 다시 말해 일종의 원형적 외상 후 스트레스 장애가 된다. 이렇게 성장한 사람은 무서워하고 불안해하고 공격적으로 변하지만, 그 이유를 알지 못한다.

기억의 힘

위니컷은 이렇게 알 수 없는 귀신 같은 것이 신경증의 실제 원인이며, 그 원인을 알아차리면 그것의 주술에서 벗어날 수 있다고 믿었다. "이 논문의 목적은 한 개인의 인생이 시작되는 지점에서 이미 붕괴가 일어났을 가능성에 주목하는 것이다. 환자는 이것을 '기억'할 필요가 있지만, 아직 일어나지 않은 그 무언가를 기억하는 것은 불가능하다. 그리고 과거의 이 일은 아직 일어나지 않았는데, 그 이유는 그 일이 일어날 때 환자가 거기 있지 않았기 때문이다. 이런 경우 '기억하는' 유일한 방법은 환자가 과거의 이 일을 지금 여기서 처음으로 체험하게 하는 것이다. 다시 말하면 전이가 필요하다. 그럴 때, 이 과거와 미래의 일은 지금 여기의 일이 된다. 그리고 환자는 그 일을 처음으로 체험한다. …… 이것은 기억하는 일과 같은 것이다."[16]

치료 현장에서 환자는 아기가 부모를 이용하는 것처럼 치료사를 이용한다. 다시 말해 치료사를 환자 자신의 에고를 보호해주는 사람으로 여기고 행동한다. 그리하여 평소 같으면 너무나 두려울 감정들을 조심스레 주고받으며 천천히 인지하게 된다. 붓다의 인생 이야기에서 분명히 볼 수 있듯이, 명상은 그와 유사한 기능을 한다. 명상은 또한 편안한 수용적 환경을 조성하여, 알려지지도 탐사되지도 않은 과거의 장면들을 지금 여기에서 처음으로 경험할 수 있도록 해준다. 비디오테이프에 담겨 있던 내 모습을 봄으로써, 나는 안거 동안에 꿈을 꾸었을 때와 마찬가지로 나의 암묵 기억을 외현 기억으로 전환할 수 있었다.

위니컷은 어떤 일을 규정할 때 '남성' 또는 '여성'이라는 단어를 사용하기를 좋아했다. 위니컷은 내가 처한 곤경을 너무 많은 '남성' 에너지의 상징으로 보았을 것이다. 위니컷은 행동하는 남성적 요소와 존재하는 여성적 요소의 균형이 필요하다고 보았다. 행동과 존재의 싸움에서 나는 해리의 공격적 반응에 갇혀버렸다. 공감과 적절한 반응을 추구하는 삶을 살면서도 나 자신의 공격성에 취약했던 것이다. 딸을 향한 아내의 양육 태도에 직면하여 나 자신을 보듬을 수 없었다. 나는 나의 트라우마를 행동화했고, 아내와 딸을 난처하게 만들었다.

붓다는 깨달음을 향해 나아가면서 이런 과정을 여실히 보여주었다. 어린 시절의 기억을 회복한 후 금욕 수행을 그만두고서, 붓다는 충분히 체험하지 못한 어릴 적 트라우마와 마주할 수 있게 되었다. 위니컷의 이론 체계에 의하면, 그 사건(어머니의 죽음—역주)이 일어날 때 어린 고타마가 거기에 없었기 때문에 그 일은 일어나지 않은 것이다. 그러나 붓다의 마음이 어릴 적 기억으로 다시 활기를 찾고 붓다의 몸이 수자타가 준 죽으로 기력을 회복하자, 고타마에게는 자신을 위한 더 많은 여유 공간이 마련되었다. 그렇게 고타마는 자신을 꽁꽁 묶어놓은 곤경에서 벗어나 자신이 의식하지 못한 것을 기억할 태세를 갖추었다. 이것의 첫 징후가 그에게는 다섯 편의 꿈으로 다가왔다. 전통적으로는 예언적인 꿈으로 간주되지만, 이 꿈들은 미래와 연관되어 있는 만큼이나 과거와도 연관되어 있다. 이 꿈들은 우리와 마찬가지로 붓다도 자신이 보내온 날들과 다시 이어질 필요가 있었음을 암시한다. 붓다를 도와줄 비디오테이프는 없었지만, 암묵 기억은 할 수 있는 유일한 방법을 통해서 보물을 넘겨주었다. 프로이트가 이후 확인한 바와 같이 붓다의 꿈은 그의 무의식으로 가는 왕도였다.

10

꿈의 해석

그는 걱정과 정반대의 것을 확인했다. 무서운 이미지들을 더듬어 가는 사이 예전에 잃어버린 순수함도 다시 발견한 것이다. 정글의 아름다움, 베트남 해변의 반짝이는 하얀 모래, 동틀 녘 짙푸른 논의 빛깔 등이 모두 그에게 다시 다가왔다. 그는 트라우마뿐 아니라, 트라우마 이전의 자신도 기억해냈다.

10

chapter

붓다에게 매료된 숭배자가 한번은 "당신은 누구인가?"라고 붓다에게 물었다. 붓다는 간단하게 대답했다. "나는 깨어 있는 자다." 이 유명한 구절은 종종 잘못 해석된다. 이 구절이 진정으로 의미하는 바는 붓다가 사성제, 즉 고집멸도를 깨달은 자라는 것이다. 이것이 잘못 해석되어 마치 붓다는 잠도 자지 않고 꿈도 꾸지 않는 깨어 있는 자로 생각되기도 했다. 붓다는 확실히 깨어 있는 분이다. 그러나 붓다는 잠자지 않고 보초를 서는 사람은 아니다. 붓다는 자신을 찾아오는 모든 사람에게 주의를 기울이고, 그들의 트라우마와 그 트라우마에 저항하는 태도에 대해 경종을 울렸으며, 자기 내면의 목소리에도 똑같이 귀를 기울였다. 붓다는 자기의 진정한 본성에 깨어 있을 뿐 아니라 주위 사람들의 현실도 결코 무시하지 않았다. 붓다는 다른 사람에게도 주의를 기울였다.

붓다의 깨달음에서 가장 중요한 단계는 붓다가 잠자는 동안에 일어났다. 잠부나무 아래서 자신의 어릴 적 기쁨을 회상한 바로 다음, 우유죽을 먹고 다섯 명의 옛 친구에게 버림을 받은 다음, 구걸할 때 쓰는 그릇을 강에 던지고서 그 그릇이 강을 거슬러 오르는 것을 본 다음에, 붓다는 연속된 꿈을 꾸었다. 그 꿈은 초기불교 경전 중 하나인 앙굿타라 니카야에 기록되어 있다. 그러나 그 꿈은 오랫동안 별로 주목을 받지 못했다. 그 꿈은 붓다의 성장과 발달에 촉진제 역할을 했다. 붓다가 받은 트라우마의 역사에 대해, 깨달음 이전에 붓다가 어떤 사람이었는가에 대해, 그 깨달음에 도달하기 위해 붓다가 무엇을 극복했는가에 대해 꿈은 많은 것을 말해주고 있다. 그뿐 아니라 붓다의 숨은 능력이 공개적으로 드러나도록 꿈이 도와주었다. 그리고 깨달은 이후 붓다는 고통스러워하는 사람을 도와줄 때 그 꿈을 잘 활용했다. 꿈에서 깨어나면서 붓다는 이전에는 전혀 알지 못했던 인간 존재의 연기성을 기억해내서 자신의 것으로 성취했다. 붓다의 깨달음을 가능하게 한 것은 바로 이런 발견이다.

꿈은 그 정의상 해리적이다. 마음의 다른 기능이 모두 닫힐 때 꿈은 일어난다. 그리고 꿈은 평소에 잘 표현되지 않던 감정을 상징을 통해 드러낸다. 대부분의 경우 꿈은 깨어나면 잊혀지고, 기억에 남더라도 끊어지거나 쪼개진 조각만 있을 뿐이다. 해리의 힘이 감정의 본 모습이 드러나지 않도록 거짓으로 꾸미거나 그 감정을 깨어 있는 의식으로부터 단절시키기 때문이다. 그러나 붓다의 인생에서 매우 중요한 이 시기에는 그렇지 않았다. 마음이 전환되는 과정에서 붓다는 자신으로부터 소외된 그 무엇과도 대면할 준비가 되어 있었고, 자신을 도울 수 있는 꿈이 필요했다.

붓다의 꿈 다섯 편

붓다는 다섯 편의 꿈을 기억했고, 다음 세대를 위해서 그 꿈들을 기록해두었다. 어쩌면 붓다는 잠들어 있는 동안에도 꿈을 인식했는지 모른다. 어떤 꿈은 붓다에게 휴식을 주었고, 어떤 꿈은 무엇인가를 상기하게 해주었다. 붓다가 수년 동안 금욕적인 자기 비하의 세월을 보내며 했던 해리 감정의 행동화에 대한 욕구도 그 꿈이 가져가버렸다. 그리고 붓다 스스로 못 본 체하던 그의 어떤 면모를 꿈은 명료하게 드러내었다. 간단히 말하면, 꿈들은 붓다가 친절해질 수 있음을 보여주었다. 붓다는 영적 탐구의 세월 동안 당시 인도에서 유행하던 모든 종류의 수행을 완벽하게 해보였다. 마음을 텅 비울 수도 있었고, 아무것도 먹지 않고 며칠 혹은 몇 주를 보냈으며, 누구에게도 뒤지지 않을 정도로 자기 몸을 찢어발겼다. 하지만 그건 세상과 자기 자신을 향한 경멸을 위장된 모습으로 표현한 것이지 자비심의 표현은 아니었다. 깨달은 붓다가 자신을 추종하는 이에게 자신이 깨어났다고 말한 그때, 붓다는 자기 안에서 깨어난 근본적인 친절함에 대해 말한 것이다. 꿈의 도움으로 붓다는 자기의 진정한 본성에 눈을 떴다. 자기의 진정한 본성이

'연기(緣起)적인 존재'라는 것을 알고 붓다는 굉장히 놀랐다.

붓다의 꿈을 기술하고 있는 경전 구절은 흥미롭다. 경전에서는 붓다를 "아직 완전히 깨닫지는 못했지만," 그러나 "깨닫는 중인" 사람으로 언급하면서 서두를 연다. 그런 그에게 "다섯 편의 위대한 꿈"이 찾아온다.[01] 붓다의 인생에 깨닫는 과정을 밟는 시기가 있다는 발상은 그 자체로 매우 특별하다. 그런 중간 이행기가 존재한다는 발상을 불교계 전체에서 받아들이는 것은 아니다. '돈오(頓悟)'를 중심으로 성장한 계열도 있고, '점수(漸修)'를 옹호하는 계열도 있다. 사실 우리가 참고해야 할 명백한 기준은 이 두 입장 사이의 어느 지점엔가에 있다. 깨달음을 향하여 나아가며 분투하던 도중, 붓다는 꿈을 꾸면서 삶의 특별한 순간을 맞이했다. 이 사실과 암묵 기억에서 서술 기억으로 이동한 것의 연관관계는 흥미롭다. 붓다의 깨달음은 그의 꿈 생활, 무의식에 잠복한 것의 창조적 변환, 의식되지 않은 것을 인식의 차원으로 불러올 수 있는 능력 등이 있었기에 가능했다. 그러한 요소들이 있었기에, 의식되지 않는 것에 서사 구조를 부여하여 자아 성찰적인 의식 속으로 수용할 수 있었다. 이러한 변화는 어린 시절을 기억에 되살린 이후에 일어났는데, 그 경험을 계기로 붓다가 감정을 진지하게 대하기 시작한 덕분이다. 감정은 붓다를 꿈으로 이끌었고, 꿈은 그에게 연기가 형성되는 방식을 보여주었다.

다섯 편의 꿈은 모두 깨달음으로 가고 있는 붓다와 어머니의 품에 안긴 아기 붓다를 등치시키는 데서 시작하여, 상호작용을 하는 자아가 발생하는 발달 양상을 묘사하는 데로 나아간다. 전통적으로 꿈은 미래를 미리 알려준다고 여겨지지만, 아주 특별하게도 붓다의 꿈은 그의 해리된 과거를 떠올린다. 붓다의 꿈들은, 개인적인 노력과 지성을 바탕으로 붓다가 홀로 이뤄낸 깨달음과 그의 갓 형성된 자아가 의지하던 인간관계의 기반 회복이 서로 연결되어 있음을 이야기 형태로 보여준다. 붓다의 꿈들은 사람과 사람 사이의 관계성을 알아차리는 붓다의 본래 능력이 그의 정신생활 전체를 물들일 때만 깨달음이 가능했다는 점을 명확하게 보여준다.

경전에서는 이를 다음과 같이 기술한다.

완전히 성취하고, 완전히 깨달음을 이루기 바로 전에 다섯 개의 중요한 꿈이 그에게 나타났다. 어떻게 다섯인가? 아직 바른 깨달음을 성취하지 못한 보살이었을 때, 위대한 대지는 그의 침상이었고, 산들의 왕인 히말라야는 베개였고, 왼손은 동쪽 바다에 두고, 오른손은 서쪽 바다에 두고, 두 발은 남쪽 바다에 두는 꿈을 꾸었다. 이것이 붓다가 꾼 첫 번째 꿈이다. 이것은 최상의 깨달음을 성취할 것을 예언한 꿈이다.

아직 바른 깨달음을 성취하지 못한 보살이었을 때, 덩굴이 배꼽에서 자라서 구름에 닿는 꿈을 꾸었다. 이것이 두 번째 꿈이다. 이것은 고귀한 팔정도를 성취할 것을 예언한 꿈이다.

아직 바른 깨달음을 성취하지 못한 보살이었을 때, 머리가 검고 몸이 하얀 벌레들이 발에서 시작하여 무릎을 거쳐 온몸을 뒤덮는 꿈을 꾸었다. 이것이 세 번째 꿈이다. 이것은 하얀 옷을 입은 많은 사람이 완성된 자인 붓다에게 귀의할 것이라고 예언하는 꿈이다.

아직 바른 깨달음을 성취하지 못한 보살이었을 때, 각기 다른 색을 한 네 마리 새가 네 방향에서 와서 그의 발에 앉자 모두 하얀색으로 변하는 꿈을 꾸었다. 이것이 네 번째 꿈이다. 이것은 완성된 자가 선언한 법과 율로서 네 카스트가…… 최상의 해탈을 실현할 것이라고 예언한 꿈이다.

아직 바른 깨달음을 성취하지 못한 보살이었을 때, 분뇨로 된 큰 산을 걸어가는 데 분뇨로 전혀 더럽혀지지 않는 꿈을 꾸었다. 이것이 다섯 번째 꿈이다. 이것은 완성된 자가 가사, 탁발, 거주지, 약이 필요해서 구한다고 하여도 위험성과 목적을 잘 알고 살펴서 탐욕 또는 무지 또는 집착에 빠지지 않는다는 것을 예언한 꿈이다.[02]

엄마와 다시 이어지다

—

꿈 자체가 감탄스러울 정도로 놀랍다. 이 꿈에 대한 전통적인 해석은 간단명료하고, 서정적이며, 영감을 준다. 그러나 그 꿈 내용의 정서적 본질에 대해서도 역시 주의를 기울일 가치가 있다. 붓다의 미래에 초점을 맞추고 있는 전통적인 해석은, 붓다의 개인사와 연관을 지으며 꿈꾼 이의 정서 체험을 적절하게 다루는 것처럼 보이지는 않는다. 예를 들면, 첫 번째 꿈에서 붓다는 우주와 하나가 된다. 그는 말 그대로 대양처럼 거대한 감정을 느낀다. 산을 베개로 삼고 대지를 침상으로 삼아, 붓다는 사지를 바다에 둥둥 띄우고 누워 있다. 전통적인 해석이 제시하는 바와 같이, 붓다 자신의 깨달음을 잘 예언하고 있음이 틀림없다. 그러나 꿈에서 붓다는 또한 여성성, 모성적 자질의 회복을 무심코 드러낸다. 어머니로서의 땅, 양수로서의 대양, 어머니 무릎으로서의 침상…… 이런 상징은 프로이트가 주장하기 훨씬 이전부터 어머니의 존재를 생각나게 하는 것이다. 붓다의 꿈은 단순히 미래를 예견하는 것만이 아니라, 현재 상태를 상기시키고 묘사하면서 과거도 다시 불러온다. 어린 시절의 기쁨을 기억해낸 붓다는 '존재'를 향하여 자신을 열었다. 그리고 '존재'는 붓다의 꿈에서 어머니를 상징하는 땅과 물로 나타났다.

이를 증명이라도 하듯이 두 번째의 꿈은 말 그대로 배꼽에서 태동하고 자란다. 포도나무는 하늘로 뻗어 올라가서 붓다를 구름과 이어줬다. 추론하건대 붓다의 어머니가 사망한 후 피난처로 삼은 천계와 붓다를 이어주는 것이라고 볼 수 있다. 전통적인 해석에서 제시하는 바와 같이 그 꿈이 신성한 팔정도를 깨닫는다는 것을 예견한다면, 그것은 깨달음으로 가는 길에 세상과의 단절이 아닌 세상과의 깊은 관계 맺기가 들어 있다는 사실을 이 꿈이 드러내주기 때문이다. 포도나무는 붓다를 우주와 얽어매서 연결한다. 그 포도나무는 붓다의 배꼽에서 자라나서 붓다와 붓다 어머니의 본래 관계를 복구하고, 붓다의 본성인 연기적 존재의 우위성을 재확인한다. 차이와 연결의 동시성, 분리와 결합의 동시성이 이미지로 그려진다. 깨달음을 향해 나아가고 있는 붓다는 원초적 고통이 해소될 때 생겨나는 연기성을 꿈꾸고, '자기 연민'을 대신하는 관계성을 꿈꾸고, '자아'는 본래부터 이어진 존재라는 것을 꿈꾸고 있다. 세상과 동떨어진 자아는 존재하지 않는다는 것을 드러냄으로써 붓다는 '무아'를 꿈꾸고 있다.

세 번째 꿈의 의미

—

세 번째 꿈은 가장 신비스럽다. 검은 머리를 가진 하얀 땅벌레가 발에서 무릎으로 기어 올라간다. 나에게 땅벌레는 위니컷의 원초적 고통 또는 아이젠의 부서진 꿈의 상징으로 보인다. 즉 땅벌레는 바닥을 기어 다니던 유아기 체험의 잔존물이다. 땅벌레는 자기 학대에 헌신하던 붓다 시대의 금욕 수행자와 자기 증오로 고통을 받고 있는 우리 시대의 많은 사람들을 떠올린다. 둘 사이에 차이가 있다면, 붓다 시대에는 육체를 우리 시대에는 정신을 학대한다는 것뿐이다. 땅벌레는 고대에 금욕 생활을 하는 사람들의 몸에 들러붙어 있던 구더기처럼 해로운 존재지만 매미처럼 구원을 의미하기도 한다. 일본에서 매미는 재탄생을 표상하는데, 매해 여름 땅속에서 기어 나와 독특한 울음소리로 공기를 가득 채우기 때문이다. 이 매미의 이미지는, 중단된 정서 체험에 관한 정신치료사의 통찰과 붓다의 깨달음이 서로 통한다는 점을 보여준다. 고통이란 검은 머리를 가진 하얀 땅 벌레처럼 깨달음으로 가는 수레일 수 있으며, 우리 존재의 부서진 부분은 그 안에 전체성의 본보기를 담고 있다는 것을 이 꿈은 암시한다. 붓다에게 다가온 사람들은 각자의 고통을 함께 가지고 왔다가, 자신의 기억하는 능력을 향상시키는 과정에서 그 고통이 위로 기어 올라가게 했다.

얼마 전 나는 워크숍을 진행하는 동안 붓다의 이 꿈에 대해서 생각해보았다. 잘생긴 젊은 남자가 워크숍을 진행하는 방의 뒤쪽, 그러니까 한 20~30번째 줄에 늘 앉아 있었다. 그 남자는 워크숍 참가자 가운데 몇 안 되는 아프리카계 미국인이었다. 30대로 보이는 그의 태도에서는 자신감이 엿보였다. 뜨개질해서 만든 모자를 머리에 쓴 그가 입을 열었을 때 모든 사람이 주목했다. "나는 종일 무엇인가와 싸우고 있었습니다. 여기서 명상을 하는 동안 상실감이 나를 가득 채웠습니다. 이것은 아버지와 관계있는 감정입니다. 아버지는 내가 어렸을 때 나를 떠났습니다. 내 안에는 분노가 많습니다. 그리고 쓸데없는 생각인 줄 알지만, 그것이 나의 잘못 아닐까 의문스러워하는 나 자신을 느낍니다. 그런 상태를 더 오래 유지하면 할수록 나는 마치 죽어버린 것 같은 느낌에 빠져듭니다. 아무것에도 신경을 쓰지 않는 무력감에 빠집니다. 스스로 그런 감정으로 빠져드는 것을 직접 느끼는 동시에 그런 감정이 위험하다는 것도 알고 있습니다. 왜냐하면 그런 감정은 나에게서 모든 의미를 박탈해버리기 때문입니다. 이럴 때 내가 어떻게 해야 할까요?"

나는 그렇게 많은 사람 앞에서 자기만의 내밀한 사연을 말할 수 있는 그의 정직성과 용기에 감동을 받았다. 나는 그가 잘 알지도 못하는 아버지를 그리워하면서 그 고통을 자신에게 돌리는 것을 느낄 수 있었다. 그는 마치 부서지거나 저주받은 사람처럼 보였다. 그때 나는 붓다의 꿈의 의미, 즉 어머니를 상실한 붓다가 회복되는 과정을 생각했다. 그리고 붓다도 이 남자처럼 처음에는 허무함에 빠져서 자신을 죽은 사람처럼 다루었다는 것을 기억해냈다. 더러운 땅에서 창조적인 것이 발생하는 붓다의 세 번째 꿈에서 나는 그 남자에게 답할 말에 대한 영감을 얻었다.

나는 대놓고 말하기 어려운 것을 우회해서 전했다. "당신이 말하고 있는 분노, 고통, 절망의 감정 들은 당신 안에 본래부터 있는 아버지를 향한 사랑에서 나온 것입니다. 그런 감정은 사랑의 신호등과 같은 것입니다. 아버지가 떠나면서 그 사랑도 함께 가져간 듯 보이지만, 명상 속에 머무르다 보면 그 모든 사랑은 여전히 당신 마음속에 있다는 것을 보게 될 것입니다. 아이의 관점에서 보면 그 사랑은 단지 한두 사람에게만 향하겠지만, 그 사람들이 당신을 실망시키더라도 사랑하는 능력은 거기 그대로 당신의 내면에 있습니다. 당신의 아버지가 그것을 몰라주는 것은 정말 슬픈 일입니다. 그러나 이제는 당신의 그 사랑에 감사할 수많은 사람이 있습니다. 바로 여기, 이 방을 가득 채우고 있습니다."

내 답변이 말장난처럼 보일 우려가 있기는 하지만, 워크숍에 참석한 그 남자는 내 말의 의도를 파악했을 것이다. 그는 사랑의 개념에 갇혀 있기도 했지만, 동시에 불교와 서구 심리학을 주제로 진행한 토론의 영향도 받은 상태였다. 그가 아버지 없는 아이라는 '자기 이미지'에 사로잡혀 정말 같이 있고 싶은 사람과 차단되어 있다고 느끼는 한, 그는 자신이 짐작만으로 단정해둔 자기 정체성에 묶이고 만다. 그는 자신의 트라우마를 알았지만, 그것을 이용하여 스스로를 삶에서 떼어놓기만 했다. 그는 자신이 걸어온 길을 알고 있었지만, 트라우마로 인해 망가지기 이전의 자신과는 만나지 못했다. 나는 그가 박탈감을 통해 자신에 대한 더욱 근본적인 진리와 만날 수 있도록 애썼다. 그가 자기라는 존재가 본래부터 갖고 있던 연기적 기반으로 돌아가거나, 적어도 그런 모습을 상상할 수 있도록 그를 이끌었다. 내면의 상처와 싸우지 않음으로써, 그 상처들을 멀리 밀쳐내지 않음으로써, 내팽개쳐졌다는 기분에서 빠져나오기 위해 자기의 삶 가까이로 사람들을 끌어모으지 않음으로써, 명상을 할 때 그러하듯 사람들과 함께 그냥 쉼으로써, 붓다처럼 그는 자신에게 결여된 것이라고 생각하던 사랑이 바로 그 자신이었음을 배울 수 있었다.

완전한 통합

—

네 마리 새가 하나가 되어서 함께 오는 네 번째 꿈은 내적인 결합에 대해 말한다. 이런 내적인 결합은 자아가 어린 시절의 트라우마나 살면서 만나는 갈등에 더는 끌려다니지 않을 때 찾아온다. 다시 말하자면 자아가 그 다양한 측면에도 불구하고 하나로 인식될 때 내적 결합이 형성된다는 의미다. 색깔이 서로 다른 네 마리 새는 전통적인 설명처럼 인도 사회의 네 카스트를 상징하지만, 해리와 소외를 암시한다고도 볼 수 있다. 짐작일 뿐이지만, 트라우마를 경험한 자아는 조각조각 나뉘어 있기 때문에 자기 삶의 모든 영역을 수용하지 못한다. 삶의 모든 영역을 견뎌낼 수 없기 때문에 체험은 축소된다. 삶의 모든 영역을 수용하기에는 내면의 기반이 충분히 강하지 않다.

붓다의 이 네 번째 꿈과 함께 마음에 떠오르는 환자가 한 명 있다. 그 환자는 끔찍한 사건으로 가족을 여러 명 잃는 지독한 상실을 겪었다. 그 후 수년이 흐른 뒤, 그녀는 자신이 살아온 인생을 기록하기 시작했다. 그녀는 주목할 만한 짧은 글들을 여러 편 썼는데, 죽은 가족들을 떠올리거나, 가족과 함께 지낸 시간을 상기하는 내용이었다. 글을 쓸 때 그녀는 최면에 걸려 꿈을 꾸는 듯한 상태로 빠져들었고, 그 상태에서는 잃어버린 시간의 현실을 실제로 살아가는 세상보다 더 생생하게 느꼈다. 한 편의 글을 쓸 때마다 그녀는 조금씩 회복되어갔고, 그에 따라 몽상 속에서 길을 잃는 증상은 조금씩 옅어졌다. 그러나 한 편 한 편 정성 들여 쓰고 난 다음에는 자신이 쓴 어떤 것도 오랫동안 다시 읽어볼 수 없었다. 또 읽어보려 하지도 않았다. 그녀 삶의 조각들은 각각의 현실감을 획득했지만, 상실의 총합이 너무나 큰 나머지 어떤 순간도 견디기 힘들었다. 네 마리의 새가 함께 하나가 되는 붓다의 꿈은 내 환자의 곤경에 대해 말해준다. 조각난 것을 하나로 모은다는 것은 정말 어려운 일이다. 오랫동안 그녀는 그렇게 하지 못했다.

붓다의 다섯 번째 꿈은 그가 깨달은 놀라운 성취 중 비범한 것과 범상한 것, 이 두 가지를 모두 생각나게 한다. 그는 분뇨로 가득 찬 산을 걸어 올라갔지만 오염되지 않았다. 분뇨가 금이나 다른 어떤 것으로도 변하지 않았다는 점에 주목하라. 그것은 더러운 상태 그대로 있었다. 그런데 분뇨 더미에 두 다리를 벌리고 걸터앉은 붓다에게 분뇨는 묻지 않았다. 이것은 세 번째 꿈의 또 다른 버전이다. 그 꿈에서 깨달음의 장애물로 보이던 것이 이제는 깨달음을 지탱하는 바탕이 되었다. 깨달음은 어떤 것을 제거하는 것을 의미하지 않는다. 깨달음은 세상을 대하는 프레임이 바뀌어 모든 것이 밝아지는 것이다. 붓다의 깨달음이 모든 경험을 통합한다는 사실이 이 꿈에서 특히 강조된다. 붓다는 자기 자신을 가치 있는 부분과 가치 없는 부분으로 나누지 않는다. 그는 하나의 존재이고, 나뉠 수 없고, 이전으로 돌아가서 자신을 괴롭히는 경향에서 벗어났다. 자신에게서 최악의 것을 보았지만 무너지지 않았다.

붓다가 꾼 다섯 개의 꿈은 모두 이 점을 강조한다. 붓다가 꿈꾸는 것은 불완전함이나 중단이 아니라 관용과 전체성이다. 그의 존재에서 더러운 분뇨를 제거하려는 이전의 모든 노력은 지나친 과잉 대응이었다. 그 대신에 중도의 깨달음에서 그가 찾아낸 것은 놀라운 균형 능력이다. 그는 이제 바늘방석 위에서 자거나 물 위를 걸어 다닐 필요가 없었다. 또 살을 할퀼 필요 없이 그저 편안하게 쉴 수 있었다. 붓다의 꿈은 '엄마와 아기'의 유대에 스며 있는 이런 능력을 이미지로 보여줬으며, 이 사실은 붓다의 깨달음에서 연기의 본질이 매우 중요하다는 것을 말한다. 서구의 정신치료사들이 엄마와 아기 사이에 대해 기술한 바와 같은 주제가 붓다의 '자기 분석'에서 보다 성숙한 내용으로 표현되었다.

잠부나무 아래에서 이런 획기적인 전환이 일어나기 전, 붓다는 자신의 존재에 반항적인 입장이었다. 가능한 모든 방법을 사용하여 자신을 소멸시키고자 했다. 그러기 위해 신체와 영혼을 진압하고 통제하고 정복하는 데 자신의 남성적인 힘을 모두 사용했다. 이런 노력의 배후에는 주인과 노예의 이데올로기가 있다. 존재는 영혼을 흐리게 하며, 삶의 에너지를 쥐어짜내거나 그것에 초연해져야 신을 발견할 수 있다는 발상 말이다. 이것이 붓다가 깨닫기 전에 기울인 모든 노력의 배후에 있던 동기다. 그러던 붓다가 어린 시절 기억을 되살려낸 뒤에는 완전히 달라진 접근법을 취했다. 이제는 '자기 증오'에 내몰리지 않았고, 존재자를 행위자와 완전히 동일화하지도 않았다. 다시 말해 붓다는 스스로에게 여유를 가지게 되었다. 붓다는 자기 내면에 놀이터를 마련해두고, 거기에서 무엇이 노는지 호기심을 갖고 살펴보았다. 그의 꿈들은 붓다 안에서 여성적 요소를 회복시켰고, 붓다의 창조적 능력이 자유롭게 표현되도록 이끌었으며, 붓다가 박탈당했던 모성의 수용적 환경을 다시 조성했다. 붓다는 이제 내면에 도달하여 꿈꿀 수 있게 되었다.

관계에 대한 암묵지

—

붓다는 오랫동안 잊고 있던 어머니의 이미지를 불러내는 중에 트라우마의 근원과 그것을 풀어내는 방법에 대해서 꿈을 꾸었다. 워크숍에서 내가 젊은 남자에게 설명하려고 애쓴 바와 같이, 개인적 고뇌를 받아들인 사람들은 상처받기 이전의 자기 자신과 종종 이어지기도 한다. 붓다도 마찬가지였다. 붓다의 꿈 다섯 편을 함께 묶어서 생각해보면, 오늘날 "관계에 대한 암묵지(implicit relational knowing)"[03]라고 불리는 것의 회복이라는 그림이 그려진다. 이것은 생애 초기에 뿌리를 두고 있는 "상호협동적 소통(collaborative communication)"⁰⁴의 한 형태로, 연구자들은 그것을 발달 트라우마에 대한 가장 중요한 방어벽으로 정의해왔다.

이런 암묵지에는 의식하지 못하는 사이에 이뤄지는 감정의 교류가 담겨 있다. 이것을 통해 사람들은 함께 있는 법을 아는 데 도움을 받는다. 또한 이것은 아기와 부모가 언어 이전에 의존하는 소통의 양식이다. 이것은 언어 능력에서 생겨난 반성적이고 언어적인 앎과 다르며, 요즘 뇌 과학자들이 '거울 뉴런(mirror neuron)'이라고 부르는 것과 연관이 있는 듯 보인다. 거울 뉴런은 운동성 피질에 있는 뇌세포로, 한 사람이 다른 사람이 무엇인가 하는 것을 볼 때 발화한다. 그것은 관찰 대상의 행동을 흉내 낸다. 거울 뉴런은 단지 다른 사람의 행동을 반영할 뿐이다. 내가 그 행동을 하는지, 내가 보고 있는 상대방이 그 행동을 하는지에 대해서는 개의치 않는다. 거울 뉴런은 공감의 매개체고, 자동으로 사람을 묶어내고, 자신과 다른 사람의 경험을 서로 뒤섞는다. 내가 딸이 인상을 찡그리는 것을 볼 때, 내 거울 뉴런은 즉각적으로 찡그림의 감각을 나에게 준다. 나는 그것에 대해 생각해보지 않고도 내 딸이 무엇을 경험하는지 안다. 그리고 내가 긍정적으로 동참하면, 자동으로 나는 딸을 돕는 행동을 하게 된다. 한 연구자는 이렇게 말했다. "인간의 뇌는 관계를 맺지 않고서는 발달할 수도 유지될 수도 없다. 뇌는 정신생활의 지속적이고 능동적인 환경이다. …… 아기-보호자 관계가 긍정적인 상호작용을 지속하는 정도와, 아기가 두려운 현실을 각성했을 때 그 관계 속에서 아기의 두려움이 제어되는 정도에 따라 이후의 결과에 커다란 차이가 발생한다."⁰⁵ 부모는 아기가 힘든 감정에 잘 대처하도록 도와주기 위해 암묵지를 사용한다. 아기에게 잘 맞추어 긍정적으로 반응하는 보호자는 아기가 무엇을 경험하는지 잘 파악하고 그것을 잘 견뎌내도록 도와준다. 부모는 이것을 생각해서 하는 것이 아니라 그냥 알고 반응한다.

붓다의 꿈은 붓다가 본래 갖고 있던 '아는 능력'과 붓다를 다시 만나게 해주었다. 자신의 어릴 적 기억에 보관되어 있던 기쁨 및 창조성과 다시 이어진 붓다는, 자신의 상상력에 주입되어 있던 모성 에너지를 꿈속에서 발견했다. 그는 고분고분하지 않은 자아를 굴복시키기 위해 외롭고 고립된 개인이 되어 분투하던 위치에서, 마침내 자기 존재가 갖는 내재적인 연기적 배경을 인정하는 위치로 이동했다. 생물학적인 어머니를 생애 초기에 잃었음에도, 붓다는 이제 자신이 근본적으로 관계에 뿌리를 내리고 있음을 알았다. 정신분석가 마이클 아이젠이 서술한 바와 같이, "외로움의 핵 속으로 뚫고 들어가면, 당신은 자신을 발견할 뿐 아니라 이런 알 수 없는 무한한 존재도 발견할 것이다. 당신인가? 당신 아닌 다른 사람인가? 그것은 무엇인가? 외로움의 핵 속에는 알 수 없고 무한한 존재가 있다. 당신이 얼마나 깊게 파고들어 가는지와는 상관없이, 거기에서 당신은 그것을 발견할 것이다."[06]

깨달음의 과정에서 붓다가 꾼 꿈은 이런 미지의 한없는 지지(support)가 붓다에게 어떤 모습으로 뿌리내리고 있는지를 드러내 보여주었다. 붓다 기억의 발꿈치를 따라가면 붓다의 꿈이 정신적 대격변기의 증거라는 것을 알 수 있다. 정복의 이데올로기에 끌려다니는 데서 벗어난 붓다는 자신을 다시 설정하는 과정에 돌입했다. 꿈에서 가장 명백하게 드러나는 것은 자아의 열림이다. 그것은 문과 창문이 약간 열린 상황과 비슷하다. 그 틈으로 태양과 바람, 물, 흙, 새, 식물, 심지어 빈대와 먼지까지도 안으로 들어온다. 삶이라는 바퀴가 잘 맞지 않는 축에 끼어 있는 듯한 느낌 속에서 분투하던 외롭고 고립된 개인은, 이전까지는 자기를 위협하던 바로 그 세계가 갑자기 자기를 지지하고 있음을 알게 된다. 이런 변화는 이전에는 인정할 수도 말할 수도 없던 어머니와의 유대에 대해서 서술 기억을 통해 묘사함으로써 일어난다.

제대로 알려지기 전에는 제거되어버린 생생한 존재이던 붓다의 어머니는 이제 붓다의 꿈에 스며들어가 깨달음의 바탕이 되었다. 어머니는 붓다의 상상력을 가득 채움으로써 붓다에게 모성적 방식으로 관계를 맺는 능력을 되돌려주었다. 붓다의 천재성은 이런 능력을 받아들인 후 새롭게 자신의 마음으로 돌아가서 자신의 영적 도정에 그것을 도입한 데 있다. 붓다는 꿈에서 힌트를 얻어 깨달음으로 가는 여정의 균형을 잡는 데 이용했다. 붓다는 구도의 여정을 안정적으로 가는 데 필요한 여성적 요소를 암묵 기억에서 발견했다. 예술가 마르셀 뒤샹(Marcel Duchamp)은 암묵 기억에서 서술 기억으로 가는 통로가 열리면 이 환희로운 회복이 가능하다고 글에서 명확히 밝힌 바 있다. "예술은 지성을 통해서 이해될 수 없다. 그러나 종교적 신념이나 성적인 매력과 유사한 감정, 즉 심미적 울림을 통해서는 느낄 수 있다. 심미적 울림의 '희생자'는 사랑에 빠진 사람이나 믿음이 돈독한 사람과 비슷한 처지에 있는 사람인데, 그런 사람은 자동적으로 요구하는 자아를 포기하고 즐겁고 신비한 통제에 무력하게 굴복한다. 자신의 취향을 연마하는 동안에 그는 명령하는 태도를 보인다. 하지만 미적인 것의 출현에 감동을 받으면 거의 황홀경에 빠진 채 수용적이고 겸손하게 변한다."[07]

무력감이라는 문제
—

이런 심미적 울림을 맛보기 전, 붓다는 트라우마를 경험한 사람들의 전형적인 행동을 보여줬다. 즉 자신이 무엇을 표현하는지도 모르는 채 해리된 감정을 행동화했다. 욕망을 버리는 과정에서 붓다는 맨 처음 아내와 아들을 버렸고, 그다음에는 금욕 수행에 돌입했다. 그 과정에서 붓다는 발달 트라우마를 경험한 아이들이 보이는 것과 동일한 "인간관계에 대한 신뢰 상실"[08]을 드러내었다. 그런 아이들에 대한 임상 연구를 통해 밝혀진 바에 따르면, 그 아이들의 부모는 대개 무력하고 걱정하는 방식 또는 적대적이고 이기적인 방식으로 아이와 관계를 맺고 있었다. 특히 무력하고 두려움 많은 부모의 아이는 이후 인생에서 아주 힘든 시간을 맞이한다. 그 부모는 적대적이거나 공격적인 대신 상냥하고 연약한 경향을 보이는데, 그래서인지 아이의 요구에 반응할 때 다른 부모보다 더 많은 "불안과 망설임과 움츠림"[09]을 보인다. 그들은 결국 아이의 간절한 요구에 굴복하지만, "종종 망설이고 도망가거나, 아이와의 친근한 관계를 위해서 아이의 요구에 굴복하기 전에 그 요구를 다른 방향으로 돌리려고 노력한다."[10] 연구 결과에 의하면 그런 부모를 둔 아이는 성장하면서 점차 혼란스러워하고 기가 꺾인다.

그런 아이는 무력감에 빠진 나머지 자신의 중요한 경험이 아무 의미가 없는 것처럼 느낀다. 또 힘든 감정을 만났을 때, 불안정한 부모에게 도움을 청하기보다는 해리 전략을 사용한다. 그런 아이는 3~5세 사이에 다음 두 가지 대응전략 중 하나로 사람을 대하는 경향을 보인다. 그중 첫째는 애착의 지배-보호 전략이라는 이름으로 불리는 것이다. 이 경우 아이는 자신이 돌봄을 받는 대신 부모를 돌보는 전략을 선택한다. 둘째는 지배-처벌 전략으로 불리는 것인데, 이 전략을 취하는 아이는 "부모와의 상호작용 속에서 화를 내고, 떼를 쓰고, 모욕감을 주는"[11]식으로 부모의 관심을 끈다. 이런 두 가지 전략은 이후에 전개되는 대인관계를 더욱 힘들고 어렵게 한다는 공통점을 지닌다.

붓다가 어머니를 생애 초기에 잃은 사건의 중요성을 축소하려는 불교문화의 경향이 붓다의 어릴 적 경험을 반영하고 있다면, 우리는 붓다라는 존재의 핵심에 일종의 무력감이 있다고 추정해볼 수 있다. 보통의 가족처럼, 붓다의 가족은 어머니의 죽음을 별문제가 아닌 것처럼 보이게 하려고 무던히 애를 썼겠지만, 어린 고타마는 아마도 자기 감정의 밑바닥에 존재의 기반이 없다는 메시지를 계속 받았을 것이다. 붓다가 자기에게 "연약한" 면이 있다고 한 것은 바로 이를 두고 한 말이다. 가족의 무력하고 두려워하는 태도는 붓다에게 쉽게 내면화되었을 것이다. 그리고 그러한 태도에서 표현될 것으로 예상되는 감정들은 복잡하게 뒤섞여 정체를 알아보기 어려워졌을 것이다.

붓다는 자신이 한때 트라우마에 대처하기 위해 사용할 수밖에 없었던 해리라는 방어기제로 스스로를 치유할 수 있음을 꿈을 통해 알게 되었다. 그러나 이제는 그 방어기제가 헤아릴 수 없는 고뇌로부터 자신을 끊어내기 위해서가 아니라, 알려지지 않은 무한한 현존감으로 돌아오기 위해 사용된다. 어머니의 이미지가 암묵 기억에서 서술 기억으로 이동하도록 하는 과정에서, 초기 트라우마에 의해 막히고 해리되어 발현되지 않았던 붓다의 관계 맺기 능력이 자유롭게 풀려났다. 이는 붓다가 꿈을 기억해냈을 때 일어난 현상과 같다. 이를 설명하면서 붓다는 오랫동안 기억될 중요한 예시를 들었다. 트라우마에서 완전히 면제되는 사람은 없다. 사람마다 트라우마에 노출되는 횟수는 다를 수 있겠지만, 이 세상이 예측 불가능하고 불안정하기 때문에 우리의 삶은 트라우마에 노출될 수밖에 없다. 붓다가 자신의 꿈을 통해 밝힌 것은, 아기와 하나가 되는 엄마처럼 마음은 그 본질상 트라우마를 수용할 수 있다는 사실이다. 우리는 무력해지거나 두려워할 필요가 없다. 또한 자신에게 적대적으로 굴거나 자기를 다그칠 필요도 없다. 마음은 본능적으로 중도를 찾는 법을 안다. 우리가 연기적 존재임을 아는 마음의 능력은 아직 드러나지 않았을 뿐 본래부터 마음 안에 있다.

두려움 속에서 반짝이는 인간성

―

잭 콘필드(Jack Kornfield)가 베트남 전쟁이 끝난 후 집필한 저서의 내용을 보면 관계에 대한 암묵지를 명상하는 것이 트라우마를 치료하는 데 얼마나 유용한가를 알 수 있다. 그 책에서 콘필드는 베트남 전쟁에 참전한 퇴역 군인이 안거 수행에서 경험한 일에 대해 기술한다. 그 퇴역 군인은 전쟁에서 목격한 잔인한 기억에 시달렸다. 이 이야기는 전쟁 트라우마와 특히 연관된 내용이지만, 모든 종류의 파괴적인 정서 체험에 대한 은유로 읽어도 무방하다.

이야기는 트라우마를 경험한 퇴역 군인의 회상으로 시작한다. 그는 북베트남과 남베트남의 경계에 있는 산악 지대에 배치된 해병대의 야전병원에서 위생병으로 근무하면서 군인과 민간인이 죽고 부상당하는 경우를 수도 없이 보았다. 그는 제대한 뒤 수년 동안 전쟁터로 돌아가는 악몽을 일주일에 적어도 두 번 이상 꾸었다. "같은 위험에 부딪히고, 똑같은 엄청난 고통을 목격하고, 놀라서 깨고, 식은땀을 흘리고, 공포에 떨었다."[12]

8년 후 명상 수행 코스에 참가한 그는, 수행 장소의 고요함 속에서 악몽이 그의 깨어 있는 의식을 가득 채우는 끔찍한 경험을 했다. 명상 수행 장소로 정해진 캘리포니아의 평화로운 삼나무 숲은 그가 수없이 겪은 전쟁 장면을 생각나게 해주었다. 병원, 시체 안치소, 전장이 떠올랐다. 이는 그가 기대한 것도 원한 것도 아니었다. 그러나 그는 자신이 해군에 입대할 때 전혀 예상하지 못한 감정들을 경험하고 있음을 이해하게 되었다. 그러자 용기가 생겨나서 예상보다 더 오래 그 감정들과 함께 머무를 수 있었다.

"끔찍하고, 삶을 부정하고, 영혼을 좀먹는 기억에 마음이 점차 굴복당하고 있음을 실감하기 시작했다. 그 기억은 내가 의도적으로 의식에 떠올리려고 하지 않은 것이었다. 간단히 말하면 내가 가장 두려워하고 가장 강하게 억압하던 것과 드러내놓고 맞닥뜨림으로써 마음에서 깊은 정화가 일어나기 시작한 것이다."[13]

스승의 격려 속에서 명상을 지속하는 가운데, 그는 자신이 마음 속에 풀어놓고 있는 것을 두려워하고 있음을 알 수 있었다. 무의식에 항상 담겨 있던 전쟁 이미지들이 풀려 나오자, 그는 그 이미지들에 밤낮으로 시달리며 끌려다니지는 않을까 걱정했다. 그런데 그는 걱정과 정반대의 것을 확인했다. 무서운 이미지들을 더듬어 가는 사이 예전에 잃어버린 순수함도 다시 발견한 것이다. 정글의 아름다움, 베트남 해변의 반짝이는 하얀 모래, 동틀 녘 짙푸른 논의 빛깔 등이 모두 그에게 다시 다가왔다. 그는 트라우마뿐 아니라, 트라우마 이전의 자신도 기억해냈다.

"집중수행에서 나는 과거의 나와 현재의 나에 대한 깊은 연민을 처음으로 체험했다. 과거에 대한 연민은, 이상을 꿈꾸며 장차 의사가 될 젊은이를 향한 것이었다. 그는 인간이 저지른 말로 표현할 수 없는 참상을 목격하도록 내몰렸다. 현재에 대한 연민은, 스스로 지니고 있으나 그 사실을 인정할 수 없는 기억들을 내려놓지 못하고 악몽에 사로잡혀 사는 퇴역 군인을 향한 것이었다."[14]

이렇게 현재의 자신과 과거의 자신을 향한 자비심이 새롭게 발견되어 집중수행이 끝난 다음에도 지속되었다. 자비심은 마음의 주춧돌이 되어 그의 힘든 과거 기억과 항상 함께하며 기억의 쓰라린 고통을 덜어주었다. 그 기억은 그에게서 떠나지 않았지만 악몽은 멈추었다. 악몽이 마지막으로 일어난 것은 그가 완전히 깨어 있을 때였다. 그때,

명상의 방에 고요히 앉아서 명상 수행을 하던 그는 악몽에 괴로워하는 자신을 안아주는 붓다의 모습을 똑똑히 보았다.

　최근의 어느 좌담회에서 이 내용을 읽어주었을 때, 방청석에서 한 정신치료사가 손을 들었다. 이 책의 내용에 감동을 받은 그녀는 자신의 치료 작업에 대해 마음 깊이 재확신했다. 트라우마를 치료하던 그녀는 환자가 마음속에 감춰져 있거나 억압되어 있던 이야기를 기억해내지나 않을까 노심초사했다. 그럴 경우 환자가 자신의 감정을 주체하지 못하고 두려움에 잠식될 수도 있다는 두려움 때문이었다. 그녀는 자신이 면담 중 들은 내용에 부담을 느끼고 환자의 트라우마에 상처를 입어 심리적으로 거의 탈진한 상태에 있었다. 그래서 자신이 깊이 개입한 환자로부터 자신을 방어하는 태도를 취하고 있었다. 그녀는 환자를 그들 자신에게서 지켜내고자 애를 썼다. 하지만 그런 태도로는 과거에 일어난 일을 받아들이도록 돕기는커녕 오히려 트라우마를 어깨에 지울 뿐이다. 그녀는 치료 과정에서 트라우마를 이길 수 있는 더 나은 무엇이 나타날 것이라는 신념과 자신감을 잊었거나 잃어버렸었다. 그리고 내가 보기에는 그녀 또한 환자의 고통에서 자신을 보호하는 것 같았다. 그랬던 그녀가 내가 읽어준 내용을 듣고 개인의 고통이 아무리 엄청나다 해도 무엇인가 가능한 것이 있으며, 자신과 환자 사이에서 소통이 가능하다는 시각을 갖게 되었다. 이 사례가 다소 극단적으로 보일지도 모르지만, 그것에 담긴 교훈은 아주 중요하다. 이 세상이나 우리 자신 또는 타인의 고통과 거리를 두는 것을 멈추는 것은 새로운 경험이 찾아들 여지를 만드는 일이다. 그 경험은 많은 기쁨과 소통과 안도감을 주어 우리를 놀라게 할 것이다. 파괴는 아마 계속되겠지만, 그 속에서 인간성은 빛을 낸다.

　　동료 치료사이자 신사회연구원(New School for Social Rearch)의 교수인 제레미 사프란(Jeremy Safran)이 티베트 불교 라마승과 개인적으로 만났던 일화를 들려준 적이 있다. 이야기의 핵심은 방금 말한 것과 거의 동일하다. 그가 책임편집을 맡은 불교와 정신분석의 만남에 대한 책 서문에 사프란은 자기의 수승한 스승과 예기치 않게 나눈 대화를 실었다. 그 글은 내가 붓다의 꿈에 대해 관심을 두는 계기가 되었다. 그의 스승 카르마 틴리 린포체(Karma Thinley Rinpoche)가 언젠가 사프란에게 이렇게 물은 적이 있었다.

　　"서양의 심리학에서는 불안을 어떻게 치료합니까?" 악센트가 강하고, 어색한 영어였다.

　　"왜 그것을 묻습니까?" 사프란이 되물었다.

　　"글쎄요. 나는 늘 불안합니다. 아주 어릴 적에도 그랬고, 지금도 여전히 그렇습니다. 많은 사람 앞에서 말을 할 때도 불안하고, 모르는 사람에게 말을 걸 때도 불안합니다."

　　나머지 이야기는 사프란 박사의 이야기를 직접 듣는 것이 나을 것 같다.

　　카르마 틴리가 이전에 나에게 질문했을 때 종종 그랬던 것처럼, 이번에도 나는 대답을 찾지 못하고 있었다. 영어가 능숙하지 못한 사람에게 설명할 수 있는 단어를 찾는 게 어렵기도 했지만, 그보다 더 중요한 다른 이유가 있었다. 액면 그대로 보면 그의 질문은 단순하다. 그러나 이제 예순이 된 카르마 틴리는 대단히 큰 존경을 받는 라마승으로서, 무척 심오한 티베트 불교 명상 기법을 익히기 위해 수많은 세월을 보낸 사람이다. 카르마 틴리를 아는 사람은 그를 깨달은 사람으로 간주한다. 서구의 정신치료사들 가운데 불안을 포함한 많은 문제를 치료하는 중요한 도구로 불교 명상에 관심을 보이는 이가 점점 늘고 있다. 그런데 내가 어떻게 그에게 불안에 대처하는 방법에 대해 말한단 말인가? 그리고 수많은 명상 경험을 한 카르마 틴리가 여전히 그런 일상적인 걱정을 한다는 것이 가능한 일이기는 한가? 깨달은 사람이 사회적인 불안을 느낀단 말인가? 그는 진정으로 깨달은 것일까? 깨달았다는 것은 무엇을 의미하는가? 내 머리 속은 이런 초보적인 질문으로 소용돌이쳤다. 그리고 순간적으로 내 마음이 멈추었다. 카르마 틴리에게서 나오는 온기가 느껴졌고, 나 또한 그를 따뜻한 눈으로 바라보았다. 내가 알던 모든 것이 새롭고, 부드럽고, 개방적이고, 불확실하게 느껴졌다.[15]

나는 이 문장을 읽고서 사프란에게 전화를 걸었다. 사실 사프란과 나는 잘 모르는 사이였다. 나는 이 글이 불교에서 독려하는 마음 상태를 아주 아름답게 표현했다고 생각했다. 나는 라마승이 사회적 불안을 이용하여 자신을 향한 사프란의 기대를 깨뜨리는 방식이 마음에 들었다. 그리고 거기에 담긴 뜻 깊은 메시지를 높이 평가한다. 깨달음은 어려움의 종말을 의미하지 않는다. 깨달음이란 어려움에 대처하는 방식의 변화를 의미한다. "내가 알던 모든 것이 새롭고, 부드럽고, 개방적이고, 불확실하게 느껴졌다." 이 구절에 담겨 있는 건 '회복'이다. 곧 마이클 아이젠이 말한 외로움의 핵에 놓여 있는 알려지지 않은 무한한 존재의 회복, 뒤샹이 심미적 울림이라 이름 붙인 것, 붓다가 꿈에서 발견한 것이다. 또한 암묵 기억에 담긴 트라우마뿐 아니라, 아이-보호자 관계의 핵심에 있는 존재의 연기성 역시 그 안에 숨겨져 있다. 붓다는 그것을 어둠 속에서 자신의 깨어 있는 의식으로 끄집어내 자기 존재를 가득 채웠다. 어떤 의미에서 붓다는 그저 이 작업이 활기를 띠어가는 사이에 바퀴('법륜(法輪)을 뜻함—역주)를 다시 발견했을 뿐이다. 오랜 세월 동안 세상의 모든 부모는 붓다 지혜의 부모 버전을 잘 알고 있었다. 위니컷은 엄마가 완벽하게 통제할 수 없는 아이의 분노를 어떻게 다루어야 하는지 설명하면서 이렇게 썼다. "엄마가 해야 하는 가장 중요한 일은 살아가면서 마주칠 수많은 것들, 특히 아기의 내면에 살아남아 있을 공격들 속을 아기와 함께 헤쳐 나가는 첫 번째 사람이 되는 것이다. 아기의 성장 발달에서 이 순간은 매우 중요하다. 왜냐하면 이때의 아기는 상대적으로 무력하여, 이때 입은 상처는 정말로 쉽게 살아남을 수 있기 때문이다."[16] 붓다처럼 위니컷은 트라우마가 어린 아기에게도 불가피하게 일어난다는 것을 알았다. 자비심과 보살핌으로 아기를 도와주는 엄마의 능력이 바로 붓다가 기억해낸 것이다.

사프란은 나의 전화에 고마워했다. 사프란의 책을 출간한 출판사에서는 앞에서 인용한 단락을 책에서 빼달라고 요청했었다. 붓다가 깨달은 직후 자신을 이해할 사람이 없을 것이라 절망한 것처럼,

출판사에서는 이 문장이 독자에게 심한 혼란을 주지나 않을까 하고
걱정했다.

11

나는 '무엇'인가

"오, 집 주인이여! 당신은 이제 보게 되었

다. 당신은 이제 더 집을 짓지 않아도 된

다." 그 후 붓다는 자신의 새로운 깨달음을

전할 때 다음과 비슷한 표현을 썼다. "다른

사람들이 행복이라고 부르는 것을 나는 고

통이라고 부른다. 다른 사람들이 고통이라

고 부르는 것을 나는 행복이라고 부른다."

11
chapter

아버지가 뇌종양으로 돌아가실 무렵, 나는 아버지와 영적인 문제에 대해 별로 이야기한 적이 없다는 것을 알았다. 아버지는 과학자다. 아버지는 내가 작가로 성공한 것을 자랑스럽게 생각했지만, 내가 무슨 생각을 하고 있는지에 대해서는 전혀 관심이 없었다. 그 사실을 알고 있었고, 또 아버지와 그럭저럭 잘 지냈기 때문에 나는 영적인 문제를 두고 아버지와 논의하는 것을 많이 망설였다. 그러나 아버지의 악성 뇌종양이 손을 댈 수 없는 상태이고 아버지에게 남은 시간이 아주 짧다는 것을 알고는, 내가 불교에서 배운 것에 대해 아버지와 계속 이야기하지 않는 것이 맞는지 의문스러워졌다. 아버지와 불교에 대해 이야기하는 것은 내게 도전이었다. 악성 종양 때문은 아니었다. 종양은 우측 뇌의 깊은 곳에 자리 잡고 있어서 아버지의 인지 능력에 영향을 주지 않았다. 그보다는 아버지가 믿지 않는 개념을 사용하지 않고 평범한 일상 언어로 불교에 대해 이야기하는 방법을 찾아내는 것이 문제였다. 나는 사무실에서 아버지에게 전화를 걸었다. 그때는 아버지가 바로 며칠 후 의식 불명 상태로 들어가 다시는 깨어나지 못하리라고 상상도 못했었다. 수 주 전에 뇌 생검을 했다가 의도하지 않았던 감염이라는 대가를 치른 것이었다.

내가 이 책의 서두에서 언급한 바와 같이, 아버지는 의사였음에도 자신이 언젠가는 죽어야 한다는 근본적인 문제를 그럭저럭 잘 피하면서 인생의 대부분을 보냈다. 이런 태도는 죽음을 다루는 심리 전략에서 그렇게 드문 것은 아니다. 이와 달리 붓다는 여러 경전에서 죽음을 회피하지 않고 직면하도록 모든 힘을 다해서 설득한다. 『산의 비유(Pabbatopama Sutta)』라는 경전에는 붓다가 한 지방의 지배자인 파세나디(Pasenadi) 왕에게 죽음을 설명하는 장면이 나온다. 붓다는 만약 왕을 향하여 높은 산이 동쪽에서 돌진해 오면서 그 길에 있는 모든 생물을 다 으깨 죽인다면 느낌이 어떠할지 물었다. 그리고 능숙하게 산에 마술을 걸었다. 파세나디 왕은 엄청나게 큰 산이 자신을 향해서 무자비하게 돌진해 오면서 모든 것을 망가뜨리는 환상을 보았다. 붓다가 왕에게 같은 질문을 반복해 던지는 사이 산은 북쪽에서도, 남쪽에서도, 서쪽에서도 돌진해 왔다. 붓다의 마술이 끝날 때까지 불쌍한 왕은 코끼리, 마차, 보병 부대, 기병 부대에 둘러싸여서 안전한 것처럼 보였지만, 사실 사방의 모든 곳에서 압박을 당하는 형국이었다. 이것이 바로 죽음과 같은 모습이라고 붓다는 힘주어 말했다. 죽음은 오지만 그것이 어디서 오는지 우리는 모른다. 죽음을 멈추기에 우리는 무력하다. 붓다는 신이 난 사람처럼 말했다.

왜 이 가르침은 왕의 근본까지 뒤흔들어 놓았을까? 지금도 죽음이라는 단어의 힘은 위협적이다. 우리 모두 그에 대해 알고 있지 않은가? 그런데 죽음이 정말 그렇게 놀라운 일일까? 우리가 죽음이라는 단어를 입에 올리고는 있지만 진정으로 죽음을 아는 것은 아니라고 붓다는 말한다. 죽음을 부정하려는 경향은 그 뿌리가 깊다. 실제로 우리는 자기한테 죽음이 일어나지 않으리라고 생각한다. 아니 그런 일이 일어날 것으로 상상도 하지 않는다. 붓다는 신통력을 발휘하여 파세나디 왕이 잠시 동안 죽음을 현실로 느낄 수 있도록 했다. 그리하여 왕은 붓다가 말한 진리로 마음을 기울이고 그 진리를 깨어 있는 의식으로 불러들이고서는, 붓다의 가르침을 받아들였다.

죽음이라는 현실을 피하려는 가장 명확한 이유는 우리가 죽음을 어떻게 다루어야 하는지 모르기 때문이다. 붓다는 파세나디 왕의 요새가 무력해질 수밖에 없음을 보여주면서 이를 분명히 알렸다. 우리는 죽음을 막는 요새를 세우고 죽음과 싸울 수 있는 무기를 발견하려 하지만, 그 일은 잘되지 않는다. 붓다는 그보다는 부드러운 접근법을 찾아냈고, 왕에게 그 방법을 권했다. 붓다는 자신의 위대한 다섯 꿈에서 형상화된 관계에 대한 암묵지를 회복하는 중에, 죽음까지 포함한 삶의 피할 수 없는 트라우마들을 해결하는 열쇠를 발견했다.

아버지와 나눈 마지막 대화

—

내 아버지는 이미 머리에 산을 지고 있었다. 아버지는 여든넷까지 일을 했다. 그러던 어느 날 과거 40년 동안 다니던 익숙한 길, 즉 집에서 병원까지 자가용으로 10분 걸리는 길을 잃어버렸다. 암이라는 모습을 띠고 나타난 그 산은 이미 아버지의 뇌 속에 있었다. 이런 도전에 익숙하지 않던 아버지는 이 문제를 자신의 지성만으로 극복할 수 없었다. 아버지와 내가 나눈 마지막 대화에는 체념의 분위기가 맴돌았다.

나는 말했다. "소년 시절 이후로 지금까지 아버지 마음 깊은 곳에서 정말로 변하지 않고 지속되는 감정이 있죠? 중년에도, 심지어 지금까지 젊은 시절 느꼈던 것과 똑같이 느껴지는 감정 말이에요."

"그래." 아버지는 대답했다. 나는 아버지 안에 본래 있는 연기성을 알아차리는 자리를 일깨우려고 노력했다. 그 자리는 설명하기는 어렵지만 우리 자신의 주관성 안에 있다. 우리는 자기 내면에서 자신을 안다. 우리는 생각 너머에 있는 자기에 대해 직관적으로 느낀다. 그리고 우리는 그 자리에서 다른 사람 및 이 세계와 관계를 맺는다. 몹시 바쁘고 힘든 생활 속에서, 우리는 거의 대부분의 시간 동안 그것을 적당히 얼버무리고 넘어가지만 그것은 우리의 배경에 항상 있다. 음악을 듣거나, 산책하거나, 잠을 자러 가는 등의 사적이고 즉흥적인 순간에 우리는 항상 그곳으로 되돌아간다. 나의 불교 스승 중 한 분은 명상동안 들려오는 소리를 "누구"가 아니라 "무엇"이 인지하고 있는가 찾으라고 내게 충고한 적이 있다. 내가 명상 홀의 소리에 의식을 기울일 때, 스승은 종종 "무엇이 인지하는지 당신은 찾을 수 있는가?"라고 물었다. '무엇'이 인지하는지를 알아내기란 불가능하지만, 찾아내려는 노력을 하면 고요한 인식의 평화로운 오아시스가 펼쳐지고 거기에 머무를 수 있게 된다. "무엇이 인지하는지는 찾을 수 없을지라도, 인지된 것은 거기에 그대로 있다."고 스승은 말했다. 불교에서는 전통적으로 이런 확언을 통해 관계에 대한 암묵지를 분명히 인식할 수 있도록 했다. "인식된 것은 거기에 그대로 있다."는 명제를 논박하는 것은 불가능하다.

나는 최선을 다해서 말했고, 아버지는 내가 말하는 바를 이해하는 듯했다. 나는 계속해서 말했다. "그것은 일종의 명징한 감정이에요. 그것이 무엇인지 아시죠? 그러나 그것을 무엇이라고 정확히 가리키기는 어려워요. 그렇더라도 그 명징한 감정의 공간 속에서 마음을 편안히 할 수는 있어요. 몸이 부서지더라도, 아버지는 지금까지와 같은 존재로서 쉴 수 있어요." 죽음은 꽉 조인 신발을 벗는 것과 같다는 것을 아버지에게 말하고 싶었다. 그러나 아버지와의 대화에서 내가 그렇게 멀리 나가도 아버지가 나를 믿을지 확신할 수 없었다. 그렇지만 과학자인 아버지가 내가 말한 것에 대해 적어도 탐색은 해야겠다는 마음을 내게 될 거라고 나는 생각했다. 붓다를 믿으면 명징한 공간이 열리고, 그런 공간에서는 심지어 죽음조차도 관찰할 수 있다.

"알았다, 얘야. 노력해보마." 아버지는 대답했다. 잠깐 동안 나는 아버지가 나와의 대화를 못마땅하게 여기고 있는 건 아닌지 의심했지만, 그렇지는 않다고 결론 내렸다. 아버지는 종종 나를 '얘(darling)'라고 불렸고, 나는 그렇게 불리는 것이 아무튼 좋았다.

내가 아버지에게 전하고자 한 내용은 붓다가 꿈에서 스스로 발견한 것과 유사하다. 그것은 아이가 무엇을 경험할지에 대해 부모가 아는 것이고, 부모가 자기와 공감하고 있다고 아이가 느끼는 것이고, 사람들이 서로 공감하며 관계를 유지하는 것이다. 관계에 대한 암묵지는 즉각적이다. 그것은 언어와 관계없이 작동하고 무엇이 들어오든 받아들인다. 그것은 부모가 우리의 주된 생명줄이던 인생 초기에 우리 삶의 방향을 결정하고, 심지어 우리가 죽을 때에도 관계를 맺는다. 붓다는 깨달음으로 가는 과정에서 그것이 결정적으로 중요함을 알고서 그것을 효율적으로 사용했다. 나는 죽음을 앞두고서 깨닫고자 마지막으로 몸부림치는 아버지가 그것을 잘 활용하기를 희망했다. 암묵지는 대개 인식의 장 바깥에서 형성된다. 대개 의식되지 않는 암묵지는 그 나름으로 신경 회로에서 작동한다. 붓다는 암묵지의 진정한 본질인 관계 맺음에 마음을 두는 방법과 어두운 곳에 잠겨 있는 암묵지를 끄집어내서 의식화하는 방법을 발견했다. 붓다의 구도기에서 극적으로 표현된 바와 같이, 암묵 기억에 저장된 습관적이고 오래된 반응 패턴은 비언어적인 인지의 빛 속에 놓이면 힘을 잃게 된다는 것을 붓다는 알아차렸다. 순수한 주의와 깨어 있는 마음의 안내 아래, 암묵지는 붓다가 정신을 발전시킨 방법의 버팀목이 되었다.

관계에 대한 암묵지는, 붓다의 어릴 적 기억으로 촉발되고 다섯 편의 위대한 꿈에 의해 정교해지면서 점차 회복되어갔다. 그 과정에서 붓다는 삶과 죽음의 피할 수 없는 트라우마를 헤쳐 나가는 열쇠를 발견했다. 붓다가 그 열쇠를 아무것도 없는 데서 만들어낸 것은 아니다. 그것은 붓다의 마음에 이미 배아 상태로 있다가 붓다가 인생 최초로 맺은 관계의 흔적에 몸을 숨겼다. 그래서 붓다는 그것을 다시 발견하기 위해서 오랜 기간 힘든 과정을 뚫고 나가지 않으면 안 되었다. 이후 불교 스승들은 붓다가 깨달은 바를 사람들과 나누는 창조적인 방법을 고안해내지 않으면 안 되었다. 아버지와 이야기를 나눌 때 나 역시 그러했다. 나를 사로잡은 '부서진 유리잔'의 비유를 말한 아잔 차는 아주 명료한 방법으로 붓다의 깨달음을 전한다. 특정 대상으로의 주의 쏠림 없이 차분하게 관찰하는 깨어 있는 의식 상태에서 보면, 즐겁거나 즐겁지 않거나 중립적인 모든 감정은 집착이나 판단과 연관되어 있다. 이 경지에 이르는 붓다의 수행법을 설명하면서, 아잔 차는 적절한 비유로 붓다가 서 있는 자리를 묘사했다.

수행 중에 우리는 소음, 자동차, 목소리, 보이는 것들이 모두 우리 정신을 흩트리고 우리가 고요히 못 있도록 방해한다고 생각한다. 그러나 누가 누구를 성가시게 한다는 것인가? 실제로 오가며 방해하는 주체는 우리 자신이다. 자동차 소리는 자기 본성을 따를 뿐이다. 우리는 그것들이 우리의 외부에 있다는 잘못된 생각에 빠져 그것들을 방해하고, 방해받지 않은 채 고요히 머물러야 한다는 이상에 집착한다.

그것들이 우리를 성가시게 하는 것이 아니라, 우리가 나서서 그것들을 성가시게 한다는 사실을 보는 법을 배워야 한다. 거울처럼 세상을 보아라. 모든 것은 마음에 비친 것이다. 이것을 알면, 당신은 매 순간 성

장할 수 있고, 모든 경험은 진리를 드러내어 우리에게 깨달음을 안겨 준다.[01]

아잔 차는 조용한 명상 현장에서 일어나는 자그마한 자극들에 대한 것으로 논의의 틀을 잡았다. 즉 성가신 소리, 그냥 눈에 들어오는 장면, 산만한 자극과 같은 것들이 명상을 어렵게 만든다고 말한다. 동시에 아잔 차는 이런 사소한 자극들이 실은 늙음, 질병, 죽음 같은 인간의 주요 장애에 대한 함축임을 이야기하고 있다. 그가 '모든' 경험은 진리를 드러내고 깨달음을 안겨준다고 말할 때, 그 경험 안에는 트라우마를 유발하기 십상인 경험들도 포함되어 있다. 아잔 차의 눈에는 거울처럼 세상을 보는 능력과, (부모가 자연스럽게 아이에게 하듯) 그 능력을 바탕으로 공감하고 참여하고 돌보는 행위가 인간의 가장 위대한 성취로 비쳐졌다.

마음이 만들어낸 세계

—

붓다는 미려한 표현으로 사염처에 대한 자신의 가르침을 펼쳐 보였다. 붓다는 말한다. "비구들이여, 이것은 존재를 정화하고, 슬픔과 비탄을 극복하게 하며, 둑카와 불만족을 해소하고, 진리의 길을 터득하게 하고, 열반을 체득하게 하는 하나의 길이다."[02] 붓다가 금욕 수행의 절정기에서 이런 견해를 낸 것은 잠부나무 아래에서 느낀 어린 시절의 기뿜을 회상한 덕분이었다. 그 기억의 도움으로 붓다의 내면에는 붓다가 직면한 곤경에 자비롭게 대처할 수 있는 환경이 조성되었다. 그런 변화는 붓다 어머니의 은혜로운 에너지가 점차 붓다에게 돌아오는 것에서 시작되었다. 깨달음을 얻기 전, 붓다는 열반을 성취하기 위해 노력하는 중에 두 종류의 수행법 사이에서 흔들렸다. 먼저, 붓다는 훌륭한 두 스승 아래에서 지도를 받으며 명상을 통한 초월을 추구했다. 이 수행을 하면서 붓다는 자신을 찾아온 지복을 견디지 못해 몸을 버리고 떠나야 했던 겁먹은 어머니를 무의식적으로 흉내 내고 있었다. 다음 방법은 고통과 결핍을 통한 것이었다. 붓다는 이 방법을 통해서 집착이 정화되고 영혼이 자유로워질 것으로 철저하게 믿었다. 하지만 이 두 수행 방법은 모두 붓다에게 분열이라는 고통을 안겨주었다. 왜냐하면 이 두 수행법은 모두 영혼의 자유가 일상의 체험 밖 그 어딘가에 있다는 이원론을 바탕으로 하기 때문이다. 그러나 붓다는 어린 시절의 기억을 통해서 스스로를 새롭게 정립할 수 있었다. 또 꿈은 일상 체험을 다르게 바라보는 수단을 붓다에게 선사했다. 붓다는 도망가고자 하는 욕망에 내몰리는 대신, 이 세계를 마음의 반영으로 이해하는 법을 배웠다. 어머니의 죽음이라는 트라우마와 씨름하는 중에 깨어난 이 능력 덕분에, 붓다는 종국의 깨달음 속에서 죽음이 무엇인지를 간파할 수 있었다.

붓다의 깨달음을 신화적으로 표현한 여러 이야기들에서 상징을 통해 드러나는 핵심 주제는, 붓다가 관계에 대한 암묵지를 바탕으로 모든 것을 마음의 반영으로 이해한다는 것이다. 다섯 편의 꿈을 꾸고 나서 얼마 되지 않은 늦은 봄, 반짝이는 네란자라 강가의 큰 무화과나무 아래에 앉은 붓다는 열반을 성취할 때까지는 결코 일어나지 않겠다고 결심한다. 하지만 나무 아래 앉아 있는 것이 그리 쉬운 일은 아니었다. 오랜 세월에 걸쳐 형성된 전설에 따르면, 붓다는 제대로 된 앉을 자리를 찾아야 했다고 한다. 당시 붓다는 이전까지의 모든 수행법을 떠나 자기만의 방법을 찾아가는 출발점에 서 있었다. 또 홀가분한 상태로 스스로와 관계를 맺을 수 있는 내면의 균형 지점을 찾고 있었다. 붓다는 맨 처음에는 나무의 남쪽에 앉으려고 했다. 그러나 대지가 그것을 만류하는 듯이 흔들렸다. 다음에는 서쪽에 앉으려 했고 그다음에 북쪽에 앉으려 했지만, 대지는 그때마다 흔들렸다. 마지막으로 붓다는 나무의 동쪽에 풀로 자리를 만들어 앉았다. 대지는 조용했다. 드디어 그는 모든 붓다가 깨달음에 이르는 바탕이 되었던 "안정된 지점"[03]을 발견한 것이다. 붓다는 선언했다. "나의 몸은 시들어버릴지도 모르고, 내 피부와 뼈와 살은 녹아내릴지도 모른다. 그러나 깨달음을 얻기 전에는 결코 이 자리에서 조금도 움직이지 않을 것이다." 이 안정된 지점이 바로 아잔차가 언급하는 자리이자, 어지럽게 들고 나며 주위의 것들을 성가시게 하지 않고 모든 것을 마음의 반영으로 보는 자리이다.

욕망의 첫 번째 도전

—

이 지점에서 붓다는 자기 내면의 악마들과 대면하지 않으면 안 되었다. 그는 자신의 변형된 자아인 마라(Mara)로부터 극적인 도전을 연이어 받았다. 불교계에서 널리 알려진 마라는 종종 악마, 죽음, 어둠의 화신으로 그려진다. 일종의 불교식 사탄이라는 견해인데, 이런 관점은 옳지 못하다. 남아시아의 우주관에서 마라는 욕망계의 주인으로서, 사실 신과 같은 존재다. 마라는 붓다를 생사의 윤회에 붙잡아두려고 애를 썼다. 욕망의 주인인 마라는 인간을 세상에 매어놓는 집착과 갈망의 힘을 상징한다. 이런 이유로 마라는 트라우마와도 깊이 관련되어 있다. 정신분석 용어로 말하면 마라는 붓다의 자아, 즉 "이해와 통제가 가능하고 안전한 세계와 자기에 대한 필사적인 갈망"[04]을 표상한다. 자아로서의 마라는 피할 수 없는 세상의 트라우마에서 자기를 보호하려는 끊임없는 시도를 표상한다. 마라에게 붙은 별명 중에 "가뭄악마"라는 것이 있다. 이런 별명이 붙은 이유는 마라가 변화의 물길을 거두어들이려고 애쓰기 때문이다. 마라는 붓다가 안정된 지점을 발견하자 격분했다. 그는 모든 종류의 트라우마로 붓다를 공격하고, 붓다를 그 자리에서 밀어내려고 무던히 애를 썼다. 마치 아이가 부모의 침착함과 자신감을 뒤흔들기 위해 인정사정없이 공격하는 모양새와 비슷했다.

붓다는 자신이 새롭게 발견한 암묵지라는 안정된 지점에서 마라의 파상 공격을 받았다. 이 상황을 묘사한 이야기들은 어느 경전을 근거로 하고 있느냐에 따라 조금씩 다르지만 다음의 본질적인 세 가지는 공통으로 포함한다. 마라는 다음 세 가지 작전, 즉 "군대와 무기를 이용한 공격, 깨달음을 증명하라는 요구, 여성의 유혹"[05]을 통해 고타마를 패퇴시키고자 했다. 붓다는 마라의 이런 연쇄 공격이 자신이 겪어온 것 가운데 가장 혹독한 일이었다고 언급했다. 심지어 고행이 최고조에 달했을 때보다도 힘들었다고 했다. 하지만 붓다는 이렇게 힘겨운 도전을 견디고 살아남을 수 있게 해주는 자리에 가 있었다. 붓다는 자신에게 가해지는 공격을 흩트리기 위해 그 자리에서 움직이는 대신, 그 공격들을 정신의 반영으로 볼 수 있었다. "붓다가 자신을 격렬하게 뒤흔들고 있는 욕망과 공포심을 마음과 육체의 덧없는 현상으로 받아들이자, 그 욕망과 공포심이 갖는 무서운 힘은 상실되었다."[06]

마라에 대한 거의 대부분의 이야기에서 군대와 무기를 이용한 공격이 제일 먼저 나온다. 마라는 코끼리에 올라타고서 무시무시하게 많은 군대를 지휘하는 전사로 그려진다.[07] 마라는 열 가지 군대를 한꺼번에 출동시켰다. 열 가지 군대는 다음의 열 가지 심리 상태를 표상한다. 감각적 욕망, 불만족, 굶주림과 목마름, 갈망, 무기력, 공포, 의심, 안절부절못함, 재산과 칭찬과 명예에 대한 갈망, 다른 사람을 무시하면서 자신을 칭찬하는 것.[08] 마라는 붓다가 될 사람에게 아홉 가지의 폭풍을 던졌다. 바로 바람, 비, 바위, 무기, 잉걸불, 재, 모래, 진흙, 어둠이다. 그러나 붓다는 "무적의 자리", "요동치지 않는 지점"[09]에 이미 가 있었다. 그 자리에서, 붓다에게 가해진 공격들은 붓다에게 닿지도 못하고 스러져버렸다. 마치 부모의 불굴의 의지와 침착한 사랑 아래 녹아버린 아기의 공격과 같았다. 마라가 쏜 화살은 꽃으로, 바위 공격은 화환으로 변했다. 비는 고타마를 적시지 못했고, 바람은 고타마의 자세를 흩뜨리지 못했다. 잉걸불, 재, 모래, 진흙은 활짝 핀 꽃과 향으로 변했고, 어둠은 고타마의 빛으로 사라졌다. 대승불교에서 발달한 후기 이야기에서 고타마가 앉은 "요동치지 않은 지점"은 금강좌(金剛坐, vajrāsana), 또는 흔들리지 않는 안정감과 관련하여 "무적의 왕좌"[10]로 알려진다. 금강좌와 어머니 마음의 관계는 암묵적으로만 맺어진 것이 아니다. 붓다 이야기가 전개됨에 따라 이 둘의 관계는 더욱 분명하게 그려진다.

무엇이 우리를 지지하는가

마라의 다음 공격은 가장 교활했다. 그 공격은 붓다가 겪은 트라우마의 심장부로 바로 들어왔다. 그 교활한 공격으로 붓다는 자신 속으로 아주 깊이 침잠하여 꿈이 일깨워준 것을 드러내 보였다. 마라와의 전투에서 가장 유명한 장면은, 마라가 고타마에게 깨달음을 얻을 자격이 있는지 증명하라고 강요하면서 고타마의 자부심에 직접 도전하는 장면이다. "무슨 권리로 이 자리를 주장하는가?" 마라는 고타마에게 물었다. 마라는 자신의 군대를 가리키면서 이 군대가 자신의 우수한 위상을 보여주는 증거라고 주장했다. 그는 스스로 자부할 만큼 확실히 중요한 자리에 있었고, 그가 명령만 하면 달려오는 추종자들의 무리를 거느리고 있었다. "누가 당신의 증인이 되어줄 것인가?" 마라는 답을 강요했다. 고타마는 자신의 편이 되어줄 사람이 아무도 없는 정말로 외로운 상황이었다. 고타마는 적절하게 대답할 수 없었다. 어떻게 대답을 해야 붓다의 고독한 수행과 어울릴 수 있단 말인가? 스스로 가족과 친구를 포기하고, 금욕 수행을 함께하던 다섯 친구에게 버림을 받은 상태에서 누구에게 자신을 변호해달라고 할 수 있겠는가? 마라의 도전은 심리적 측면에서 붓다의 가장 취약한 지점을 바로 향했다. 우리가 마라를 붓다의 그림자로 이해한다면, 마라의 질문은 진정 붓다 스스로 하는 질문이 된다. 붓다는 깊이 침잠했다. 깨달음이 눈앞인 상황이었지만 붓다에게는 해야 할 일이 남아 있었다. 붓다는 여전히 자기 내면에서 무엇인가를 놓치고 있었다. 여전히 자부심이라는 과제와 씨름하고, 여전히 자신의 연약한 본성을 이해하려고 몸부림쳤다. 그리고 마라가 목소리를 높여서 말한 대로 자신의 무가치함 때문에 여전히 고통을 겪었다.

붓다는 이 지점에서 또 다른 깨달음의 눈을 떴다. 붓다는 지난 일을 떠올리면서, 다시 한 번 암묵지를 일깨운 일은 오래전에 잊은 무언가를 기억해내듯, 자신이 잃어버렸다는 사실조차 모르는 무언가를 구원하듯 일어났다고 말했다. 물론 붓다의 이런 언급은 여러 가지로 해석될 수 있겠지만, 붓다가 연 새로운 돌파구에 잊었던 감정의 복귀, 고독감의 심장부에 있는 알 수 없는 무한한 존재의 회복이 들어 있다는 점에는 의문의 여지가 없다. "숲 속에서 유랑하던 한 사람이 옛사람들이 걸어간 오래된 길, 오래된 흔적을 발견했다고 가정해보자. 그는 그 길을 따라 걸어간 끝에 오래된 도시, 오래된 왕국의 수도를 발견했다. 오래된 사람들이 살고 공원과 작은 숲과 호수가 있는 그곳은 벽으로 둘러싸인 아름다운 곳이었다. 이와 마찬가지로 나도 완전히 깨달은 옛 사람들이 걸었던 오래된 길, 오래된 흔적을 발견했다."[11]

마라가 자부심의 증거를 보이라고 요구하자 고타마는 오른손을 뻗어 대지를 짚으며 말했다. "이 대지가 나의 증인이다." 이 말에 동의하는 듯 대지는 크게 흔들리며 소리를 냈다. "보살이 위대한 땅에 손을 대었을 때, 그것은 여섯 가지 방식으로 흔들렸다. 흔들리고, 강하게 흔들리고, 모든 방향으로 강하게 흔들리고, 울려 퍼지고, 강하게 울려 퍼지고, 모든 방향으로 강하게 울려 퍼졌다. 마치 마가다에서 온 구리 종을 막대기로 칠 때 소리가 나듯이, 이 위대한 땅은 보살의 손이 닿았을 때 울려 퍼지고 다시 울려 퍼졌다."[12] 이 유명한 '대지-접촉 자세' (또는 항마촉지인, bhūmisparśa mudrā)를 보여주는 여러 초기 도상에서 대지의 흔들림은 의인화된 모습으로 표현되었다. 대지의 여신, 즉 스타바라(Sthāvarā) 또는 "안정된 자(Stable One)"[13]의 상체가 땅의 표면에서 위로 솟아나 합장을 하고 고타마에게 절을 한다. 대지에 손을 대는 상징만으로는 충분하지 않다는 듯, 나중에 붓다의 모습을 묘사한 예술가들은 그것을 더욱 구체적으로 표현했다. 어머니가 나타나 자신과 붓다의 유대를 확인해주어, 붓다가 버리지 못한 자기 의심의 찌꺼기를 지우고, 그가 날 때부터 갖고 있던 가치를 증명한다. 그리고 마라를 놀래켜 멀리 쫓아버린다.

미란다 쇼(Miranda Shaw) 교수는 불교 도상에서 대지 여신의 역할이 무엇인지를 매력적으로 설명하면서 불교 미술에서 신성(神性)을 표상하는 방식의 변천 과정을 추적했다. 쇼는 이 이야기의 몇 가지 판본에서 대지의 어머니가 한 번이 아닌 두 번 나온다는 점을 지적했다. 처음 출현하는 장면에서 대지의 어머니는 붓다의 덕성을 증언하고 마라와 그의 군대를 흩어버린다. 두 번째로 나오는 건 마라의 군대가 다시 모였을 때인데, 이때는 천둥과 같은 포효로, 위협적인 모습으로, 거센 흔들림으로 나타난다. 이로써 어머니의 두 가지 상보적인 측면이 체현된다. 한 측면에서 어머니는 보살피고 양육하지만, 다른 측면에서는 공격성을 드러낸다. 이에 부가하여 쇼는 어머니와 깨달음의 금강좌가 얼마나 긴밀하게 얽혀 있는지를 지적한다. 불교문화권에서 나온 최초의 조각상에서 왕좌의 기단이 어머니의 자궁을 찢고 있다. 어머니는 붓다 깨달음의 "안정적인 발판"[14]이다. 그 조각상 이후 한동안 어머니 대지는 어머니의 머리카락에서 강물이 흘러나오는 모습으로 표현되었는데, 머리 꼭대기에서 쏟아져 나오는 엄청난 양의 물이 마라의 군대를 쓸어가는 장면이었다. 또 대지 여신은 팔을 뻗어 붓다에게 구 모양의 그릇을 주는 모습으로도 형상화되었다. 이는 비옥함과 풍부함을 상징할 뿐 아니라, 불교의 '공(空)'이 '생명을 품는 공(pregnant void)'이기도 함을 상징하기도 한다.

함께하되 얽매이지 않는다

마라는 자신의 딸들을 동원하여 고타마를 유혹하며 세 번째 도전을 했다. 마라의 딸들은 때로 성적 갈망이 의인화된 존재로 축소 해석되기도 하나, 그녀들은 사실 여신이다. 마라는 딸들의 "32가지 여성적 책략"[15]을 이용해 붓다를 깨달음에 이르지 못하도록 방해하고자 한 것이다. 그러나 이 또한 소용이 없었다. 붓다의 경지에 거의 이른 고타마는 자신의 공격성뿐 아니라 욕망 또한 마음의 반영에 불과함을 알고 있었다. 따라서 그것들을 흩뜨리기 위해 움직일 필요가 없었다. 불교 관련 글을 쓰는 스티븐 배철러(Stephen Batchelor)는 이와 관련해 이렇게 썼다. "이는 붓다가 이런 생각과 감정을 몰랐다거나, 그에게 이런 것이 일어나지 않았다는 것을 의미하지 않는다. 붓다는 이런 욕망을 제거하는 대신 그 욕망과 함께 지내되 그것에 얽매이지 않는 법을 발견했다."[16] 붓다를 유혹하는 데 실패한 마라의 딸들은 붓다로 인해서 오히려 변한다. 화살이 꽃으로, 바위가 화환으로 변한 것처럼 유혹의 힘은 그 예리함을 잃었다. 딸들은 아버지 곁으로 돌아와, 여덟 여신에게 자리를 양보했다. 여덟 여신은 붓다에게 열여섯 개의 찬양 시구를 바치면서 노래를 불렀다. 심지어 욕망조차도 붓다가 깨달음으로 가는 길을 돌려놓지 못했다.

나는 '무엇'인가

마라를 물리치고 난 다음, 밤에 이어진 세 번의 바라봄(watch)으로 붓다의 깨달음은 완성된다. 첫 번째 바라봄에서 붓다는 자신의 모든 전생, 즉 셀 수 없을 정도로 많은 자신의 전생을 모두 기억해냈다고 한다. 이름, 종족, 부모, 카스트, 먹은 음식, 수명, 겪었던 행복과 불행까지 모두 알게 되었다. 붓다의 연속된 생애들의 전체 스펙트럼이 눈앞에 펼쳐졌다. 붓다의 깨달음이 무아에 대한 깨달음이기는 하지만, 그렇다고 붓다가 주관적인 개인성을 상실한 것은 아니다. 사실 붓다의 개인적 트라우마가 해소되고, 암묵 기억으로 인해 자기도 모르게 분리되어 있던 모성 에너지와 연결되면서, 시간을 가로지르는 붓다의 존재는 명확해졌다. 현재는 과거와 함께하며 두꺼워졌고, "과거와 미래 사이에 펼쳐져 있는"[17] 붓다의 지각과 "일회성을 실로 꿰어 통합하는"[18] 붓다의 능력이 다시 돌아왔다. 전통적인 설명으로는 전생을 기억한 것이지만, 심리 용어로 풀이하면 붓다가 회복한 것은 자신의 주체성에 대한 앎이다. 그리고 밤의 첫 번째 바라봄을 통해 붓다가 인식한 주체성은 내가 죽음을 앞둔 아버지와 대화하며 전하고자 한 바로 그것이다. 보리수나무 아래의 금강좌에서 행한 면밀한 관찰과 대지 여신의 증명 아래, 붓다는 세계를 있는 그대로 볼 수 있었다. 이것은 다른 무엇보다도 주체성의 무한히 넓은 지평을 보는 것이다. 붓다 자신의 주체성은 이제 아무 막힘없이 펼쳐져 흘렀다.

그날 밤의 두 번째 바라봄에서 붓다는 정신분석가 로버트 스톨로로우가 "존재의 밑바닥에 놓인 견딜 수 없는 고통"[19]이라고 부른 것을 이해했다. 붓다는 직감적으로 삶의 "회피할 수 없는 굴레"를 절감하고, 그것을 설명하기 위해 카르마 이론을 구성했다. "자비심에 추동된 붓다는 지혜의 눈을 더 크게 뜨고, 마치 흠 하나 없는 거울로 보듯이 전 우주의 장엄한 광경을 보았다. 카르마의 법칙에 따라 존재가 태어나고 죽어가는 것을 보았다. 그것은 원인과 결과의 법칙이다."[20]라고 붓다의 전기 작가 중 한 사람은 썼다. 깨어 있는 알아차림 속에서 자비의 눈으로 바라본 이런 광경은 붓다가 마지막 목표 지점에 도달하도록 안내를 해주었다. 연기로 얽힌 세계에서 일어나는 힘들고 어려운 감정을 잘 조율하게 된 붓다는 그런 감정에 맞서기 위해 더 이상 방어벽을 쌓을 필요가 없었다. 스티븐 배철러가 서술한 바와 같이, "자아와 사물이라는 고질적이고 꽁꽁 얼어붙은 이분법이 공(空)이라는 넓은 지평 안에서 해소될 때 연기의 세계는 훤히 열린다. 그 세계는 유동적이고 애매하고 매력적이면서 끔찍하다. 그리고 그 세계는 놀랄 정도로 미묘하고 복잡하고 장엄하게 우리 앞에서 전개될 뿐 아니라, 언젠가는 우리와 우리의 소유 전체를 격류가 휘감듯이 엄청난 속도로 삼킬 것이다. 극도로 고통스러운 창조의 아름다움은 악마적인 파괴성과 분리될 수 없다. 이렇게 격렬히 흘러가는 세계에서 지혜, 인내, 공감, 배려, 비폭력의 정신을 우리가 발휘할 수 있는 방안에 대해서 수많은 성인과 철학자가 오랫동안 골몰해왔다. 붓다의 접근 방법이 놀라운 것은 변화하는 세계의 영향을 전혀 받지 않는 불멸의 또는 초월의 자아를 설정하지 않는다는 점이다. 그 대신 붓다는 위안을 주는 그런 환상을 버리고, 당신을 파괴하는 삶 그 자체를 껴안는 데 구원이 있다고 주장한다."[21]

붓다의 눈뜸에 대한 배철러의 글을 읽고, 나의 휴대전화 명상에 대한 반응에 관해 예전에 친구가 들려준 이야기가 떠올랐다. 어떤 여성이 내가 지도하는 명상을 경청하고 난 다음, 집에 가서 자기 남편에게 내 명상 수행에 대해 말해주었다고 한다. 그 남편은 사회적으로는 성공했지만 상당히 오랫동안 중독 문제로 깊이 상처를 받아오다가 이를 극복하기 위해 노력하는 중이었다. 아내가 내 명상 수행에 대해 이야기하자 남편은 갑자기 울음을 터뜨렸다. 아내는 남편답지 않은 이런 반응을 보고 깜짝 놀랐다. 남편은 결코 울음을 터뜨리는 사람이 아니었을뿐더러, 아내에게서 멀어져서 점점 고립되고 감정도 무뎌져갔기 때문이다. 아내가 남편에게 왜 우느냐고 물었을 때 남편은 삶에 뛰어들어, 삶에 귀를 기울이고, 삶을 받아들이는 모습은 자신이 살아가는 모습과 너무나 달라서 상당히 당혹스러웠다고 답했다. 그 방에서 남편이 상상한 고통의 무게는 그의 가슴을 뭉클하게 하기도 하고 불안하게 만들기도 했다.

남편의 반응이 격하기는 하지만, 이를 통해 우리는 붓다의 접근법이 얼마나 급진적인지 알 수 있다. 깨달음 직후 붓다가 언급한 바와 같이 붓다의 깨달음은 진정으로 당시의 시대 흐름을 거스르는 것이다. 자신의 트라우마를 처리하려는 노력 속에서, 또 트라우마를 억누르거나 쫓아버리려는 시도 속에서 우리는 그 남편과 비슷하게 스스로를 고립시킨다. 우리는 자신의 고통을 회피하고, 다른 사람의 고통에서도 멀리 떨어지길 원한다. 우리는 이미 고통으로 꽉 차 있다고 느끼며, 더 전염되는 것을 두려워한다. 그리고 스스로의 스트레스를 해결하는 데 너무 바빠서, 그 남편을 울게 만든 인간성, 즉 자비를 잊어버린다.

불교인이 서 있는 역설적인 입장은 붓다의 깨달음에 대한 전통적인 서술에서 분명히 드러난다. 한편으로, 자아와 타자를 구분하는 완고한 경직성이 용해되면, 자비롭게 알아차리며 편안하게 흘려보내는 힘이 생겨난다. 파괴적인 도전들을 건너갈 수 있게 해주는 힘 말이다.

이런 상태는 아기의 분노를 견뎌내며 잘 헤쳐 나가는 엄마의 모습과 유사하다. 다른 한편으로, 자아가 관계에 대한 암묵지를 받아들여서 스스로의 절대성을 포기하면, 우리를 휩싸는 무상함이 드러나게 된다. 붓다의 마지막 깨달음이 통합하고 용해한 것은 바로 이 역설이다. 깨달음이 움트는 상황에서 붓다는 자신이 태어났을 때 어머니를 두려움에 빠뜨린 지복의 무한한 육체가 지닌 참가치를 완전히 알아볼 수 있게 되었다.

그날 밤의 세 번째 바라봄에서 붓다는 이후 사성제라고 불린 것, 즉 고집멸도(苦集滅道)의 진리를 이해했다. 붓다는 불을 똑바로 바라보고, 모든 것이 타는 것을 보고, 또한 그 과정에서 갈망의 불이 꺼지는 것을 느꼈다. 인생의 불완전함에 더 저항하지 않고, 그것이 변하는 것을 보았다. 열반은 새벽 별이 처음 반짝이는 듯이 이루어졌다. 붓다는 선언했다. "이제 해야 할 일을 다 이루었다." 그리고 우리에게 잘 알려진 다음 말로, 무지가 사라졌음을 밝혔다. "오, 집 주인이여! 당신은 이제 보게 되었다. 당신은 이제 더 집을 짓지 않아도 된다." 그 후 붓다는 자신의 새로운 깨달음을 전할 때 다음과 비슷한 표현을 썼다. "다른 사람들이 행복이라고 부르는 것을 나는 고통이라고 부른다. 다른 사람들이 고통이라고 부르는 것을 나는 행복이라고 부른다." 갈망의 불을 끄고서, 붓다는 지혜를 넘어선 지혜라고 부를 수 있는 것을 실현했다. 붓다 심리학의 핵심인 '본래 연기적 존재임을 알아차리는 것'을 비유적으로 표현하여 티베트 불교에서는 붓다의 초지혜(metawisdom)를 "위대한 포용"이라고 번역했다. 지식을 넘어선 지식은 관계로 이루어져 있고 연기적이다. 그날 밤의 세 번째 바라봄에서 붓다는 우리가 모두 스스로의 트라우마를 처리하는 수단을 자기 내면에 지니고 있다는 사실을 명확하게 보았다. 한 중요한 경전에서 언급하는 바와 같이, "우리가 주체성이라는 것을 혼란스럽게 받아들이지 않고 제대로 파악하면, 속세의 삶은 열반 그 자체의 활동이다."[22]

붓다 사후 1,500년이 지났을 때, 붓다의 가르침은 티베트로 건너갔다. 이 가르침을 티베트에 가져간 여러 스님 가운데 기원후 980년에 태어난 아티샤(Atisha)라는 벵갈 출신 스님이 있다. 아티샤는 당대 가장 수승한 스님 가운데 한 분이었다. 붓다가 성취한 것을 간단하게 요약해달라는 제자의 요청에, 아티샤는 유명한 구절을 남겼다. 그의 언급은 내가 아버지에게 전한 것보다 훨씬 집약적이고 포괄적이면서도 핵심은 동일하여, 붓다의 금강좌가 된 관계에 대한 암묵지에 대해서 말하고 있다. 그는 지혜와 자비의 결합이 바로 중도임을 밝히고 있다.

아티샤는 말한다. "최상의 수행법은 무아를 깨닫는 데 있다. 최상의 가치는 너 자신의 마음을 항복받는 데 있다. 최상의 공덕은 항상 남을 도우려는 마음을 갖는 데 있다. 최상의 교훈은 그침 없는 마음챙김이다. 최상의 치료는 모든 사물의 무자성(無自性)을 이해하는 것이다. 최상의 활동은 세속사에 순응하지 않는 것이다. 최상의 성취는 번뇌가 줄어들어 마침내 사라지는 것이다. 최상의 보시(charity)는 집착하지 않음에서 발견된다. 최상의 지계(morality)는 평화로운 마음이다. 최상의 인욕(tolerance)은 겸허함이다. 최상의 정진(effort)은 행위에 대한 집착을 버리는 것이다. 최상의 선정(meditation)은 꾸미지 않는 마음이다. 최상의 지혜는 형상을 떠나는 것이다."

여전히 더 많은 것을 알고 싶어 하던 제자들은 또 다른 질문을 던졌다. "가르침의 궁극 목적은 무엇입니까?"

아티샤는 답했다. "가르침의 궁극 목적은 공(空)이고, 공의 본질은 자비다."[23] 우리가 깨달음이 무엇인지는 모르겠다고 말하면, 스님은 아마 깨달음은 이미 거기에 있다고 말했을 것이다.

관계에 대한 암묵지를 무의식에서 끌어내면서 붓다는 인생 초기에 생긴 파열을 치료했다. 붓다는 자신의 문제를 해결하고 나서 그것으로 끝을 맺지 않았다. 자신의 트라우마로 인해 붓다는 다른 사람의 트라우마에까지 눈을 떴다. 깨닫고 난 이후, 식중독으로 열반에 이르기까지 45년 동안의 여생에서 붓다는 자신의 깨달음을 다른 사람과 자유롭게 나누었다. 공의 본질이 자비라는 가르침을 전하는 동시에, 각자가 마음챙김을 어떻게 해야 하는지에 대해서도 가르침을 주었다. 붓다는 깨어 있는 마음으로 거울처럼 세상을 보면서 트라우마를 트라우마로 보는 법을 가르쳤다. 또 이 불안정한 세계에서 피할 수 없는 트라우마를 견뎌낼 수 있는 방법도 가르쳤다. 모든 것은 마음이 만든 것이라고 진정으로 체험하면, 트라우마조차도 깨달음의 도구가 될 수 있다.

12

내게 돌아오는 길

햇빛을 담뿍 머금은 바람에 파도가 일렁인

다. 나는 안정되고 따뜻한 기분 속에서, 혼

자 있음에도 무언가에 연결된 듯한 느낌을

받고 있다. 나의 깊은 고독 속에는 알 수도

없고 한계도 없는 존재가 있다. 그것은 벌거

벗은 나의 몸을 감싸고 있는 황금 바람이다.

명징한 안목, 자비스러움, 깨어 있음을 갖춘 붓다는 현실주의자다. 자신의 비전을 흐리게 하는 어떤 티끌 하나도 없이, 붓다는 한 단어로 인간의 모든 근심 걱정을 축약할 수 있었다. "고(Dukkha)!" 붓다는 사성제의 첫 번째 항목을 이렇게 부르짖었다. 그러고는 설사 다른 사람의 동의를 얻지 못하더라도 모든 사람에게 유익한 진리를 말하기로 스스로 맹세했다. 이 거부할 수 없는 명확한 고통의 현실은 우리 삶을 가로지르고, 우리의 행복한 삶에 그림자를 드리우고, 우리의 삶 전부를 뒤덮는다. 붓다에 의하면 트라우마는 우리 삶의 근본을 이루는 요소다. 트라우마는 어떤 특정한 사람에게 일어나는 우연한 현상이 아니다. 트라우마는 항상 그곳에 있다. 모든 것은 결국 사라진다. 어떤 사람에게는 트라우마가 더 강하고 더 끔찍하고 더 무섭게 나타나기도 하지만, 트라우마는 불행한 몇몇 사람에게만 일어나는 것이 아니다. 트라우마는 인간 생명활동의 근본 바탕이다. 휘몰아치고, 혼란스럽고, 예측할 수 없는 우리의 삶은 극도로 헐어버린 캔버스 위에 펼쳐진다. 우리의 에너지는 대부분 이런 취약함에 저항하는 데 사용되지만, 사실 이런 취약함 자체를 우리가 어떡할 수는 없다. 붓다는 이런 취약함과 만나는 것이 우리 모두에게 유익하다는 사실을 깨달았다. 붓다는 입에는 쓰지만 유익한 진리를 유효적절하게 이야기에 담아서 전할 줄 아는 놀라운 능력을 갖고 있었다. 트라우마로 상처를 입은 사람이 그 진리를 받아들일 수 있는 적절한 순간에, 붓다는 진리를 드러내고 그 사람이 자기 문제를 직면하게 했다. 그리고 트라우마를 견뎌낼 정도의 관계가 형성되었을 때만, 붓다는 그들이 스스로의 내면으로 침잠할 수 있도록 도와주었다. 이를 분명하게 밝히면서, 붓다는 오늘날 정신치료사도 여전히 중요하게 여기는 다음 사실을 강조했다. 트라우마를 수용하는 관계의 고향(relational home)[01]이 있다면, 트라우마는 견딜 수 있는 것이 될 뿐 아니라 심지어 찬란한 빛을 낼 수도 있다. 그러나 관계의 고향이 없다면 트라우마는 견뎌내기에는 너무나 힘든 것이 된다.

붓다가 해낸 것

—

붓다가 아무 근거도 없이 갑자기 이런 이해에 도달한 것은 아니다. 붓다의 영적 여행에는 그가 온갖 노력을 기울였음에도 결코 알아내지 못한 어머니의 상실을 받아들이는 과정이 포함되어 있다. '발달' 또는 '관계' 트라우마 전문 치료사가 잘 알고 있듯이, 인생 초기의 몇 년은 자존감과 자신감이 형성되는 데 절대적으로 중요한 시기이다. 푸근하고 편안한 부모와 아기의 건강한 애착관계는 정서적인 편안함을 북돋움으로써 아기가 성인이 되어서 무난한 삶과 인간관계를 영위할 수 있도록 한다. 그러나 초기 몇 년간 부모와 서로 잘 맞지 않아 트라우마의 자국이 남으면, 이후에 예기치 않은 혼란을 맞기도 한다. 우리처럼 붓다도 이런 트라우마의 흔적을 경험하고 행동화했다. 아내와 아이, 자신의 모든 것을 버리고 숲으로 들어가서 몸과 마음에서 해방되기를 원했다. 붓다의 영적 여행은 적어도 어떤 측면에서 보면 근원적인 고통의 한 표현으로 읽을 수도 있다.

원초적 고통은 우리 모두에게 존재한다. 그것은 무엇이 일어나는지를 알 수 있는 인지 능력이 갖춰지기 전에 일어난 고통스러운 경험에서 기원해 계속해서 우리에게 트라우마를 준다. 또 우리 모르게 우리를 공격해서 우리가 이해하지 못한 상처를 행동화하게 만드는 경향이 있다. 붓다의 인생 이야기는 이 주제에 딱 맞아떨어진다. 붓다 인생의 핵심부에는 그가 이해하지 못한 하나의 트라우마, 바로 어머니의 상실이 존재한다. 그 어머니는 인생의 첫 주에 아이의 탄생에 기쁨을 느꼈을 뿐이다. 이 상실이 붓다의 암묵 기억 속에 잠재하면서, 붓다가 느끼기는 하지만 알아차리지는 못하게 붓다의 체험을 물들이며 '자기 증오'와 불만족의 감정을 부추겼다. 신경과학 분야의 최전선에 있는 조지프 르두(Joseph LeDoux)는 스트레스가 뇌에 미치는 영향을 연구한 후, 정서 기억(emotional memory)은 영원히 지속될지 모른다고 말했다.[02] 정서 기억에 깊은 상실이 각인되어 있는 붓다는 가장 근원적인 일상의 트라우마, 즉 사랑하는 사람의 죽음을 어떻게든 처리했어야 했다. 그리고 붓다는 다른 사람의 도움 없이 스스로 그 작업을 마쳐야 했다.

붓다는 분명하게 말했다. 고통에서 빠져나오는 방법은 그 고통 속으로 들어가서 그것을 뚫고 나오는 것이라고. 그리고 그 작업을 하는 수단으로 사성제와 네 가지 마음챙김을 가르쳤다. 숨에서 시작하여 몸, 느낌, 마음, 의식 그 자체로 마음챙김을 점차 확장할 수 있다는 사실에서, 우리는 마음을 여는 데 트라우마를 이용할 수 있음을 알 수 있다. 위태로운 경험을 더는 해리하지 않을 때, 피하고 싶은 인생의 요소들에 맞설 때, 우리는 비로소 안식을 얻는다. 붓다는 어릴 적 잠부나무 아래서 만끽한 기쁨을 기억해냈을 때 이 안식을 맛봤다. 일상적인 자기비판의 먹잇감으로 전락하지 않고서 자신의 내면으로 침잠했을 때, 붓다는 마음이 할 수 있는 상호협동적인 소통을 처음으로 실감했다. 감정을 담을 수 있는 그릇이 된 붓다는 자기 어머니가 간직할 수 없다고 느꼈던 기쁨을 재생산해냈다. 동시에, 아기와 엄마를 좀먹는 공포와 접촉했다. 그에 이어 자신의 방법을 재구성하는 중에, 붓다는 감정이 자신을 주눅 들게 할 수 없음을 알았다. 원초적 고통의 불쾌한 감정도 충분한 연습을 통하면 능히 관찰할 수 있었다. 트라우마는 개인적인 비극일 뿐 아니라, 개인의 차원을 넘어서 근본적이고 보편적인 현실의 반영이기도 하다. 고통은 인간 존재의 핵심이다. 고통은 우리에게 모두 어떤 형태로든지 내재한다. 우리가 선택할 수 있는 것은 단지 그것을 어떻게 다루는가 하는 문제다. 우리는 고통을 회피할 수도 있고, 그것을 유용하게 활용할 수도 있다.

붓다가 심리학자와 다른 점

서구의 정신치료사들은 트라우마로 내면의 평화가 깨지지 않게 하기 위해 자아가 얼마나 절박하게 트라우마에서 도망을 가려 애쓰는지 잘 알고 있다. 위니컷의 전기를 쓴 아담 필립스(Adam Phillips)는 다음과 같이 기술했다. "프로이트 이론에서 자아는 액자 속의 그림과 같다. 우리는 스스로가 그렇게 보이기를 선호한다. 그리고 액자의 기능은 그림이 상하지 않게 보존하는 것이다."[03] 자아에게 받아들여질 수 없는 것, 예를 들어 트라우마의 잔존물 같은 것은 부정되거나 제외된다. 너무나 많은 불안을 일으킬 가능성이 있는 것은 어떤 것이든 그림에서 삭제된다. 서구 심리학의 관점에서 볼 때, 개인이 취할 수 있는 최고의 방법은 솔직한 '자기 점검'과 불안정한 해리 사이를 왔다 갔다 하는 것이다. "시소처럼, 제대로 인지하는 것과 잘못 인지하는 것 사이를 왔다 갔다 하는 변증법적 접근만이 현실을 견딜 수 있게 해준다. 그러지 않고 자신의 본질적인 측면을 정면에서 대놓고 바라보려 한다면, 우리는 아마도 불안을 견딜 수 없게 될 것이다."[04]

붓다는 이와는 다른 가능성을 보았다. 느리지만 확실하게 트라우마에 접근하는 틀을 넓혀나갈 수 있다는 사실을 붓다는 발견했다. 호흡에서 시작하여 점차 인간의 체험 전체로 마음챙김을 확장해나가면, 서구의 정신치료사들이 상상도 못한 경지까지 도약하는 것이 가능했다. 붓다 가르침의 핵심은 트라우마를 단지 개인적인 일로 여기지 않는 데 있다. 트라우마를 우리가 속해 있는 이 혼란스러운 우주 전체가 반영된 사건으로 보면, 트라우마는 날카로움을 상실하고 깊은 마음챙김의 대상이 될 수 있다. 앞[3장과 4장]에서 살펴본 것처럼 키사고타미와 파타차라는 말로 다할 수 없는 트라우마의 희생자다. 붓다는 키사고타미에게 다음과 같이 말하며 개입을 시작한다. "너는 너 혼자만 아들을 잃었다고 생각했다. 그러나 살아 있는 모든 것은 영원하지 않다는 것이 죽음의 법칙이다. 네가 당한 재난과 재앙은 오늘만 일어난 것이 아니다." 또 파타차라에게는 이렇게 운을 떼며 개입을 시작했다. "시작도 끝도 없는 존재의 흐름 속에서, 사랑스러운 아들과 부모님을 잃은 슬픔에 네가 흘린 눈물은 4대양의 물보다 더 많구나." 우리는 고통이 자기만의 고통이라고 생각하지만, 붓다는 모든 고통이 하나라고 가르쳤다. 이 가르침이 고통을 딱 끊어내지는 않는다. 대신 발에 박힌 가시처럼 고통은 인간이라는 존재가 피할 수 없는 결과라고 붓다의 가르침은 말하고 있다.

감정은 우리 손바닥 위에 있다

––––––

그러나 모든 트라우마가 인간 존재의 불가피한 결과물은 아니다. 대부분의 트라우마는 의식을 가진 인간 존재가 타인에게 고통을 주기 위해 의도적으로 선택한 행위의 결과물이다. 고문이나 성적 학대의 희생자에게, 당신의 고통은 개인적인 것이 아니라고 말하는 것은 아무 도움이 되지 않는다. 그러나 붓다의 가르침은 이런 상황에도 중요한 시사점을 제공한다. 내 환자 가운데 한 명의 사례가 이 점을 간단명료하게 보여준다. 수년간의 치료 후에 그는 어린 시절에 당한 성추행의 기억을 다시 한 번 이야기했다. 그 환자는 처음 내원했을 때는 당시의 상황을 자세하게 언급했지만, 그 이후로는 그 사건에 대해 별로 말하지 않다가 나중에 가서야 이렇게 말했다. "나는 그 사건에 대해서 이야기했지만, 그 사건에 달라붙은 내 감정에 대해서는 결코 말한 적이 없습니다." 붓다가 분명히 밝혔듯이, 감정이 중요하다. 감정은 개인적인 차원과 그 차원을 넘어서는 무언가를 연결하는 다리다. 그 환자가 가장 신뢰한 사람에게 느낀 깊은 실망감에 대해 말할 수 있었을 때 비로소 그는 더욱 깊은 자비심으로 자신의 경험을 대할 수 있었다. 만성적인 수치심과 자기 비난의 자리를 이제는 한때 그 자신이었던 소년을 향한 애도와 슬픔이 대신했다. 학대의 그림자에 갇혀 있던 그는 자신을 돌보는 사람들을 궁지에 몰아넣곤 했던 자신의 태도를 들여다보기 시작했다. 그 환자가 느낀 감정과 유사한 감정을 받아들이지 못한다면, 우리에게도 방어막이 필요해진다. 그러면 우리는 자아의 틀 안에 갇혀

버리고, 그 결과 삶은 협소해진다. 그렇게 우리는 과거에 매여 살게 된다. 이미 일어났지만 무엇이 일어난 건지 제대로 모르는 일을 두려워하면서 말이다.

이라크 전쟁과 아프가니스탄 전쟁에서 돌아온 퇴역 군인들을 치료한 한 정신치료사는 그들한테서 공통점을 발견했다. 날카로운 통찰력을 지닌 러셀 카(Russel Carr)는 자신이 퇴역 군인을 치료한 일에 대해 썼는데, 그가 말하는 바는 내 환자의 통찰과 거의 동일하다. 스톨로로우가 쓴 『트라우마와 인간 존재(Trauma and Human Existence)』에서 영감을 받고, 자신이 상담한 한 퇴역 군인의 특별한 경험을 소재로 해서, 카는 트라우마로부터의 회복 과정을 자세히 설명한다. "그를 따라다니면서 괴롭히는 것은 아프가니스탄에서 목격한 폭력이 아니다. 그가 가한 폭력에 대한 자신의 감정이다. 그는 만약 이전과 같은 상황에 다시 놓인다면 같은 사람을 죽일 수밖에 없을 테지만, 그 사태를 더는 견딜수 없을 거라고 종종 털어놓았다."[05] 카가 상담한 퇴역 군인에겐 죄책감과 고통을 달래줄 관계의 고향이 필요했다. 상담을 받기 전 그는 그런 마음의 고향을 갖고 있지 않을뿐더러 자신의 감정을 처리할 수 있는 적절한 방법도 몰랐기 때문에 감정을 그냥 그대로 둘 수밖에 없었다. 그에게는 단지 한 사람의 군인으로서 모든 것을 책임지고 해결해야 한다는 의무감밖에 없었다. 자아의 틀은 바위처럼 단단해야 했다. 그렇게 할 수 없을 때는 술을 마셨다. 힘든 감정에서 해리되어 있었지만, 여전히 그 감정에 시달림을 당했다. 자신의 암묵 기억에 고착되어서, 자신이 느끼는 감정을 결코 인정할 수 없었다. 그는 다른 사람과 대화를 해야 했다. 그래야만 문제를 제대로 처리할 수 있었다. 카가 말한 바와 같이, "그런 감정을 말로 털어놓고, 이해받고, 처리할 수 있는 그런 곳, 관계의 고향 같은 곳이 없는 한 고통스러운 감정은 견딜 수 없는 수치심과 자기혐오의 원천이 될 수밖에 없다."[06]

트라우마는 환자가 목격한 폭력에 있는 것이 아니라, "그가 가한 폭력에 대한 자신의 감정"에 있다는 카의 발견은 참조할 가치가 있다. 견딜 수 없는 감정이었더라도 마음챙김의 힘이 강화되면 견딜 만해진다. 견딜 수 없는 감정을 체험하기 위해서 우리가 직접 참전 용사가 될 필요는 없다. 물론 우리가 참전 용사의 이런 감정 체험을 이해해준다고 해서 참전 용사가 겪을 공포가 줄어들지는 않는다. 붓다가 명확하게 언급한 바와 같이, 우리는 모두 무엇인가를 처리해야 한다. 트라우마는 우리 모두가 겪어야 하는 일상의 현실이다. 우리가 분노의 감정과 늘 함께하는 것처럼 우리는 모두 스스로 행사한 폭력에 대한 수치심으로 고통을 당한다. 그렇게 되지 않았더라면 하는 소망은 이루어지지 않는다.

그래도 우리는 소망한다. 최근에 한 환자가 병원으로 찾아와 나에게 도움을 청했다. 그는 자기 부인에게 고통과 스트레스를 해소하는 데 도움이 되는 만트라(mantra)를 알려줄 수 있는지 물었다. 그의 부인은 굉장히 열심히 일을 했지만, 나이가 들면서 괜찮은 자리에서 조금씩 밀려나고 있었다. 그녀는 자기가 무엇을 해야 할지 몰라 점점 더 불안해졌다. 그녀는 남편이 나와의 치료 과정에서 무언가를 얻어 오고 있다는 걸 알았기에, 내가 자신의 상황을 개선해주는 마법을 부릴 수 있을 거라는 기대를 했다. 나도 그 부인을 위한 만트라가 있었으면 좋겠다. 그러나 나는 이런 기대가 일상의 트라우마에 저항하는 또 다른 예라는 것을 안다. 나는 그 환자에게 이렇게 말했다. "고통이 마술처럼 싹 하고 사라지게 하는 비법이 있다면 좋을 텐데요!" 동양에서 만트라의 전통적인 기능은 간절한 염원의 공간을 여는 데 있다. 신의 이름을 반복해서 읊으며, 우리를 나락으로 떨어뜨린 트라우마를 받아들이고 우리가 야기한 트라우마에 책임을 질 수 있게 도와달라고 신에게 간청하는 것은, 완벽히 조화로운 상태로 우리를 되돌려달라고 신에게 비는 것과는 완전히 다르다. 환자의 부인은 신을 믿지 않았다. 그러나 남편은 아내가 내 말의 핵심을 파악할 거라고 생각했다. 트라우마를 완전히 덮어 가리려고 애쓰다 보면, 오히려 트라우마의 찌꺼기를 행동화하기 쉬워진다. 남편은 아내가 자기 나름의 만트라를 고안해낸 후 그것을 이용해 불완전함과 실망감에 자리를 내어주고, 자기 내면의 친절함과 이어질 수 있을 거라고 보았다.

트라우마는 나의 힘

—

붓다의 가장 근본적인 발견은 인간의 마음 그 자체가 트라우마를 처리하는 데 필요한 관계의 고향이라는 점이다. 우리는 모두 자신을 적대적인 우주에서 표류하는 고립된 개별 존재로 생각하는 경향이 있다. 하지만 붓다는 이런 사고방식이 근본적으로 망상이라고 보았다. 붓다는 가르치길, 우리가 비록 혼자라고 느끼지만 그건 전체 그림이 아니라고 했

318

다. 우리는 모두 얽혀 있는 존재다. 우리의 마음은 생애 초기에 상호작용하던 패턴들을 반영할 뿐이다. 습관적인 두려움 없이 혼자서 나아간다면, 우리는 아마도 끝을 알 수 없는 존재를 실감하고서 놀라게 될 것이다. 어머니와 상호작용하며 생겨난 관계에 대한 암묵지는 우리 각각의 마음에 회로화되어 있다. 우리의 습관적인 사고, 우리의 이기적인 자아-사로잡힘, 우리를 꽉 붙들고 있는 원초적 고통에 가려져 있지만, 이런 무한한 의식은 이미 그곳에서 우리의 부름을 기다리고 있다. 이것은 영원히 존재하면서 계속 새로워지는 원천으로서, 일상의 트라우마를 헤치고 그것을 찾으려 하는 사람이라면 누구나 획득 가능한 것이다. 좋은 치료사는 환자가 이 사실을 대인 관계 속에서 뚜렷하게 감지할 수 있도록 해준다. 좋은 치료사는 위니컷이 엄마와 아기 역동이라고 말한 푸근하고 편안한 환경을 반복 재현하여, 환자가 예전에는 인식하지 못했던 힘든 감정을 인식하게 해주는 맥락을 창조한다. 붓다는 여기에서 한 걸음 더 나아간 중요한 통찰을 우리에게 제시한다.

붓다 이야기는 관계의 고향이 본질적으로 우리의 내면에서 발견되는 것임을 보여준다. 그렇다고 정신치료가 별 의미가 없다거나, 위니컷이나 카와 같은 정신치료사가 할 일이 없다는 의미는 아니다. 치료적 개입 역시 본질적으로는 붓다가 밝혀낸 진리를 향하고 있기 때문이다. 그토록 어린 시기에 어머니를 잃어버린 붓다는 존재의 한가운데에 깔려 있는 피할 수 없는 고통을 확인했다. 깨달음을 향한 붓다의 여행을 이런 트라우마를 받아들이는 과정으로 보는 시각은 꽤 타당하지만, 나는 붓다의 여정에 그 이상의 의미가 있다고 믿는다. 붓다는 자신의 고통을 알아차리고 그 고통에서 해방되는 길을 찾았을 뿐 아니라, 모든 인간의 상황에 적용되는 무언가를 찾아냈다. 붓다가 명확하게 언급한 바와 같이 고통은 보편적인 진리다. 우리는 자기를 괴롭히는 것을 항상 제거할 수는 없지만, 그것과 관계 맺는 방식은 바꿀 수 있다. 마음에 본래 내재되어 있는 관계 맺기 능력을 회복시키는 과정에서 붓다는 변화의 의학(transformative medicine)을 발견했다. 트라우마에 파괴당하지만 않는다면, 우리는 트라우마를 통해 자신의 관계 맺기 능력과 타인의 고통에 대한 공감을 일깨울 수 있다. 트라우마는 우리에게 상처를 주기도 하지만, 우리를 더 인간적인 사람으로, 더 배려하는 사람으로, 더 현명한 사람으로 만들어준다.

이를 보여주는 아름다운 예를 티베트 불교의 기록에서 볼 수 있다. 18세기 몽골의 승려 장캬 롤웨이 도르제(Jankya Rolway Dorje)는 깨닫고 난 뒤 곧바로 시를 지었다. 그 시는 그의 마음을 각성시킨 트라우마의 역할과 그가 겪은 개인적인 고통에 대한 내용이었다. 시를 통해 그는 프로이트 정신분석학의 기본 원리를 앞당겨 보여줬다. "마음에 떠오르는 것은 무엇이든 자유롭게 말할 것이다."라는 구절로 시작되는 그의 시는, 정신분석 의자에 누워 있는 환자를 위한 노랫말처럼 들린다. 그는 사실 자신의 만트라를 쓰고 있었다. "나는 오래전에 늙은 엄마를 잃어버린 미친 아이와 같았다. 엄마는 그 아이와 항상 함께 있었지만, 나는 결코 그녀를 찾을 수 없었다." 롤웨이 도르제의 시는 엄마의 웃는 얼굴을 깨어난 마음에서 되살아난 관계에 대한 암묵지와 완전히 일치시킨다. 시에서 표현한 대로, 그는 매일매일의 현실에서 버림받았다는 감정과 싸웠다. 그는 지적으로도 영적으로도 높은 성취를 이룬 대단한 라마 승이었지만, 깊은 마음속에서는 여전히 떼를 쓰는 외로운 아이였다. 가면을 벗어버린 롤웨이 도르제는 자기만의 둑카를 인정하고 분명히 표현할 수 있었다. 마치 깨달음의 전주곡을 쓰는 것 같았다. 그의 트라우마는 이제 해리되지도, 암묵 기억에 달라붙지도 않았다. 그는 의식적으로 트라우마를 마음챙김의 대상으로 삼을 수 있었다.

자신의 정체성에서 좀 더 완결되고 자기 방어적인 요소를 내려놓고 자아의 틀을 확장하면서, 롤웨이 도르제는 자신이 가장 수치스러워하는 미친 감정을 멀리 밀어내는 일을 멈추었다. '자기 판단'이라는 통상적인 여과 장치 없이 자신을 체험하게 된 롤웨이 도르제는 마침내 돌파구를 찾아냈다. 구체적인 형상 속에서 찾던 엄마가 그의 마음에 모습을 드러낸 것이다. 시는 계속된다. "이제 나는 그런 늙은 엄마를 막 발견할 참이다. 연기의 법칙이 엄마가 어디에 있는지 내게 단서를 주기 때문이다. 나는 생각한다. '그래, 그래!' 그러고선 '아니, 아니!' 그다음엔 '정말로 그럴까!' 이런 다양한 주체와 객체 들이 내 엄마의 웃는 얼굴이다! 이런 탄생, 죽음, 변화는 엄마의 거짓말이다! 내게 진실을 가르쳐주는 엄마가 나를 속여왔다!"[07] 연기 법칙에 대한 그의 깨달음, 그가 찾던 엄마의 본질이 표면으로 드러났다. 그가 찾던 고향은 이미 내면에 존재했다. 거기에 있다는 것을 알자, 고향은 항상 그와 함께했다.

롤웨이 도르제의 시는 「봄의 노래(The Song of the View)」라고 불린다. 이 제목은 붓다의 팔정도—바른 견해〔正見〕, 바른 생각〔正思惟〕, 바른 말〔正語〕, 바른 행동〔正業〕, 바른 생계〔正命〕, 바른 노력〔正精進〕, 바른 마음챙김〔正念〕, 바른 집중〔正定〕—, 즉 깨달음에 이르는 길을 상기시킨다. 붓다는 사성제를 가르치며 팔정도를 처음으로 설명했다. 팔정도는 도성제, 즉 고통에서 빠져나오는 길이다. 팔정도에서 흥미로운 점 중 하나는 붓다가 강조한 '바른 견해'의 중요성이다. 이것이 제일 먼저 나오고, 바른 마음챙김과 바른 집중으로 이름 붙여진 명상은 뒤에서 나온다. 바른 견해는 존재와 고통, 즉 일상의 트라우마를 대하는 태도와 관련되어 있다. 명상을 하기 전에 바르게 보는 공부를 해야 한다고 팔정도에는 분명하게 나와 있다. 몽골 라마승의 시가 언급하는 바와 같이, 바르게 볼 수 있을 때만 진정한 변화가 일어난다.

슬픔에 끝이 있을 필요는 없다

일반적으로 사람들은 세상의 고통으로부터의 '완전한' 도피라는 것에 사로잡히는 경향이 있다. 모르긴 몰라도 롤웨이 도르제 역시 깨달음을 이루기 전에 분명 거기에 빠져 있었을 것이다. 남아시아의 영적 전통에서는 붓다의 시대 훨씬 이전에 이미 이런 도피의 전통이 체계적으로 수립되어 있었다. 고통을 제거하기 위해 숲 속에서 수행을 하던 시기에는 붓다 역시 이런 조류에 속해 있었음이 분명하다. 붓다가 제시한 깨달음의 길과 명상법은 당시의 시대 상황을 고려해볼 때 급진적인 것이었다. 고통은 인생에서 피할 수 없는 것이라는 선언을 새롭다고 할 수 없을지 몰라도, 붓다가 도달한 결론은 대다수 사람들의 소망과 대치했다.

고통에 대해 우리가 할 수 있는 가장 중요한 일은 그것을 인정하는 것이다. 그렇게 그저 인정하는 것은 소극적인 적응으로 보일지는 모르지만 사실은 대단한 일이다. 한 친구가 내게 이런 이야기를 들려줬다. 어머니가 돌아가신 다섯 살 무렵의 어느 아침, 아버지가 이렇게 말했다는 것이다. "엄마는 가버렸고, 다시는 돌아오지 않을 거다. 그러니 다시는 엄마 이야기를 입 밖에도 꺼내지 마라." 아주 극단적인 사례지만, 아버지가 보인 반응은 인간 본능의 전형적인 표출이었다. 우리는 모든 것이 잘되는 것처럼, 죽음이 자기는 건드리지 않을 것처럼, 침침하고 칙칙한 원초적 고통에 사로잡히지 않은 것처럼, 존재의 밑바닥에 놓여 있는 견딜 수 없는 고통에서 벗어난 것처럼 행동한다. 그러나 앞에서 살펴본 것처럼 트라우마는 인간 존재의 한 부분이다. 그것은 삶이라는 직물에서 떼려야 뗄 수 없을 정도로 우리와 얽혀 있다. 아무도 트라우마를 피할 수 없다. 바른 견해의 독려에 따라 트라우마를 인정하면, 우리는 자신의 죽음이라는 이해할 수 없는 현실에 한 발자국 더 다가갈 수 있다. 그리고 죽음과 관련되어 있는 한, 트라우마를 거쳐야만 분명 출구에 다다를 수 있다.

정신치료사인 나는 이런 접근법이 불교를 전혀 모르거나 명상에 아무 관심이 없는 사람에게도 굉장한 도움을 준다는 사실을 발견했다. 이것이 사실이라면, 환자의 종교에 상관없이, 그에게 종교가 있든 없든 관계없이 불교식 접근법이 도움이 되어야 한다고 나는 오래전부터 생각해왔다. 사랑하는 사람의 죽음과 같은 갑작스러운 트라우마로 후유증을 앓는 많은 사람들은, 정해진 시간 내에 그것을 '극복할' 수 있어야만 한다고 믿는다. 그들은 스위스의 정신의학자 엘리자베스 퀴블러로스(Elisabeth Kübler-Ross)를 인용하며 슬픔이 부정, 분노, 타협, 우울, 수용이라는 다섯 단계를 거친다고 내게 말한다. 그들은 1~2년 내에 그런 트라우마를 극복해야만 한다고 믿는다. 나는 조심스럽게 살피며 그들에게 반응한다. 붓다는 그들과는 다르게 좀 더 현실적인 접근법을 취했다. 붓다는 슬픔에 끝이 있을 필요는 없다고 말한다. 슬픔에는 결코 정해진 틀이 있는 것이 아니므로—그것은 하나의 (또는 다섯-단계) 상태가 아니다—, 그것이 영원히 사라질 것이라고 믿을 이유도 없고, 그렇게 되지 않는다고 해서 자신을 책망할 필요도 없다. 슬픔은 계속해서 뒤집히고 뒤집힌다. 슬픔은 우리 존재가 그러하듯 기복이 있고, 놀랍고, 살아 움직인다.

유사한 방식으로 어린 시절의 원초적 고통은 우리가 성인이 되었을 때도 살아 움직인다. 서구 심리학에 길들여진 많은 환자들은 자신의 감정이 어디에서 기원했는지 이해하기만 하면 그것으로 치료가 끝난다고 생각한다. 그러나 인간은 그렇게 생겨 먹지 않았다. 원초적 감정은 성인기 삶까지 이어지며 계속 되살아난다. 그 감정을 이해한다고 해서 그것이 모두 해소되는 것이 아니다. 그것은 우리의 역사이자 정서 기억으로서 우리의 일부가 되었다. 내 환자 가운데 4살 때 어머니가 자살한 분이 있다. 최근 약혼한 그녀는 평소와 달리 불안해지는 것을 느꼈다. 물론 그 이유를 알고 있었다. 남편이 될 사람이 자기 어머니가 그런 것처럼 갑자기 사라져버리면 어떡하나 하는 걱정 때문이었다. 그러나 이유를 아는 것이 붓다가 말한 바른 견해는 아니다. 붓다가 말한 것은 그보다 더 직접적이다. 바른 견해란, 감정에서 도망치는 것이 아니라 감정을 자세히 들여다보는 것이자, 모든 것이 정상이라고 가장하는 것이 아니라 트라우마를 인정하는 것이다. 약혼을 계기로 내 환자는 어머니가 죽음을 맞았을 때 너무 충격적이어서 피할 수밖에 없었던 감정을 다시 한 번 직면하게 되었다. 자기 자신, 자신의 역사, 자신의 고통을 들여다볼 수 있는 창문이 그녀에게 주어진 것이다. 트라우마가 불러일으킨 감정을 수용함으로써 그녀는 트라우마의 속박에서 자유로워졌다. 불안 발작을 일으키거나 남편이 될 사람에게서 도망치는 대신, 이제 그녀는 내면에서 여전히 힘겨운 싸움을 하는 엄마 잃은 소녀에게 새로운 자비심을 느끼며 현재의 관계 속에 안착할 수 있었다. 늙은 엄마를 오래전에 잃어버린 미친 아이와 마찬가지로, 나의 환자는 자신이 갈구했던 모성 에너지가 실은 자기 내면에 존재하고 있었음을 알게 되었다. 자기의 불안한 감정과 관계를 맺는 태도와 방식을 바꿈으로써, 그녀는 자신의 모든 에너지를 활용하여 인생에서 전진할 수 있었다.

황금 바람에 드러난 몸

중국의 선(禪) 전통에는, 붓다의 깨달음에 담긴 지혜를 100개의 공안 속에 보존하여 결집한 『벽암록』이라는 책이 있다. 송 왕조 시대인 11세기부터 내려온 이 공안들은 일상적인 사고를 뛰어넘을 수 있게 해주고, 우리의 참된 본성에 잠재되어 있던 완벽한 지혜에 마음이 이르게 한다.

공안이 던지는 역설적인 질문은 우리의 사고를 혼란스럽게 만들고, 새로운 소통의 경로를 열어준다. 공안 참구는 바른 견해를 계발하는 방편이다. 공안은 마치 트라우마가 그런 것처럼 우리 마음에 도전적으로 다가온다. 그리고 생각할 수도 없는 것을 이해하라고, 설명할 수 없는 것을 설명하라고 요구한다. 많은 공안은 고통과 그것의 해소라는 구도 아래 작동하면서, 붓다가 이뤄낸 변혁의 경지에 이르는 길을 가리키고 있다. 붓다가 잠부나무 아래서 느꼈던 어린 시절의 즐거움에 대한 기억 역시 공안으로 볼 수 있다. 그 기억은 처음에는 붓다를 당혹스럽게 만들었지만, 결국에는 붓다가 세상에 임하는 방식을 뒤바꾸어놓았다.

『벽암록』의 공안들은 사람들이 자신의 참된 본성을 깨우칠 수 있도록 최선을 다해 안내한다. 그중의 하나(27번째 공안)에서 한 승려는 운문(雲門) 선사에게 묻는다. "나무가 시들고 그 잎이 떨어지면 어떻게 됩니까?" 물론 이 질문을 해석하는 여러 방법이 있다. 한 측면에서 그것은 늙음, 죽음, 사랑하는 사람의 상실에 대한 비유로 볼 수 있다. 나무가 시들고 잎이 떨어지는 것처럼 우리의 신체는 쪼그라들고 삶은 끝을 향해 간다. 또 다른 측면에서 이 공안은 트라우마의 가장 근본적인 문제에 대해 말한다. 우리의 방어기제가 힘을 잃고, 일상의 절대주의를 더 믿을 수 없게 되면 우리는 어떻게 할 것인가? 우리 자신을 지탱해주던 신화가 무너지고, 안정적이고 예측 가능하다고 여겨지던 세계가 갑자기 유동적이고 혼란스럽고 소용돌이치듯 격렬한 것이 되고, 고립된 자아가 자신이 존재 자체의 일부분임을 인식한다면 어떤 일이 일어날까? 트라우마를 연구하는 치료사는 이런 일이 발생할 때 어떤 결과가 일어날 것인지 잘 안다. 스톨로로우가 쓴 바와 같이 "깊은 균열"이 입을 벌리고, "그 속에서 소외와 외로움의 고통이 발생한다."[08] 그렇지만 붓다의 사상으로 가득 찬 『벽암록』은 이와 다른 결론을 내린다.

성격이 불같던 운문 선사는 난해하기로 유명한 자신의 말들을 제자들이 절대로 기록하지 못하게 했다. 그래서 제자들은 종이로 만든 승복에 스승의 말을 몰래 적을 수밖에 없었다. 그 운문 선사가 내린 답은 "황금 바람에 드러난 몸"[09]이다. 나는 이 구절을 보는 순간, 운문 선사가 전하는 뜻이 뭔지도 모른 채 사랑에 빠지고 말았다. 이 구절의 무엇인가가 나를 행복하게 해주었다. 내 몸이 황금 바람에 드러난 기분이었다. 나는 해변에 누워 있는 나를 상상했다. 햇빛을 담뿍 머금은 바람에 파도가 일렁인다. 나는 안정되고 따뜻한 기분 속에서, 혼자 있음에도 무언가에 연결된 듯한 느낌을 받고 있다. 낙엽이 지고, 보통의 위로나 안락함은 없고, 나의 깊은 고독 속에는 알 수도 없고 한계도 없는 존재가 있다. 그것은 벌거벗은 나의 몸을 감싸고 있는 황금 바람이다.

운문 선사에게 던져진 질문은 또한 붓다의 일생에서 굉장히 중요한 역할을 했던 모든 나무, 즉 붓다가 세상의 고통과 직면했을 때 피난처가 되어주고 붓다를 지지해준 나무들로 우리의 생각을 유도한다. 붓다의 어머니는 옆구리로 붓다를 낳을 때 늘어진 사라나무 가지를 붙잡았다. 붓다는 어린 시절 잠부나무 그늘 아래 앉아 고독 속에서 말할 수 없는 즐거움을 느꼈고, 그 기억은 붓다에게 깨달음으로 가는 새로운 길을 제시해주었다. 붓다는 눈부시게 빛나는 네란자라 강가에 있는 무화과나무 아래에서 깨달음의 핵심을 성취했다. 지금은 보리수나무로 알려진 그 나무의 후손이 붓다가 깨달음을 얻은 그 자리, 즉 북인도의 부다가야에서 지금도 무성하게 자라고 있다. 『벽암록』의 그 공안은 이러한 나무가 시들어서 죽는다면 어떻게 될 것인지 우리가 상상하기를 요청하는 것이다. 그 공안은 붓다 어머니의 죽음에 대해 생각하게 만든다. 왜냐하면 붓다의 일대기에서 나무는 붓다 어머니의 대리물처럼 기능하기 때문이다. 그리고 "황금 바람"이라는 대답은 아주 분명한 뜻을 전달하고 있다. 붓다가 말하는 관계의 고향은 외부의 어떤 것에 의존하는 것이 아니다. 말하자면 관계의 고향은 어떤 나무에 의존하는 것도 아니고, 붓다의 생물학적 어머니가 계속 살아 있어야 존재 가능한 것도 아니다. 심지어 붓다가 온갖 고난에 처했을 때조차도 관계의 고향은 거기에서 붓다와 함께했다. 나무는 붓다가 걸은 구도의 길에서 상징물로서만 중요하다. 해탈은 그야말로 순수하게 붓다의 내면에서 왔다.

운문 선사의 시대에 이 중요한 진리를 정확히 포착해낸 유명한 구절이 있었다. 그 구절은 붓다가 "장엄함의 격류에 두려움 없이, 그리고 평온하게"[10] 자신을 드러낼 수 있었음을 암시한다. "과거, 현재, 미래의 붓다는 다르마의 거대한 바퀴를 화염 위에서 굴린다." 이 구절은 모든 것이 불타고 있다는 붓다의 잘 알려진 가르침, 즉 불의 설법을 다루고 있다. 그런데 운문 선사는 이런 구절마저도 반전시킨다. 선사는 이렇게 말한 걸로 유명하다.

"화염은 다르마를 말한다. 과거, 현재, 미래의 부처는 거기에 서서 듣는다."[11]

시들고 잎을 떨군 나무에 대한 공안은 또한 자연스럽게 발달 트라우마에 대한 위니컷의 정신분석 작업과 연결된다. 67세의 위니컷이 그답지 않게 자기 어머니에 대한 아주 개인적인 시를 쓴 적이 있다. 「나무」라는 제목이 붙은 그 시는 예기치 못한 순간에 떠오른 것 같다. 위니컷은 가족의 정원에서 가장 좋아했던 나무, 소년 시절 올라가서 숙제를 하곤 했던 나무를 떠올렸다. 그는 이 시를 처남에게 보내면서 다음과 같이 첨언했다. "처남은 내가 상처받은 것을 보기 두려운가. 나는 그 나무가 어쨌든 툭 튀어나온 가시를 갖고 있었다고 생각해. 그것은 나에게 일어나지 않은 일이고, 앞으로도 그런 일이 다시 일어나지 않기를 바라."

이 시의 핵심 구절은 다음과 같다.

아래에서 엄마가 울고 있다

울고 있다

울고 있다.

그래서 나는 엄마를 알았다.

한때, 엄마의 무릎 위에 누워서

지금 죽은 나무 위에서처럼

나는

엄마를 미소 짓게 하는 법을

엄마의 울음을 그치게 하는 법을

엄마의 죄를 사하는 법을

엄마 내면의 죽음을 치료하는 법을 배웠다.

엄마를 생기 넘치게 하는 것,

그것이 내 삶의 방식이었다.[12]

위니컷의 업적과 그의 어머니가 결혼 전에 우드(Woods)라는 이름
을 갖고 있었다는 사실을 안다면, 그의 모든 것이 이 시에 함축되어 있
다는 것을 알 수 있다. 그러나 그의 업적에 대해 많이 알지 못한다 해
도 이 시의 기본 주제는 명확히 알 수 있다. 어머니는 조건 없이 항상
위니컷에게 미소를 보내지는 않았다. 어머니의 미소를 보기 위해 어린
위니컷은 노력을 해야만 했다. 위니컷의 이론에 의하면 이것은 일종의
트라우마다. 심하게 간섭하거나 자식을 내팽개치는 엄마를 둔 아이는,
적절한 양육 환경에 비해 부족한 부분을 스스로 관리하는 조숙성을 보
인다. 이렇게 동원된 조숙한 자아는 생존을 위한 일종의 적응인데, 사
실 생명에서 쥐어짜낸 것이다. 그런 행동 양식은 좀 더 안정된 양육 환
경이었다면 가능했을 놀이를 대가로 내주고 형성된다. 그 결과 형성
된 자아는 융통성과 유연성이 부족하여 두려움과 무기력함을 잘 느낀
다. 그러한 "보살피는 자아"는 사랑하는 부모와 연결되기 위해 지구력
과 가치와 노력 등을 추가로 투입한다. 그것은 사랑과 갈구의 형식으
로 뇌에 깊은 흔적을 남기고, 이렇게 뇌에 남은 흔적은 인격의 한 조각
을 이룬다. 하지만 우리를 삶과 깊이 연결해주는 역할을 담당하는 보
살피는 자아는 왜곡된다. 불안전한 애착관계에 기반을 두고 있기 때문
에 근본적으로 믿을 만하지 못하다.

위니컷은 "삶의 방식"이라는 구절을 바탕으로 시를 전개하면서,

"엄마를 생기 넘치게 하는 것, 그것이 내 삶의 방식이었다."라고 썼다. 엄마를 생기 넘치게 하는 것이야말로 그가 하는 일이자, 그의 삶이며, 그가 온통 집중할 수 있는 일이었다. 이것이 위니컷이 끊임없이 반복 기술한 전형적인 각본으로서, 이에 따르면 아이는 자기에게 중요한 무언가를 희생해서 적절한 정서적 환경보다 못한 양육 환경에 대처해나간다. 위니컷은 이 시에서 자기 나름의 공안을 쓰고 있다. 그는 나무 (또는 어머니)가 시들고 잎이 떨어질 때 받은 트라우마를 묘사했다. 그러면서 위니컷은 붓다가 발견한 것을 자기만의 방식으로 보여준다. 트라우마에서 빠져나오는 길은 그것을 뚫고 나가는 것이다. 어머니가 주는 양육 환경의 황폐함을 원한을 품지 않고 인정함으로써 위니컷은 자신에게 결핍되어 있던 관계의 고향으로 돌아갈 수 있었다. 그는 수많은 환자에게도 그렇게 했고, 자신에게도 그렇게 했다.

황금 바람은 우리 모두에게 잠재해 있는 어머니와의 관계에 대한 암묵지를 돌이켜 알아볼 수 있게 해준다. 트라우마에 직면했을 때, 그것에 저항하거나 그것을 부정하는 노력뿐 아니라, 심지어 그것을 극복하고 그것에 몰입하려는 노력까지 모두 포기할 때, 비로소 기대하지 않았던 무엇인가가 일어난다. 아기와 엄마의 유대와 비슷한 관계가 자연스럽게 떠오르는 것이다. 황금 바람이 불어온다. 잠부나무 아래에서 황금 바람이 자신을 스치며 불고 있는 장면을 맨 처음 기억해냈을 때 붓다는 놀랐지만, 그에 당황하지 않고 그 순간부터 호기심을 가지고 그 기억을 탐사해나갔다. 마침내 그는 황금 바람이 아주 기분 좋게 부는 것을 발견했다.

한마디로 흥미로운 책이다. 붓다의 구도 여정을 붓다 어머니의 때 이른 죽음과 정신분석적으로 연관 짓고, 어머니의 죽음으로 생겨난 트라우마를 극복하는 과정을 인간의 보편적 고통과 연결해 그 의미를 천착한 책이다.

붓다가 태어난 지 7일 만에 붓다의 어머니인 마야 왕후는 사망했다. 정신분석가에게는 이 사실이 예사롭게 보이지 않았을 것이다. 불교 지식이 풍부하고 명상 수행으로 다져진 저자는, 자신의 정신분석 경험과 붓다 일대기를 융합하여 이 책을 완성했다.

불교와 정신분석의 관계에 대한 이전의 논의들은 주로 유식불교의 아뢰야식에 집중되어 있었다. 정신분석의 무의식 개념과 아뢰야식이 잘 맞아떨어졌기 때문이다. 이와 달리 저자는 위니컷의 정신분석 이론에 바탕을 두고 불교와 정신분석의 상호연관성에 대해서 논한다. 특히 어린 시절의 트라우마를 극복하는 것, 아니 우리의 인생 전체에 걸쳐 일어나는 트라우마를 극복하는 방법으로 불교 정신을 어떻게 활용할 수 있는지에 대해 깊은 성찰을 보여주고 있다.

영국의 소아과 의사이자 정신분석가인 위니컷(Donald Woods Winnicott)은 데번 주 플리머스의 부유한 명문가에서 태어났다. 아버지

존 위니컷(Sir John Fredrick Winnicott)은 성격이 좋은 세력가였지만 어머니는 우울증에 시달렸다고 한다. 위니컷은 소아과를 먼저 전공한 다음 1930년에 정신분석 과정을 마쳤다. 그는 두 번 결혼했는데, 두 번째 아내를 만난 것은 2차세계대전 때 피난을 온 정서장애자들을 연구할 때였다.

40년 넘게 소아과 의사이자 정신분석가로서 일한 덕분에 위니컷은 어린이의 발달에 대한 자신만의 독특한 관점을 구축할 수 있었다. 그는 영국의 정신분석가 멜라니 클라인(Melanie Klein)의 이론을 부분적으로 받아들이면서도, 치료자-환자의 치료적 관계를 특히 중시했다. 이런 관계를 부모-자녀 관계에 비유하여 감정의 역전이와 전이 현상을 환자 치료에 활용했다. 역전이에서 증오 감정을 중요한 치료 요인으로 파악하여, 치료의 현실성을 특히 강조한 점은 정신분석 치료에서 의미 있는 진전을 이룬 것으로 평가된다. 위니컷은 현실주의자면서 실용주의자라고 할 수 있다. 그는 '완벽한 가족'이라는 가공의 개념을 거부하고, 자녀 양육의 힘든 점과 아이들의 공격성 등을 있는 그대로 받아들이면서 이를 치료에 활용하려고 노력했다.

이 책을 번역하면서 위니컷의 개념과 내용에 대해서는 한국심리

치료연구소에서 번역 발간한 『놀이와 현실』, 『그림놀이를 통한 어린이 심리치료』, 『성숙 과정과 촉진적 환경』을 참고했다. 팔리 경전은 초기 불전연구원에서 발간한 경전이 도움이 되었다. 그리고 본문에 나오는 아잔 차 스님에 대해서는 조화로운 삶 출판사에서 발간한 『아잔 차의 마음』을 참고했다.

영어 번역을 도와주신 박영재 선생님, 불교 내용에 대해 참고 말씀을 주신 서울불교대학원대학의 정준영 교수님께 감사드린다. 그리고 항상 수행에 매진하면서 옮긴이에게 많은 도움을 주는 정신과 전문의 전현수 선생님과, 호나이의 정신분석에 대해 평소 많은 가르침을 주는 정신분석가 박재선 선생님에게도 감사의 마음을 전한다.

주석

제1장

01. Robert Stolorow, *Trauma and Human Existence: Autobiographical, Psychoanalytic, and Philosophical Reflections* (New York: Routledge, 2007), p. 10.

02. *The Dhammapada.* Copyright, P. Lal, Writer's Workshop, 162/92 Lake Gardens, Calcutta, India 7004S (New York: Farrar, Straus & Giroux, 1967), p. 115.

03. Walpola Rahula, *What the Buddha Taught* (New York: Grove, 1974), p. 22.

04. Richard Gombrich, *What the Buddha Thought* (London: Equinox, 2009), p. 161.

05. 위와 같음.

06. Joseph Goldstein, *Abiding in Mindfulness, vol. 1, Sounds True.* 다음 책도 보라. Ana layo Sati patthāna, *The Direct Path to Realization* (Cambridge, Windhorse, 2003), p. 244.

07. Richard Gombrich, *What the Buddha Thought* (London: Equinox, 2009), p. 166.

08. 다음 책에서 언급된 바와 같다. *George, Being George: George Plimpton's Life as Told, Admired, Deplored and Envied by 200 Friends, Lovers, Acquaintances, Rivals and a Few Unappreciative Observers,* edited by Nelson W. Aldrich, Jr. (New York: Random House, 2008), p. 89.

09. 샤론 샐즈버그는 이 명백한 모순을 처음으로 나에게 알려주었다.

제2장

01. Bhikkhu Ñāṇamoli, *The Life of the Buddha: According to the Pali Canon* (Kandy, Sri Lanka: Buddhist Publication Society, 1972/1992), pp. 32, 38.

02. 위 책, p. 39.

03. 위 책, p. 40.

04. Walpola Rahula, *What the Buddha Taught* (New York: Grove, 1974), p. 12.

05. Bhikkhu Ñāṇamoli and Bhikkhu Bodhi, trans., *The Middle Length Discourses of the Buddha: A New Translation of the Majjhima Nikāya* (Boston: Wisdom, 1995), MN ii, 258, p. 865.

06. D. W. Winnicott, "The Theory of the Parent-Infant Relationship," in *The Motivational Processes and the Facilitating Environment* (New York: International Universities Press, 1965), p. 39, no. 1.

07. Sandra Boynton, *What's Wrong, Little Pookie?* (New York: Random House, 2007).

08. Robert Stolorow, *Trauma and Human Existence: Autobiographical, Psychoanalytic, and Philosophical Reflections* (New York: Routledge, 2007), pp. 3-4.

09. 위 책, p. 1.

10. Deborah Baker, *A Blue Hand: The Beats in India* (New York: Penguin, 2008), pp. 202-3.

11. Nyanaponika Thera, *The Heart of Buddhist Meditation* (New York: Samuel Weiser, 1962), p. 30.

12. D. W. Winnicott, *Babies and Their Mothers* (Reading, MA: Addison-Wesley, 1988), pp. 36-38.

13. Krishna Das, *Chants of a Lifetime* (Carlsbad, CA: Hay House, 2010), p. 172.

제3장

01. Richard Gombrich, *What the Buddha Thought* (London: Equinox, 2009), p. 113.

02. 위 책, p. 111.

03. Bhikkhu Ñāṇamoli, *The Life of the Buddha: According to the Pali Canon* (Kandy, Sri Lanka: Buddhist Publication Society, 1972/1992), p. 64.

04. Richard Gombrich, *What the Buddha Thought* (London: Equinox, 2009), p. 112.

05. 위와 같음.

06. 위와 같음.

07. 위 책, p. 113.

08. 위 책, p. 33.

09. Robert Stolorow, *Trauma and Human Existence: Autobiographical, Psychoanalytic, and Philosophical Reflections* (New York: Routledge, 2007), p. 10.

10. Richard Gombrich, *What the Buddha Thought* (London: Equinox, 2009), p. 20.

11. Lucien Stryk, *World of the Buddha* (New York: Grove Weidenfeld, 1968). pp. 173-74.

12. 위 책, p. 174.

13. D. W. Winnicott, *Playing and Reality* (London and New York: Routledge, 1971), p. 11.

14. Michael Eigen, *Contact with the Depths* (London: Karnac, 2011), p. 13.

제4장

01. Sherab Chödzin Kohn, *A Life of the Buddha* (Boston: Shambhala, 2009), p. 7.

02_ 위와 같음.

03_ Bhikkhu Ñāṇamoli, *The Life of the Buddha: According to the Pali Canon* (Kandy, Sri Lanka: Buddhist Publication Society, 1972/1992), p. 8.

04_ 위 책, pp. 8-9.

05_ Robert Stolorow, *Trauma and Human Existence: Autobiographical, Psychoanalytic, and Philosophical Reflections* (New York: Routledge, 2007), p. 16.

06_ 위와 같음.

07_ 위와 같음.

08_ 위와 같음.

09_ Nyanaponika Thera and Hellmuth Hecker, *Great Disciples of the Buddha* (Boston: Wisdom, 2003), pp. 293-300.

10_ 위 책, p. 295.

11_ 위와 같음.

12_ 위 책, p. 297.

13_ 위 책, p. 300.

14_ Michael Eigen, *The Electrified Tightrope* (London: Karnac, 1993/2004), p. 133.

15_ Robert Stolorow, *Trauma and Human Existence: Autobiographical, Psychoanalytic, and Philosophical Reflections* (New York: Routledge, 2007), p. 16.

제5장

01_ John Kabat-Zinn, *Full Catastrophe Living: Using the Wisdom of Your Body and Mind to Face Stress, Pain and Illness* (New York: Delacorte, 1990).

02_ Philip M. Bromberg, *Standing in the Spaces* (Hillsdale, NJ: Analytic Press, 1998), p. 190.

03_ *The Voice of the Buddha: The Beauty of Compassion, Volume I*, translated by Gwendolyn Bays (Berkeley, CA: Dharma, 1983), p. 147.

04_ Miranda Shaw, *Buddhist Goddesses of India* (Princeton, NJ: Princeton University Press, 2006), p. 46.

05_ Anahad O'Connor, "Obituary: Nicholas Hughes, 47, Sylvia Plath's Son," *New York Times,* March 21, 2009.

06_ Ashvaghosha, *Life of the Buddha,* translated by Patrick Olivelle (New York: New York University Press, 2008), p. 73.

07_ Philip M. Bromberg, *Standing in the Spaces* (Hillsdale, NJ: Analytic Press, 1998), p. 6.

08_ Philip M. Bromberg, *Awakening the Dreamer* (Mahwah, NJ: Analytic Press, 2006), p. 33.

09_ 위와 같음.

10_ 위 책, p. 7.

11_ Ashvaghosha, *Life of the Buddha,* translated by Patrick Olivelle (New York: New York University Press, 2008), p. 41.

12_ D. W. Winnicott, "Primitive Emotional Development" (1945), in *Collected Papers: Through Paediatrics to Psycho-Analysis* (New York: Basic Books, 1958), p. 154.

13_ Ashvaghosha, *Life of the Buddha,* translated by Patrick Olivelle (New York: New York University Press, 2008), p. 11.

14_ D. W. Winnicott, "The Newborn and His Mother" (1964), in *Babies and Their Mothers* (Reading, MA: Addison-Wesley, 1988), pp. 30-31.

15_ D. W. Winnicott, "Postscript: D.W.W. on D.W.W." (1967), in *Psychoanalytic Explorations* (Cambridge, MA: Harvard University Press, 1989), p. 580.

16_ 위와 같음.

17_ *The Minor Anthologies of the Pali Canon: Part II, Verses of Uplift (Udana),* translated by F. L. Woodward (London: Pali Text Society, 1948), p. 57.

제6장

01_ Michael Eigen, *Eigen in Seoul: Volume One: Madness and Murder* (London: Karnac, 2010), p. 5.

02_ 위와 같음.

03_ 위 책, p. 9.

제7장

01_ Bhikkhu Ñāṇamoli, *The Life of the Buddha: According to the Pali Canon* (Kandy, Sri Lanka: Buddhist Publication Society, 1972/1992), p. 48.

02_ 위와 같음.

03_ 위 책, p. 49.

04_ Johan Barendregt, "Phobias and Related Fears," translated by Kevin Cook, chapter 13 of *De Zielenmarkt, Over Psychotherapie in Alle Ernst (The Soul-Market, Psychotherapy in all Seriousness)* (Boom: Meppel, 1982), p. 5.

05_ 위 책, p. 8.

06_ D. W. Winnicott, "Additional Note on Psycho-Somatic Disorder," in *Psycho-Analytic Explorations* (Cambridge, MA: Harvard University Press, 1989), p. 116.

07_ 위 논문, pp. 116-17.

08_ 위와 같음.

09_ Michael Eigen, *Eigen in Seoul: Volume One: Madness and Murder* (London: Karnac, 2010), p. 29.

10_ D. W. Winnicott, *Playing and Reality* (London and New York: Routledge, 1971), p. 84.

11_ Roberto Calasso, *Ka: Stories of the Mind and Gods of India* (New York: Vintage, 1998), p. 280.

12_ Robert A. F. Thruman, *Essential Tibetan Buddhism* (New York: HarperCollins, 1996), p. 70.

13_ Bhikkhu Ñāṇamoli, *The Life of the Buddha: According to the Pali Canon* (Kandy, Sri Lanka: Buddhist Publication Society, 1972/1992), pp.179-180.

14_ D. W. Winnicott, *Playing and Reality* (London and New York: Routledge, 1971), p. 86.

15_ Karen Armstrong, *Buddha* (London: Penguin, 2001), p. 66.

16_ 위와 같음.

17_ *The Voice of the Buddha: The Beauty of Compassion, Volume I,* translated by Gwendolyn Bays (Berkeley, CA: Dharma, 1983), p. 204.

18_ Bhikkhu Ñāṇamoli, *The Life of the Buddha: According to the Pali Canon* (Kandy, Sri Lanka: Buddhist Publication Society, 1972/1992), p. 21.

19_ Sherry Turkle, "The Fight from Conversation," *New York Times,* April 21, 2012.

20_ Bhikkhu Ñāṇamoli, *The Life of the Buddha: According to the Pali Canon* (Kandy, Sri Lanka: Buddhist Publication Society, 1972/1992), p. 21.

21_ 위와 같음.

22_ John S. Strong, *The Buddha: A Short Biography* (Oxford: Oneworld, 2001) p. 68.

23_ Karen Armstrong, *Buddha* (London: Penguin, 2001), p. 73.

24_ D. W. Winnicott, *Playing and Reality* (London and New York: Routledge, 1971), p. 86.

제8장

01_ Richard Gombrich, *What the Buddha Thought* (London: Equinox, 2009), p. 62.

02_ 위 책, p. 11.

03_ Anālayo, *Satipaṭṭhāna: The Direct Path to Realization* (Cambridge: Windhorse, 2003), p. 164.

04_ D. W. Winnicott, *Babies and Their Mothers* (Reading, MA: Addison-Wesley, 1986), p. 86.

05. D. W. Winnicott, "Communicating and Not Communicating Leading to a Study of Certain Opposites," in *The Maturational Processes and the Facilitation Environment* (New York: International Universities Press, 1965), p. 186.

06. Peter Fonagy, *Attachment Theory and Psychoanalysis* (New York: Other Press, 2001), pp. 170-71.

제9장

01. Robert Stolorow, *Trauma and Human Existence: Autobiographical, Psychoanalytic, and Philosophical Reflections* (New York: Routledge, 2007), p. 10.

02. 위 책, p. 20.

03. 위와 같음.

04. Boston Change Process Study Group, "Forms of Relational Meaning: Issues in the Relations Between the Implicit and Reflective-Verbal Domains," *Psychoanalytic Dialogues* 18 (2008): 125-48.

05. 위 논문, p. 128.

06. Philip M. Bromberg, *Standing in the Spaces* (Hillsdale, NJ: Analytic Press, 1998), p. 16.

07. D. W. Winnicott, *Playing and Reality* (London and New York: Routledge, 1971), p. 47.

08. 위와 같음.

09. 위 책, p. 81.

10. 위 책, p. 82.

11. 위 책, p. 71.

12. 위 책, p. 65.

13. 위 책, pp. 82-83.

14. Karlen Lyons-Ruth, "The Interface Between Attachment and Intersubjectivity: Perspective from the Longitudinal Study of Disorganized Attachment," *Psychoanalytic Inquiry* 26, no. 4 (2006): 612.

15. D. W. Winnicott, "Fear of Breakdown," in *Psycho-Analytic Explorations* (Cambridge, MA: Harvard University Press, 1989) pp. 90-91.

16. 위 논문, p. 92.

제10장

01. Serinity Young, *Dreaming in the Lotus* (Boston: Wisdom, 1999), p. 25.

02. Bhikkhu Ñāṇamoli, *The Life of the Buddha: According to the Pali Canon* (Kandy, Sri Lanka: Buddhist

Publication Society, 1972/1992), p. 22.

03_ Boston Change Process Study Group, "Forms of Relational Meaning: Issues in the Relations Between the Implicit and Reflective-Verbal Domains," *Psychoanalytic Dialogues* 18 (2008): 125-48.

04_ Karlen Lyons-Ruth, "The Interface Between Attachment and Intersubjectivity: Perspective from the Longitudinal Study of Disorganized Attachment," *Psychoanalytic Inquiry* 26, no. 4 (2006): 613.

05_ 위 논문, p. 602, 604.

06_ Michael Eigen, *Faith and Transformation* (Eigen in Seoul, Vol. 2) (London: Karnac, 2011), p. 20.

07_ Bonnie Clearwater, ed., *West Coast Duchamp* (Miami Beach, FL: Grassfield, 1991), p. 107.

08_ Philip M. Bromberg, *Awakening the Dreamer* (Mahwah, NJ: Analytic Press, 2006), p. 120.

09_ Karlen Lyons-Ruth, "The Interface Between Attachment and Intersubjectivity: Perspective from the Longitudinal Study of Disorganized Attachment," *Psychoanalytic Inquiry* 26, no. 4 (2006): 607.

10_ 위와 같음.

11_ 위 논문, p. 608.

12_ Jack Kornfield, *A Path with Heart* (New York, Bantam, 1993), p. 28.

13_ 위와 같음.

14_ 위 책, p. 29.

15_ Jeremy Safran, ed., *Psychoanalysis and Buddhism: An Unfolding Dialogue* (Boston: Wisdom, 2003). p. 1.

16_ D. W. Winnicott, *Playing and Reality* (London and New York: Routledge, 1971), p. 92.

제11장

01_ Jack Kornfield, ed., *The Buddha is Still Teaching: Contemporary Buddhist Wisdom* (Boston & London: Shambhala, 2010), p. 76 (extract entitled "Who is bothering Whom?" quoting Ajahn Chah).

02_ Anālayo, *Satipaṭṭ na: The Direct Path to Realization* (Cambridge: Windhorse, 2003), p. 3.

03_ Jon S. Strong, *The Buddha: A Short Biography* (Oxford: Oneworld, 2001), p. 70.

04_ Stephen Batchelor, *Living with the Devil* (New York: Riverhead, 2004), p. 21.

05_ Jon S. Strong, *The Buddha: A Short Biography* (Oxford: Oneworld, 2001), p. 71.

06_ Stephen Batchelor, *Living with the Devil* (New York: Riverhead, 2004), p. 19.

07_ 위 책, p. 18.

08_ 위 책, p. 19.

09_ Karen Armstrong, *Buddha* (New York: Penguin, 2001), pp. 90-91.

10_ Miranda Shaw, *Buddhist Goddesses of India* (Princeton, NJ: Princeton University Press, 2006), p. 21.

11. Bhikkhu Ñāṇamoli, *The Life of the Buddha: According to the Pali Canon* (Kandy, Sri Lanka: Buddhist Publication Society, 1972/1992), p. 27.

12. *The Voice of the Buddha: The Beauty of Compassion, Volume I*, translated by Gwendolyn Bays (Berkeley, CA: Dharma, 1983), p. 482.

13. Miranda Shaw, *Buddhist Goddesses of India* (Princeton, NJ: Princeton University Press, 2006), p. 20.

14. 위 책, p. 25.

15. Jon S. Strong, *The Buddha: A Short Biography* (Oxford: Oneworld, 2001), p. 72.

16. Stephen Batchelor, *Living with the Devil* (New York: Riverhead, 2004), p. 6.

17. Robert Stolorow, *Trauma and Human Existence: Autobiographical, Psychoanalytic, and Philosophical Reflections* (New York: Routledge, 2007), p. 20.

18. 위와 같음.

19. 위 책, p. 16.

20. Sherab Chödzin Kohn, *A Life of the Buddha* (Boston: Shambhala, 2009), pp. 32-33.

21. Stephen Batchelor, *Living with the Devil* (New York: Riverhead, 2004), p. 10.

22. Lucien Stryk, *World of the Buddha* (New York: Grove Weidenfeld, 1968), p. 271.

23. Robert Thurman, *Essential Tibetan Buddhism* (New York: Harper San Francisco, 1995), p. 99.

제12장

01. Robert Stolorow, *Trauma and Human Existence: Autobiographical, Psychoanalytic, and Philosophical Reflections* (New York: Routledge, 2007), p. 10.

02. 조지프 르두와 나눈 대화 내용이다. 그의 다음 책과 논문에 이와 연관된 내용이 나와 있다. Joseph Ledoux, The Emotional Brain: The Mysterious Underpinnings of Emotional Life (New York: Simon & Schuster, 1996); Joseph Ledoux, Lizabeth Romanski, and Anderw Xagoraris, "Indelibility of Subcortical Emotional Memories." *Journal of Cognitive Neuroscience, vol. 1* (July 1989): 238-43.

03. Adam Philips, *Missing Out: In Praise of the Unlived Life* (London: Hamish Hamilton, 2012), p. 35.

04. 위와 같음.

05. Helen Davey, "Wounded but Resilient: The Impact of Trauma," *Psychology Today*, October 30, 2011.

06. 위와 같음.

07. Robert Thurman, *Essential Tibetan Buddhism* (San Francisco: Harper San Francisco, 1995), pp. 209-10.

08_ Robert Stolorow, *Trauma and Human Existence: Autobiographical, Psychoanalytic, and Philosophical Reflections* (New York: Routledge, 2007), p. 16.

09_ *The Blue Cliff Record*, translated by Thomas Cleary and J. C. Cleary (Boston and London: Shambhala, 2005), p. 176.

10_ Stephen Batchelor, *Living with the Devil* (New York: Riverhead, 2004), p. 55.

11_ 위 책, p. 574.

12_ Adam Phillips, *Winnicott* (Cambridge, MA: Harvard University Press, 1988), p. 29.

정신과 의사가 붓다에게 배운

트라우마
사용설명서

2014년 8월 29일 초판 1쇄 발행
2024년 2월 23일 초판 5쇄 발행

지은이 마크 엡스타인 • 옮긴이 이성동
발행인 박상근(至弘) • 편집인 류지호 • 상무이사 김상기 • 편집이사 양동민
편집 김재호, 양민호, 김소영, 최호승, 하다해 • 디자인 쿠담디자인
제작 김명환 • 마케팅 김대현, 이선호 • 관리 윤정안
콘텐츠국 유권준, 정승채, 김희준
펴낸 곳 불광출판사 (03169) 서울시 종로구 사직로10길 17 인왕빌딩 301호
        대표전화 02) 420-3200 편집부 02) 420-3300 팩시밀리 02) 420-3400
        출판등록 제300-2009-130호(1979. 10. 10.)

ISBN 978-89-7479-065-3 03180